M. Lauer

AF279847

Des Moses von Chorene Geschichte Groß-Armeniens

Salzwasser

M. Lauer

Des Moses von Chorene Geschichte Groß-Armeniens

1. Auflage | ISBN: 978-3-84605-328-7

Erscheinungsort: Frankfurt, Deutschland

Erscheinungsjahr: 2020

Salzwasser Verlag GmbH

Reprint of the original, first published in 1869.

Des

Moses von Chorene

Geschichte Gross-Armeniens.

Aus dem Armenischen übersetzt

von

Dr. M. Lauer.

Regensburg.

Druck und Verlag von G. J. Manz.

1869.

Vorrede.

Moses, von seinem Geburtsorte Chorene in der armenischen Provinz Duroperan der Chorenenser genannt, ist um das Jahr 370 geboren und nach dem Chronisten Samuel von Ani 489 n. Chr. gestorben. [1]) Er war von früher Jugend an mit dem grossen Isaak, von 390 bis 430 Patriarch von Armenien, und Mesrop, dem Erfinder der armenischen Schriftzeichen und Uebersetzer des neuen Testamentes, verbunden, half beiden Gelehrten in ihren litterärischen Unternehmungen und war bis an's Ende seines Lebens mit der Uebersetzung syrischer und griechischer Werke in's Armenische beschäftigt. [2]) Das Syrische und Griechische hatte er während eines achtjährigen wissenschaftlichen Aufenthaltes in Mesopotamien, Alexandrien, Rom, Athen und Constantinopel erlernt. Neben seinen Uebersetzungen hat er auch folgende Werke in armenischer Sprache verfasst: eine Geschichte Gross-Armeniens, einen Geschichtskenntniss bekundenden Brief an Isaak den Ardsrunier, eine an historischen Notizen reiche Lobrede auf die Jungfrau und Märtyrin Ripsime, eine Homilie auf die Verklärung Christi, eine Rhetorik und eine Geographie, welche Werke nebst der Antwort des Ardsruniers Isaak auf genannten Brief in einer correkten Ausgabe der Mechitaristen von S. Lazzaro vom Jahre 1865 uns vorliegen. Feinheit und Würde des

---

[1]) Vergl. Quadro della storia letteraria di Armenia estesa da Mons. Pl. Sukias Somal. Venezia 1829 S. 24 fgd. und Neumann ‚Geschichte der armenischen Litteratur‘ Leipzig 1836 S. 45 fgd.

[2]) Vergl. Vorliegendes Werk, S. 233.

Stiles und Reinheit der Sprache haben Moses den ersten Platz unter den armenischen Classikern gesichert. [3]

Vorliegende deutsche Uebersetzung der Geschichte Gross-Armeniens von Moses von Chorene aus dem armenischen Texte hat den Zweck, genanntes Geschichtswerk den deutschen Historikern und Freunden der orientalischen Litteratur bekannt und zugänglich zu machen und den Anfängern in der armenischen Sprache [4] eine gewiss willkommene Stütze bei der ersten Lektüre armenischer Texte zu bieten. Die Uebersetzung schliesst sich, so weit der deutsche Sprachgeist und die nöthige Klarheit besonders in den rein geschichtlichen Theilen es erlauben, möglichst genau an den Text an, so dass sie hoffentlich ihren beiden Zwecken entsprechen wird.

Eine deutsche Uebersetzung der ebenfalls sehr wichtigen Geographie des Moses von Chorene wird in Kurzem nachfolgen.

---

[3] Der Armenier Sukias Somal sagt in genanntem Quadro S. 24: „Compose molte opere, in cui l'eleganza e la dignità dello stile, la scelta e la purezza delle espressioni lo qualificano per un autore veramente ammirabile, che merita il primo posto fra tutti i classici armeni."

[4] Bei Braumüller in Wien ist von mir so eben erschienen: „Grammatik der classischen armenischen Sprache."

Trier im Mai 1869.

Dr. **Lauer.**

Erstes Buch.
Genealogie Gross-Armeniens.

1.

*Von Moses von Chorene aus Anlass seines hiermit beginnenden
Werkes Gruss an Sahak den Bagratunier.*

Die unaufhörlichen Einflüsse der göttlichen Gnade auf dich
und die anhaltenden Einwirkungen des heiligen Geistes auf
deine Gedanken habe ich erkannt aus deiner schönen Bitte, wobei ich eher deinen Geist als deine Person kennen lernte. Diese
Bitte ist sowohl nach meinem Geschmacke als auch besonders
meinen Beschäftigungen entsprechend. Desshalb ist es passend
nicht allein dich zu loben, sondern auch für dich zu beten, damit
dir immer Derartiges zu Theil werde.

Wenn wir durch die Vernunft, wie man sagt, das Ebenbild
Gottes sind, und andererseits der Werth des vernünftigen Wesens
in der Weisheit besteht, und dir ein unablässiges Verlangen
nach dieser einwohnt, dann in Wahrheit schmückst du dadurch,
dass du durch schöne Betrachtungen das Feuer deiner leuchtenden und feurigen Weisheit bewahrst, die Vernunft aus, durch
welche du dastehst als Ebenbild Gottes. Mittels deiner Vernunft, sagt man auch, erfreust du Gott, das Vorbild derselben,
dadurch, dass du in schöner und rechter Leidenschaft nach
diesem leidenschaftlich und überleidenschaftlich strebst.

Unter diesen Umständen sehe ich, dass, wenn die Mächtigen und Fürsten Armeniens, welche vor uns waren oder auch zu unserer Zeit leben, den Gelehrten, welche sich unter den ihrer Macht Unterworfenen vorgefunden haben mochten, nicht befohlen haben, die denkwürdigen Begebenheiten niederzuschreiben, und nicht daran gedacht haben, von aussen her die Hilfe von Gelehrten beizubringen, und ich dich als solchen, wie du bist, erkannt habe, es in der That offenbar ist, dass du anerkannt bist als der grösste deiner Vorgänger und als der erhabensten Lobsprüche würdig und es desshalb verdienst in den Annalen der Geschichte verzeichnet zu werden.

Indem ich daher mit Freuden deine Bitte aufnehme, werde ich mich befleissen, dieselbe zu erfüllen und zu unsterblichem Andenken dir und deinen nachkommenden Geschlechtern diese Geschichte zu hinterlassen, die Geschichte eines Volkes, das alt, tapfer und fruchtbar ist nicht allein an Worten und nützlichen Gedanken, sondern auch an sehr grossen und sehr vielen ruhmwürdigen Thaten, die ich erzählen werde im Verlaufe der Erzählung, wenn ich in Form einer Genealogie das Ganze beschreibe, wobei ich auch das Woher und Wie aller armenischen Satrapien, wie es in einigen griechischen Erzählungen als zuverlässig vorliegt, in Kürze angeben werde.

2.

Warum, obgleich in den chaldäischen und assyrischen Büchern unsere Thaten häufiger erwähnt sind, ich dieselben nach den griechischen darlegen wollte.

Darüber wird sich Niemand wundern, dass, obwohl es, wie einem Jeden bekannt ist, Schriftsteller vieler Nationen vorzüglich der Perser und Chaldäer gibt, bei denen vielfach besonders die Thaten unseres Volkes erwähnt werden, ich die griechischen Schriftsteller allein citirt und von dort her die Darstellung unserer Genealogie vorzulegen versprochen habe; denn die griechischen Könige haben nicht allein ihre Eroberungen, sondern auch nach Ordnung ihrer inneren Angelegenheiten, gelehrte Werke auf die Griechen zu übertragen sich bemüht, wie ja

Ptolemäus, auch Philadelphus genannt, Sorge trug die Bücher
und Geschichten aller Völker in die griechische Sprache zu
übersetzen.

Es möge mich aber hier Niemand für unwissend halten und
als ungebildet und unwissend verurtheilen auf den Grund hin,
dass ich den Ptolemäus, der ein egyptischer König war, jetzt
zu einem griechischen gemacht habe; denn nachdem er auch die
Griechen seiner Macht unterworfen hatte, wurde er König von
Alexandrien und der Griechen genannt, während keiner von
den andern Ptolemäern und egyptischen Herrschern jemals so
genannt wurde. Zu dem verwandte er wegen seiner besondern
philhellenischen Neigung seine Sorge auf die griechische Sprache.
Es gibt auch noch viele andere Gründe dafür, dass ich ihn
König der Griechen nenne; aber um die Geschichte abzukürzen
möge das über ihn Gesagte genügen.

Viele berühmte und in der Weisheit bewanderte Männer
Griechenlands haben nicht allein Sorge getragen, die Bücher der
Archive der Könige und der Tempel anderer Nationen ins
Griechische zu übersetzen, wie derjenige, welcher einen gewissen
Berosus einen Chaldäer und in jeder Weisheit unterrichteten
Mann dazu ermunterte, sondern auch das Grösste und Bewun-
derungswürdigste aus dem Gebiete der Kunst, und was sie hier
und dort fanden, mit Sorgfalt gesammelt und ins Griechische
übertragen. Und während die Männer, deren Namen wir mit
Sicherheit wissen, dieses sammelten, brachten sie es dar dem
Ruhme des Landes der Hellenen. Sie sind lobenswerth, wie
die Philosophen wegen ihrer gelehrten Anstrengung für Andere
Etwas zu erfinden, besonders auch diejenigen, welche derartige
gelehrte Erfindungen gut aufgenommen und geehrt haben. Desshalb trage ich auch kein Bedenken ganz Griechenland die Mutter
und Pflegerin der Wissenschaften zu nennen.

Dies reicht hin, um die Nothwendigkeit der griechischen
Erzählungen für uns zu beweisen.

3.

Ueber die unwissenschaftliche Geistesrichtung unserer ersten Könige und Fürsten.

Ich will die unwissenschaftliche Geistesrichtung unserer ersten Ahnen nicht ohne Worte des Tadels lassen, sondern gerade hier am Anfange meines Werkes die Worte des Tadels über sie anbringen. Wenn in Wahrheit diejenigen Könige des Lobes werth sind, welche durch Schrift und Erzählung die Ereignisse ihrer Zeit fixiren und ordnen und die Thaten der Weisheit und jede Kraftäusserung in Chronik und Geschichte einregistriren liessen, dann sind nach diesen auch die mit solchen Arbeiten befassten Bücherschreiber lobender Worte von unserer Seite würdig. Durch diese und die Lektüre der von ihnen herrührenden Darstellungen der Thatsachen, sage ich, werden wir mit den allgemeinen Regeln und Gesetzen bekannt und lernen die politischen Einrichtungen kennen. Wenn wir derartige wissenschaftliche Erörterungen und Erzählungen lesen, wie die der Chaldäer, Assyrier, Egyptier und Hellenen sind, dann tragen wir gewiss ohne Zweifel Verlangen nach der Weisheit solcher Männer, welche für dergleichen gesorgt haben.

Nun ist uns allen die Vernachlässigung der Wissenschaft von Seiten unserer Könige und der andern Vorfahren und die Schwäche ihres Verstandes bekannt. Denn obgleich wir eine kleine Nation, in sehr enge Grenzen eingeschlossen und an Macht schwach und oft andern Reichen unterworfen waren, so finden sich doch viele Kraftthaten, die in unserem Lande vollbracht und der schriftlichen Aufzeichnung würdig sind, von denen jedoch auch nur eine einzige einregistriren zu lassen Keiner von ihnen sich die Mühe gegeben hat. Doch wie könnte diejenigen, welche nicht daran gedacht haben, sich selbst eine Wohlthat zu erweisen und ihren Namen in gutem Andenken im Lande zu hinterlassen, unser Tadel treffen, wenn wir Grösseres und Aelteres, als sie leisten können und sind, von ihnen forderten?

Aber es könnte nun Jemand sagen, es ist so gekommen durch den Mangel an Buchstaben und Schriftstücken in jener Zeit und durch die verschiedenen Kriege, die häufig in unmittelbarer Aufeinanderfolge über das Land kamen.

Mit Unrecht aber denkt man so; denn es gab auch ruhige Zeiten zwischen den Kriegen, es gab persische und griechische Buchstaben, mit welchen zahllose Geschichtsbücher über die Eigenthümlichkeiten der Städte, Provinzen und aller Häuser, über die allgemeinen Streitigkeiten und Verträge besonders auch über die Privilegien einzelner Fürstenstände geschrieben worden sind und noch jetzt bei uns sich vorfinden. Zu dem scheint mir wie jetzt so auch bei den alten Armeniern eine Abneigung gegen Wissenschaft und verständige Gesänge geherrscht zu haben. Daher ist es überflüssig, noch Etwas über jene unvernünftigen, leichtsinnigen und rohen Männer zu sagen.

Aber über dich, über die Fruchtbarkeit deines Geistes, wundere ich mich sehr, in so fern du als der Einzige vom Anfange unserer Nation an bis jetzt gefunden wurdest, der an ein so grosses Werk die Hand anlegte und mir zur Prüfung die Bitte vorlegte, in einem langen und nützlichen Werke die Geschichte unserer Nation zu schreiben, d. h. die genaue Geschichte der Könige, der Geschlechter und Häuser der Satrapen, des Ursprunges und der Thaten jedes einzelnen von ihnen und anzugeben, welche von den verschiedenen Familien eingeboren und zur Nation gehörig, und welche Fremde unter die Familien und in die Nation aufgenommen sind und alle Thaten und Zeitverhältnisse von der Zeit des thörichten Thurmbaues an bis jetzt zu beschreiben. Diese schöne Arbeit habe ich zu deinem Ruhme und mit ungezwungener Bereitwilligkeit übernommen.

Zu dem möchte ich noch sagen: Stünden mir doch ein Buch, wie Job sagt, oder Schriften deiner Ahnen zu Gebote, mit deren Hilfe ich ganz ähnlich den hebräischen Schriftstellern unfehlbar von Anfang an bis auf dich herab steigen oder mit dir und Andern beginnend nach Oben, nach dem Anfange gelangen könnte. Aber nichts desto weniger werde ich beginnen, obgleich mit Mühe, wenn nur Einer von den Unserigen sich dankbar für die Anstrengungen bezeugt. Ich werde dort beginnen, wo auch Andere, Mitglieder der Kirche und Christen, begonnen haben, indem ich es für überflüssig halte bei Gelegenheit des Anfanges die heidnischen Fabeln zu wiederholen. Dabei werde ich aber doch die frühere Zeit und die berühmten Männer besprechen, an welche sich die Geschichte der göttlichen Thaten anschloss, so dass ich nothwendig an die heidnischen Erzählungen komme, denen ich aber bloss das entnehme, was ich für zuverlässig halte.

4.

Ueber die Meinungsverschiedenheit der Schriftsteller bezüglich des Adam und der andern Patriarchen.

In Bezug auf die Wurzel, oder wenn Jemand es lieber sagt, die Spitze des ganzen Menschengeschlechtes musste ich in kurzen Worten angeben, warum die andern Schriftsteller, ich meine den Berosus, Polyhistor und Abydenus, nicht einstimmig ein und dieselbe dem heiligen Geiste entgegengesetzte Ansicht darüber gehabt haben, auch warum nicht über den Erbauer der Arche und die anderen Patriarchen, nicht allein was Namen und Zeit, sondern auch die Beschreibung der Anfänge der Menschheit im Vergleiche mit der unserigen angeht. Abydenus sagt über den Erbauer der Arche: „Ihn hat der für Alles sorgende Gott zum Hirten und Leiter des Volkes gemacht," und darauf: „Alorus herrschte 10 Saren," welche 36,000 Jahre ausmachen. Auf ähnliche Weise bedienen sie sich in Betreff des Noe anderer Namen und rechnen mit unendlichen Zeiträumen, obgleich sie bezüglich der Sündfluth und der Verwüstung der Erde mit den Worten des heiligen Geistes übereinstimmen. Ebenso rechnen sie die Zahl der Patriarchen mit Einschluss des Xisuthr auf zehn. Dabei entfernen sie sich einerseits von unserer, besonders auch von der göttlichen Jahresberechnung, insofern ein Jahr für uns durch den in vier Jahreszeiten sich vollziehenden Kreislauf der Sonne entsteht, andererseits zählen sie nicht, wie die Egyptier, die Mondscheinungen; sie erwägen auch nicht durch Zusammenstellung der sogenannten Götterjahre, wenn Jemand sie für

Jahre halten will, die schrecklichen aus den Zahlen selbst sich ergebenden Einwürfe, um sich so der Wahrheit zu versichern, sammeln im Gegentheil bald eine kleine bald eine grosse Masse von Zahlen an.

Ich betrachte es hier als Gesetz für mich, ihre Meinungen darzulegen und niederzuschreiben, was ein Jeder von ihnen gedacht hat. Dieses aber wegen der Ausdehnung des vorliegenden Werkes einer andern Gelegenheit und Zeit überlassend werde ich hier kurz sein, indem ich mit demjenigen beginne, von dessen Richtigkeit ich überzeugt bin.

Adam ist das erste Geschöpf; im Alter von 230 Jahren zeugte er den Seth, Seth im Alter von 205 Jahren den Enos. Von Seth rühren die zwei Inschriften auf den zwei Säulen her, wie Josephus sagt, obgleich unbekannt ist, wo sie stehen. Enos war der erste, welcher Gott zu nennen hoffte.

Warum nun und aus welcher Ursache wird dieser der erste genannt, der Gott nannte, und wie ist das Nennen zu verstehen? Adam ist in Wahrheit ein Geschöpf Gottes und hat, wie man sagt, aus dem Munde Gottes den Befehl empfangen, wird aber auch, nachdem er gesündigt und sich verborgen hat, von Gott und von keinem Andern gefragt: „Wo bist du?" So hört er auch das Strafurtheil aus seinem Munde. Darauf bringt Abel, welcher Gott befreundet und bekannt war, ein Geschenk und wird gut aufgenommen.

Da nun diese sich so der Freundschaft und Bekanntschaft Gottes erfreuen, warum wird denn von Enos gesagt, dass er Gott zuerst und zwar mit Hoffnung genannt habe? Die andern Reflexionen über ihn werde ich für einen mir gelegenen Ort aufbewahren und nur mittheilen, was gerade unter der Hand bereit liegt.

Der erste Mensch wurde bei der Uebertretung ertappt und aus dem Paradiese und vom Angesichte Gottes wegen seiner Bosheit, wie gesagt, verbannt. Nachher wird der Gott am meisten von den Söhnen Adams befreundete von seinem eigenen Bruder getödtet. Da nach dieser That kein göttliches Wort und keine Offenbarung mehr kommt, so wird das Menschengeschlecht dem Zweifel und der Verzweifelung preisgegeben; dazu werden seine Werke thatsächlich selbstgefällig. Mitten unter diesen nennt jener voll Hoffnung und im Stande der Gerechtigkeit Gott. Doch das Nennen hat doppelte Bedeutung; es heisst sowohl etwas gleichsam Vergessenes nennen als auch um Hilfe anrufen. Gott wie etwas Vergessenes nennen passt nicht; denn inzwischen sind nicht viele Jahre verflossen, welche bei ihnen den Namen ‚Gott‘ und den selbst, der ihn trägt, in Vergessenheit bringen konnten, und der von Gott Geschaffene ist beim Tode und Grabe bis dahin noch nicht angelangt. Daher rief Enos Gott um Hilfe an.

Enos zeugt im Alter von 190 Jahren den Kainan, Kainan im Alter von 170 Jahren den Malaliel, Malaliel im Alter von 165 Jahren den Jared, Jared im Alter von 162 Jahren den Henoch, Henoch im Alter von 165 Jahren den Mathusala, erreicht nach Zeugung dieses noch 200 Jahre eines würdigen und angenehmen Lebens, wie der weiss, dem es gefallen hat, und soll aus der Mitte der Gottlosen hinweggenommen worden sein. Den Grund hiefür werde ich später angeben. Mathusala zeugt im Alter von 167 Jahren den Lamech, Lamech im Alter von 188 Jahren einen Sohn und nennt ihn Noe.

Noe.

Warum hat die Schrift den Noe allein mit dem Namen Sohn genannt, während sie von allen Andern einfach sagt: Er zeugte? Von diesem weissagt sein Vater etwas sich Widersprechendes. Dieser, sagt er, wird uns ruhen lassen von der Arbeit und der Ermüdung der Hände und von der Erde, die Gott der Herr verflucht hat. Das war nicht Ruhe, sondern Vernichtung alles dessen, was auf Erden war. Mir scheint das Ruhenlassen ein Aufhörenmachen zu sein, nämlich ein Aufhörenmachen der Ungerechtigkeit und des Bösen durch Vernichtung der unreinen Menschheit des zweiten Zeitraumes. Denn schön hat er gesagt: Er wird uns ruhen lassen von unseren Arbeiten, das heisst, von der Ungerechtigkeit, und von der Ermüdung der Hände, mit denen wir das Unheilige vollbringen. Es ruhen aber in Wahrheit nicht Alle nach jener Weissagung, sondern nur die in der Tugend vollendeten Seelen, wenn das Böse abgewaschen wird gleichsam durch eine Untertauchung, wie sie in der Zeit des Noe die Lasterhaften getroffen hat. Mit dem Namen Sohn hat die Schrift ihn geehrt als den offenbaren, bezeichneten und würdigen Erben der väterlichen Tugenden.

5.

Ueber den gleichmässigen Gang der Genealogie der drei Söhne Noe's bis auf Abraham, Ninus und Aram und über die Verschiedenheit des Ninus von Bel und dem Sohne Bels.

Es ist Allen bekannt, dass schwer zu erreichen und mühevoll ist die Auffindung der Zeiträume von Anfang bis auf uns, besonders aber die Auffindung der direkten Linie der patriarchalischen Geschlechter, die von den drei Söhnen Noe's abstammen, wenn man irgenwie nach dem Alter eines Jeden suchen will, besonders da die göttliche Schrift die Ihrigen für sich als besonderes Geschlecht abgetrennt und die Andern als verachtet und unwürdig ihrer Aufzeichnung bei Seite gelassen hat. Ueber diese werde ich zuerst sprechen, und zwar, so weit es möglich ist, und ich Zuverlässiges in den alten Erzählungen gefunden habe, mit ganz aufrichtigem Interesse.

Da nun, kluger Leser, betrachte hier die Festigkeit der drei Geschlechtsreihen bis auf Abraham, Ninus und Aram, und du wirst dich wundern.

Sem zeugt im Alter von 100 Jahren zwei Jahre nach der Sündfluth gemäss der göttlichen Schrift den Arphaxath.

Sem.

Sem zeugt im Alter von 100 Jahren den Arphaxath,
Arphaxath im Alter von 135 Jahren den Kainan,
Kainan im Alter von 120 Jahren den Sala,
Sala im Alter von 130 Jahren den Eber,
Eber im Alter von 134 Jahren den Phalek,
Phalek im Alter von 133 Jahren den Ragav,
Ragav im Alter von 130 Jahren den Serukh,

Serukh im Alter von 130 Jahren den Nakhor,
Nakhor im Alter von 79 Jahren den Thara,
Thara im Alter von 70 Jahren den Abraham.

Kham.

Kham zeugt den Khusch,
Khusch den Mestrim,
Mestrim den Nebroth,
Nebroth den Bab,
Bab den Anebis,
Anebis den Arbel,
Arbel den Khajal,
Khajal den andern Arbel,
Arbel den Ninus,
Ninus den Ninovas.

Jabeth.

Jabeth zeugt den Gomer,
Gomer den Thiras,
Thiras den Thorgom,
Thorgom den Haik,
Haik den Armenak,
Armenak den Armajis,
Armajis den Amasia,
Amasia den Gegham,
Gegham den Harma,
Harma den Aram,
Aram den schönen Ara.

Den Kainan bezeichnen alle Chronologen als den vierten von Noe und den dritten von Sem, ebenso den Thiras als den vierten von Noe und den dritten von Jabeth, obgleich er nach unserer Uebersetzung sich nirgends in der Schrift vorfindet. Auch den Mestrajim finde ich als den vierten von Noe und den dritten von Kham nirgends weder in unserer Uebersetzung noch in Chroniken eingereiht. An dieser Stelle habe ich ihn aber bei einem sehr klugen und gelehrten Assyrier gefunden, und scheint mir das Gesagte auch richtig zu sein; denn Mestrajim ist Medsrajim, welches Egypten bedeutet, und viele Chronisten haben mich durch die Bemerkung, dass Nebroth, welcher mit Bel identisch ist, ein Aethiopier ist, überzeugt, dass die Sache sich so verhält auf Grund seiner Niederlassung an der Grenze Egyptens. Nach diesem will ich auch bemerken, dass, obgleich die Lebensjahre der Geschlechter Kham's bis auf Ninus nirgends gezählt und auch nicht auf uns gekommen sind, und Anderes auch für jenen Ninus selbst nicht, für unseren Jabeth gar nicht ausgemacht ist, dennnoch die besagte Genealogie richtig ist, weil jedes der drei Geschlechter elf Individuen bis auf Abraham, Ninus und unseren Aram zählt. Ara ist der zwölfte nach Ninus und im Knabenalter gestorben. Dieses ist wahr, und Niemand wird daran zweifeln; denn es erzählt uns diese vielen Dinge der zuverlässige Abydenus in diesen Worten: „Ninos, der Sohn des Arbeel, des Sohnes des Khajal, des Sohnes des Arbeel, des Sohnes des Aneeb, des Sohnes des Bab, des Sohnes des Bel." Auch zählt er unser Geschlechtsregister von Haik bis auf den schönen Ara, welchen die unzüchtige Semiramis tödtete, auf diese Weise auf: „Ara, der Schöne, Sohn des Aram, des Sohnes des Harma, des Sohnes des Gegham, des Sohnes des Amasia, des Sohnes des Armajis, des Sohnes des Armenak, welcher der stete Feind und sogar der Mörder des Bel ist." Dieses sagt uns Abydenus in seinem ersten genauen Geschlechtsregister, welches man später hier ausser Acht gelassen hat.

Dasselbe bezeugt auch Kephalion; denn er sagt in einem Kapitel so: „Bei Beginne meines Werkes habe ich angefangen alle Genealogien aus den königlichen Archiven genau abzuschreiben, habe aber vom Könige den Befehl erhalten, die unbekannten und gottlosen Männer des Alterthums nicht zu erwähnen, sondern allein die Tapfern und Weisen und die ersten Eroberer aufzuzeichnen und für Nutzloses meine Zeit nicht zu verbrauchen," und so weiter.

Ganz fremd aber und fern von der Wahrheit ist die Meinung derjenigen, welche den Ninus für den Sohn Bels oder für diesen selbst ausgeben; denn weder die Genealogie noch die Zusammenstellung der Jahre bezeugt dieses. Es konnte Jemand, um bekannt und berühmt zu werden, es für passend halten, das Alte nahe zu rücken. Jene Angaben habe ich wirklich in der griechischen Litteratur gefunden. Obgleich nun die Griechen selbst sie aus dem Chaldäischen in ihre Sprache haben übersetzen lassen, und obgleich irgend ein Chaldäer freiwillig oder auf Befehl eines Königs das gethan hat, wie ein gewisser Arius und viele Andere, so spreche ich dieselben Nichts desto weniger den Griechen zu, da ich von ihnen gelernt habe.

6.

Ueber solche Punkte, welche die andern Archäologen in Uebereinstimmung mit und abweichend von Moses erzählen und über ungeschriebene Erzählungen des Philosophen Olympiodorus.

In so fern ich die Wahrheit aus vielen Schriften ausziehen konnte, habe ich die Nachkommenschaft der drei Söhne Noe's bis auf Abraham, Ninus und Ara so geordnet, dass ich nicht glaube, dass Jemand, der Verstand hat, Etwas dagegen einwenden kann. Wenn aber Jemand sich bemüht, darauf zu sinnen, die Form der Wahrheit zu zerreissen, indem er die wahre Geschichte in Fabeln umzuändern für gut findet, so mag daran Jeder, wie er will, sich ergötzen.

Wenn du, Studienliebhaber, der du mich jetzt beschäftigst, für meine Nachtwachen und Arbeiten dankbar bist, so werde ich in wenigen Worten auf die Besprechung dessen, was ich schon oben in Ordnung gebracht habe, zurückkommen, wie nämlich die ersten Chronisten in Betreff eben dieses zu schreiben für gut gefunden haben, obgleich ich jetzt nicht zu sagen weiss, in welchem Zustande es in den königlichen Bibliotheken vorgefunden worden sein mag, und wie ein Jeder nach Gutdünken die Namen, Erzählungen und Zeitangaben und Anderes aus welcher Ursache immer geändert hat. Wie es für den Anfang der Geschichte natürlich ist, findet sich bald Wahres bald Falsches, wie in Betreff der ersten Creatur, in so fern man sie nicht den ersten Menschen, sondern König nennt, ebenso ihr barbarische

und nichtssagende Namen beilegt und ihr 36,000 Jahre als
Lebenszeit zuweist. In Betreff der Zahl der Patriarchen und
der Erwähnung der Sündfluth herrscht Uebereinstimmung mit
Moses. Ebenso sind die Chronisten darin wahr, dass sie nach
der Sündfluth vor die Erbauung des Thurmes und nach der
Fahrt des Xisustr nach Armenien berühmte Männer setzen,
während sie in der Aenderung der Namen und in vielen andern
Dingen lügen.

Aber jetzt will ich mich freuen, dass ich den Anfang der
gegenwärtigen Erzählungen mit meiner geliebten, über viele
Andere hinaus wahrhaftigen berosischen Sibilla machen kann:
„Vor dem Thurmbaue,“ sagt sie, „und vor der Vervielfachung der
Sprache des Menschengeschlechtes und nach der Fahrt des
Xisuthr nach Armenien waren Srovan, Titan und Japetosthe die
Fürsten der Erde.“ Diese scheinen mir Sem, Kham und Jabeth
zu sein.

„Als diese,“ sagt sie, „den ganzen Erdkreis unter sich getheilt hatten, herrschte in Wirklichkeit über die beiden Andern
der mächtig gewordene Srovan,“ von welchem der Magier
Sradascht, der König der Baktrier d. h. der Meder, sagte, dass
er der Ursprung und der Vater der Götter sei, und vieles Andere fabelte, was zu wiederholen mir ungelegen ist.

„Als Srovan tyrannisch wurde,“ sagt sie weiter, „widersetzten
sich ihm Titan und Japetosthe, indem sie gegen ihn zum Kriege
aufreizten, weil er damit umging, seine Söhne über Alle herrschen zu lassen. In diesem Kriege erbeutete Titan einen Theil
des Erbgebietes Srovans. Da tritt ihre Schwester Astghik
zwischen sie und macht durch Ueberredung dem Kampfe ein
Ende. Sie lassen sich für ihre Person die Herrschaft des Sroyan
gefallen, schliessen aber einen gegenseitigen beschworenen Vertrag, jeden Knaben, der dem Srovan geboren werde, zu tödten,
damit er nicht durch seine Nachkommenschaft über sie herrsche.
Desshalb stellen sie starke Männer aus den Titanen an als
Wächter über die Geburten seiner Frauen. Und nachdem sie
zwei Knaben um den Vertragseid zu halten getödtet hatten,
macht für die Zukunft ihre Schwester Astghik mit den Weibern

Srovans den Anschlag, die Titanen zu überreden, die andern Knaben zu retten und nach Westen auf einen Berg zu schicken, den man Tytsenkets nannte und schrieb, jetzt aber Olympus nennt."

Sei es nun, dass Jemand dieses für eine Fabel, sei es, dass er es für wahr hält, es liegt, wie ich überzeugt bin, viel Wahres darin. Denn auch Epiphanius der Bischof von Constantia auf Cypern sagt in der Widerlegung der Häresien, wo er es unternimmt, Gott als wahr und gerecht urtheilend in Bezug auf die Vernichtung der sieben Völker durch die Söhne Israels zu beweisen, also: „Gott hat mit Recht jene Völker vor dem Angesichte der Söhne Israels vernichtet; denn als Antheil der Söhne Sem's war das Land jener Besitzungen abgetrennt worden, Kham aber kam mit Gewalt darüber und nahm es in Besitz. Da jedoch Gott die Rechte des beschworenen Vertrages wahrt, so nimmt er Rache an den Söhnen Khams, indem er ihnen die Erbschaft Sem's entreisst." Die Titanen aber und die Raphajim erwähnt die heilige Schrift.

Ich muss nun, wenn auch sehr kurz, einige ungeschriebene alte Erzählungen wiederholen, welche einmal vor Alters unter den Gelehrten der Griechen erzählt worden sind. Diese Erzählungen sind auch auf uns gekommen durch die Gorgi und Banan genannten Männer und einen dritten Namens David. Einer von diesen, der in der Philosophie bewandert war, sagte so: O, Greise, als ich unter den Griechen mit dem Studium der Weisheit beschäftigt mich aufhielt, kam es eines Tages vor, dass über die Abgrenzung und Vertheilung der Völker unter den sehr weisen und sehr gelehrten Männern gesprochen wurde. Die Einen gaben die Erzählungen der Bücher auf diese, die Anderen auf jene Weise. Jedoch der tüchtigste von ihnen, Olympiodor mit Namen, sagte so: Ich will euch ungeschriebene durch die Tradition auf uns gekommene Erzählungen mittheilen, welche viele Bauern noch jetzt erzählen.

Es gibt ein Buch über Xisuthr und seine Söhne, welches jetzt gar nicht mehr zum Vorscheine kommt, in welchem aber, wie man sagt, folgender Abschnitt sich befindet. „Nach der

Fahrt des Xisuthr nach Armenien und dem sichtbar Werden des festen Landes, heisst es, geht einer seiner Söhne, Sim genannt, nach Nordwesten um das Land auszuforschen. Nachdem eine kleine Ebene an einem ausgedehnten Berge, durch deren Mitte Flüsse nach der assyrischen Seite hinflossen, sichtbar geworden ist, bleibt er zwei Monate an dem Flusse, nennt den Berg nach seinem Namen Sim und kehrt nach Südosten zurück, woher er gekommen war. Einer seiner jüngeren Söhne aber Namens Tarban trennt sich mit dreissig Söhnen und fünfzehn Töchtern und deren Gatten vom Vater und siedelt sich auf demselben Ufer an. Nach dem Namen dieses Sohnes nennt er die Provinz Taran und den Ort, wo er sich niederliess Tsronkh d. h. Trennung; denn dort begann die erste Trennung seiner Söhne von ihm. Als er sich gegen die Grenzen des Gebietes der Baktrier gewandt hatte, um wenige Tage dort zu wohnen, blieb einer seiner Söhne daselbst; denn die östlichen Gegenden nennen den Sim Srovan und den Canton Sarovand bis jetzt. Sehr oft sagen die alten Armenier nach dem Tone der Cymbeln und nach dem Schalle der Lieder und bei Tanzversammlungen dieses aus dem Gedächtnisse her. Ob nun diese Erzählungen falsch oder wahr sind, geht mich Nichts an. Nur damit du Alles erfahrest, was in der Tradition und in den Büchern enthalten ist, gehe ich das Ganze in diesem Buche durch, woraus du die Aufrichtigkeit meiner Gesinnung gegen dich ersehen kannst.

7.

Kurzer Beweis, dass der bei den heidnischen Geschichtsschreibern sogenannte Bel nach den göttlichen Schriften in Wahrheit Nabruth ist.

Ueber Bel, unter welchem unser Vorfahre Haik lebte, erzählen Viele verschiedene Dinge; ich aber sage, dass die sogenannten Kronos und Bel Nebroth sind, in so fern die Egyptier in Uebereinstimmung mit Moses den Ephestos, die Sonne, Kronos, welcher mit Kham identisch ist, Khusch, Nebroth aufzählen, wobei sie den Mestrajim übergehen. Sie sagen nämlich, dass Ephestos ihr erster Mensch und der Erfinder des Feuers sei.

Warum nun sagt man, dass dieser der Erfinder des Feuers sei, und auch, dass Prometheus den Göttern das Feuer geraubt und den Menschen geschenkt habe? Das ist eine Allegorie, und die Ordnung dieses Werkes duldet nicht auf sie einzugehen. Für jene Behauptung legt auch die Reihe der egyptischen Dynastien und die ganze Succession von der Dynastie der Hirten bis auf uns Zeugniss ab, da sie mit den Hebräern d. h. von den Zeiten Josephs an bis auf Sem, Kham und Jabeth hinauf übereinstimmt. Doch das mag so genügen; denn wenn ich Alles, was vom Thurmbaue an bis auf uns geschehen ist, als Erzählung zu deiner Kenntniss zu bringen mich bemühe, wann werde ich dann zu dem, nach welchem du dich sehnst, zur Erzählung der Geschichte kommen, besonders da mein jetziges Werk lang, die Zeit der Sterblichen aber kurz und unsicher ist? Nun will ich dir beim Beginne unserer Geschichte ihr Woher und Wie erzählen.

8.

Wer und woher er diese Erzählungen gefunden hat?

Nachdem Arschak, der grosse König der Perser und Parther, von Nation ein Parther, sagt man, gegen die Macedonier sich empört, die Herrschaft über den ganzen Osten und Assyrien erlangt, den Antiochus den König in Ninive getödtet und den ganzen Erdkreis seiner Macht unterworfen hat, setzt er seinen Bruder Wagharschak zum Könige über das Gebiet der Armenier ein, indem er so die Befestigung seiner Herrschaft gesichert glaubt. Als Hauptstadt gibt er ihm Medsbin und als Gebiet trennt er für ihn ab einen Theil des westlichen Assyrien, Palestina, Asia, die Mittelländer und Thitalia vom pontischen Meere an bis zu der Stelle, wo der Kaukasus sich ins westliche Meer verliert, ferner Aterpatakan und Anderes, „so viel," sagt er, „als dein Geist und deine Kraft abschneiden; den die Grenzen der Tapfern sind die Waffen, so viel diese abschneiden, so viel besitzen jene."

Als Wagharschak seine Macht grossartig geordnet und seine Herrschaft befestigt hatte, kam ihm die Lust wissen zu wollen, welche und welcher Art Männer über das Gebiet Armeniens bis auf ihn geherrscht haben, ob er tapferer oder schlechter Vorgänger Platz einnehme. Und nachdem er einen Assyrier Mar Abas Katina, einen geistreichen, in der chaldäischen und griechischen Litteratur erfahrenen Mann, gefunden hat, sendet er ihn zu seinem grossen Bruder Arschak mit würdigen Geschenken, dass er ihm das königliche Archiv öffne, und schreibt an ihn einen Brief folgenden Inhaltes.

9.

Brief Wagharschaks, des Königs der Armenier, an den grossen Arschak, König der Perser.

„Arschak, König des Landes und des Meeres, dessen Person und Bild ist wie das unserer Götter, dessen Wohlergehn und Glück über das aller Könige, dessen Geistesgrösse so gross ist wie der Himmel über der Erde, Wagharschak, dein jüngerer Bruder und Waffengefährte, welcher durch dich zum Könige der Armenier gesetzt ist, wünscht dir in aller Unterwürfigkeit: Lebe glücklich!

Weil ich von dir den Befehl erhalten habe, auf Stärke und Weisheit Sorge zu verwenden, habe ich niemals nachlässig um deine Ermahnung gehandelt, sondern sorgfältig für Alles gesorgt, in so weit Geist und Fähigkeit vermochten. Da nun jetzt das Reich durch deine Sorgfalt wohlgeordnet ist, habe ich mir es in den Kopf gesetzt, kennen zu lernen, welche vor mir das Land der Armenier beherrscht haben, und woher die Satrapen-Geschlechter sind, die jetzt existiren. Denn hier sind Ordnung und Culte der Tempel unbekannt, unbekannt ist auch, wer der erste und letzte der Fürsten des Landes ist, und anderes zu Recht Bestehende, Alles ist ganz verwirrt und ungeordnet. Daher bitte ich deine Hohheit, das königliche Archiv dem Manne öffnen zu lassen, der zu deiner erhabenen Majestät kommt, damit er den Gegenstand der Sehnsucht deines Bruders und Sohnes finde und Zuverlässiges eilig herbeibringe. Ich weiss, dass mein Vergnügen, 'das aus gutem Willen hervorgeht, eine mächtige Freude für dich ist. Lebe wohl, o Held, in deiner Wohnung in der Mitte der Götter."

Als der grosse Arschak den Brief aus den Händen des Mar Abas Katina entgegengenommen hat, befiehlt er mit grosser Freude, ihm das königliche Archiv zu Ninive ganz vorzulegen, zugleich erfreut darüber, dass sein Bruder, dem er die Hälfte des Reiches gegeben, einen solchen Gedanken gehabt hat. Und während dieser alle Bücher durchsucht, findet er ein Buch, auf dem, wie er sagt, folgende Inschrift war:

Anfang des Buches.

„Dieses Buch ist auf Befehl Alexanders aus der chaldäischen Sprache in die griechische übersetzt worden und enthält den Ursprung der Alten und die Geschichte der Vorfahren."

Der Anfang des Buches, sagt er, handelt über Srovan, Titan und Japetosthe; in ihm ist jeder berühmte Mann aus den drei Satrapengeschlechtern jener Männer eingereiht an seine Stelle auf viele Jahre hinaus.

Nachdem Mar Abas Katina aus diesem Buche die Geschichte unseres Volkes allein herausgezogen hat, bringt er es in griechischer und assyrischer Schrift zum Könige Wagharschak nach Medsbin. Als der junge, des Bogens kundige, beredte und weise Held Wagharschak es in Empfang genommen hatte, legte er es mit grosser Sorgfalt im Pallaste in Verwahr, da er es für das erste Stück seines Schatzes hielt, und befahl einen Theil aus demselben auf eine Säule einzumeisseln. Da in diesem Buche die Reihenfolge der Ereignisse zuverlässig überkommen ist, so befriedige ich jetzt deine Neugierde, indem ich aus demselben unsere eingebornen Satrapengeschlechter bis auf Sardanapalla den Chaldäer und noch weiter ausziehe. In dem Buche lautet der Anfang der Geschichte also:

„Schrecklich und erhaben sind die Ersten der Götter, die Urheber der grössten Güter für die Welt, auch der Anfang der Welt und der Völkervermehrung. Von ihnen war geschieden das Geschlecht der schrecklichen, grossgewachsenen und ungeheueren Riesen, welche in Zorn den gottlosen Gedanken des Thurmbaues empfangen und geboren haben und schon an die

Ausführung desselben sich gemacht hatten, als ein schrecklicher, göttlicher, vom Zorne der Götter herwehender Wind den Thurm zerstörte, und die Götter die Menschheit, indem sie einem Jeden eine dem Andern unverständliche Sprache mittheilten, in Tumult und Verwirrung brachten. Einer von diesen war Haik, ein Nachkomme des Japetosthe, ein berühmter und tapferer Satrap, ein kräftiger und starker Bogenschütze."

Doch diese Art der Erzählung muss aufhören; denn mein Zweck ist nicht, alle Erzählungen zu schreiben, sondern nur mich zu bemühen, unsere Vorfahren und die eingebornen Urahnen vorzuführen. Daher werde ich mit diesem Buche beginnen und sagen: Japetosthe, Merod, Sirath, Thaklad, das heisst, Jabeth, Gomer, Thiras, Thorgom. Nach diesem nennt derselbe Chronist weitergehend: Haik, Armenak und die Andern der Reihe nach, worüber ich schon oben gesprochen habe.

10.

Die Empörung des Haik.

„Dieser Haik, sagt er, schön, von guter Gestalt, mit mächtigem Haarwuchse, angenehmen Augen, starkem Arme, dieser unter den Riesen stark und berühmt, der Gegner Aller, welche die Hand erhoben, um allein über alle Riesen und Helden zu herrschen, dieser hob erzürnt die Hand auf gegen die Tyrannei Bels, als sich das Menschengeschlecht über die ganze weite Erde verbreitete, mitten unter der Menge der ungeheueren, gefühllosen und starken Riesen. Denn jeder wüthende Mann bemühte sich dadurch, dass er seinem Genossen den Dolch in die Seite stiess, über die Andern zu herrschen, indess das Glück dem Bel zu Statten kam, um des ganzen Landes sich zu bemächtigen. Da Haik diesem nicht gehorchen will, geht er nach Zeugung seines Sohnes Armenak in Babylon fort und nimmt seinen Weg ins Land des Ararad, welches im Norden liegt, mit seinen Söhnen und Töchtern und den Söhnen seiner Söhne, 300 tapfern Männern, und noch Sklaven und Fremden, die sich ihm angeschlossen hatten, und dem ganzen Tross. Er lässt sich nieder am Fusse eines Berges in einer Ebene, in welcher

2*

wenige schon früher zerstreute Menschen Halt gemacht und sich angesiedelt hatten. Nachdem Haik sich diese unterworfen hat, baut er ein Wohnhaus auf der Besitzung und gibt es als Erbe dem Kadmos, dem Sohne des Armenak." Dieses rechtfertigt die alten ungeschriebenen und schon besprochenen Geschichtserzählungen.

„Er selbst, sagt er, geht weg mit dem andern Gefolge nach Nordwesten, lässt sich auf einer Hochebene nieder und nennt den Namen der Hochebene Harkh; von hier stammen die Geschlechtsangehörigen des Hauses Thorgom her. Er erbaut auch ein Dorf und nennt es nach seinem Namen Haikaschen." Die Geschichte erwähnt hier noch: „An der Südseite dieser Ebene an einem breitfüssigen Berge wohnten früher wenige Männer als freiwillige Unterthanen der Helden." Auch dies rechtfertigt die ungeschriebenen Geschichten, von denen schon Rede war.

11.

Krieg und Tod Bels.

Seine Geschichte weiterführend sagt er: „Nachdem der Titane Bel seine Herrschaft über Alle befestigt hat, schickt er einen seiner Söhne mit treuen Männern nach Norden zu Haik, dass dieser sich ihm unterwerfe und in Frieden lebe. Wohne, sagt er, in Mitten des Frostes und Eises, aber entflamme und erweiche die eisige Kälte deines aufgeblasenen Benehmens und sei mir unterthan in Ruhe, wo es dir gefällt in dem Lande, in welchem ich wohne. Aber Haik sandte den Boten des Bel zurück und antwortete mit Härte. Der Gesandte kehrte nach Babylon zurück."

„Da bricht die Armee gegen ihn auf. Der Titane Bel kommt mit den Mannschaften der Fussarmee, gelangt nach Norden ins Land des Ararad in die Nähe der Wohnung des Kadmos. Kadmos flieht zu Haik, tüchtige Läufer sendet er vor sich her. Wisse, sagt er, o Grösster der Helden, dass Bel es auf dich abgesehen hat und mit unsterblichen Helden, riesigen Staturen, gigantischen Kriegern gegen dich marschirt. Als ich seine Annäherung an meine Wohnung hörte, bin ich geflohen und

komme in aller Eile. Du aber besinne dich schnell, was du
thun wirst."

Bel beeilte sich mit der verwegenen gigantischen Macht
seines Heeres wie ein vom Abhange sich ergiessender reissender
Strom im Vertrauen auf Herz und Körper der Soldaten an die
Grenzen des Wohnsitzes Haiks zu gelangen. Aber der weise
und kluge Riese mit schön gelocktem Haare und lebhaftem Auge
versammelt in Eile seine Söhne und Enkel, tapfere und des
Bogens kundige, an Zahl aber geringe Männer, und Andere, die
unter seiner Macht standen, und gelangt an das Ufer eines
See's, dessen Wasser salzig sind und kleine Fische enthalten.
Nachdem er seine Soldaten zusammen gerufen, sagt er ihnen:
Bei unserem Marsche gegen das Heer Bels werden wir uns bemühen dem Orte nahe zu kommen, wohin Bel in der Mitte der
tapfern Schaar marschirt ist; entweder werden wir sterben, und
unser Tross wird in die Sklaverei Bels gerathen, oder ich werde
ihm das Glück unserer Fäuste zeigen und das Heer zerstreuen,
und wir werden den Sieg erlangt haben."

So fort quer durch das ganze Feld marschirend gelangen
sie zu einer Ebene zwischen hohen Bergen; zur Rechten des
Wassers des Flusses machen sie Halt auf einer Anhöhe an
einem engen Orte. Als sie die Augen erhoben, erschien ihnen
die ungeordnete Menge der Angriffsarmee Bels in verwegenem
Anlaufe über die Oberfläche des Landes hier und dorthin laufend,
Bel aber ruhig und vertrauend auf das grosse Herr zur Linken
des Wassers, wie auf einem Beobachtungsplatze. Haik erkannte
die Truppe der gerüsteten Bande, in welcher Bel mit auserwählten und gerüsteten Männern gerade vor seinem Heere angekommen war. Ein grosser Zwischenraum Landes war zwischen
ihm und dem Heere. Er hatte einen eisernen Helm mit ausgezeichneten Schweifen aufgesetzt, Kupferplatten auf die Schulter
und Brust gelegt, er hatte seine Lenden gegürtet, an der linken
Seite ein zweischneidiges Schwert, eine mächtige Lanze in der
Rechten, einen Schild an der Linken und Kerntruppen zu seiner
Rechten und Linken. Als Haik den Titanen ganz gerüstet und
auserlesene Männer zu seiner Rechten und Linken sah, stellt er

den Armenak mit zweien seiner Brüder zu seiner Rechten und den Kadmos und zwei andere seiner Söhne zu seiner Linken; denn sie waren Männer mit dem Bogen und Schwerte geschickt, er selbst sellt sich an die Spitze und die übrige Angriffslinie hinter sich; in dreieckiger Form stellte er sie auf und liess sie ruhig vorwärts rücken."

Als die Riesen von zwei Seiten an einander gekommen waren, machten sie ein schreckliches Getöse über der Erde beim Angriffe und warfen niederschlagenden Schrecken unter einander durch die Weise des Angriffes. Nicht wenige riesige Männer fielen von beiden Seiten getroffen durch die Spitze des Schwertes zur Erde. Der Kampf blieb auf beiden Seiten unentschieden. Diesen unverhofften ungewissen Ausgang sehend, erschrack der Titanenkönig und kehrte auf denselben Hügel zurück, woher er gekommen war; denn er gedachte sich zu schützen in der Mitte des Heeres, bis das ganze Heer ankäme um die Fronte wieder herzustellen. Als der Bogenschütze Haik das merkt, stürzt er voran, gelangt in die Nähe des Königs, spannt voll, stark, weit-ausholend den Bogen und entsendet einen geflügelten Pfeil auf dessen Brustplatte; der spitze Pfeil dringt durch die Mitte des Rückens hindurch und fällt auf die Erde; und so fällt der auf-geblasene Titane hin zu Boden geworfen und gibt den Geist auf. Als das Heer diese schreckliche Gewaltthat sah, floh ein Jeder gerade aus." Das mag hierüber genügen.

Den Schlachtort bebaut Haik mit Gebäuden und nennt ihn Haikh wegen des Sieges im Kampfe. Desshalb heisst der Canton noch jetzt „Thal der Armenier." Den Hügel, auf welchem Bel mit seinen Tapfern fiel, nannte Haik Geresmankh (Gräber), wie er noch jetzt genannt wird. Den Leichnam des Bel, der ein-balsamirt worden war, sagt er, befiehlt Haik nach Harkh zu bringen und an einem hohen Orte im Angesichte seiner Weiber und Frauen zu begraben. Auch unser Gebiet heisst Haikh nach dem Namen unseres Ahnen Haik.

12.

Die von Haik abstammenden Völker und Geschlechter und die Thaten jedes einzelnen von ihnen.

Nach Jenem wird noch Vieles in dem Buche erzählt; ich werde aber nur einreihen, was für meine Sammlung nöthig ist. Nach jenen Ereignissen, sagt er, kehrt Haik an denselben Wohnort zurück und macht seinem Enkel Kadmos Viel von der Kriegsbeute zum Geschenke, eben so berühmte Männer von seinen Hausangehörigen. Er befiehlt ihm, denselben Wohnort, sein erstes Haus, zu behalten; er selbst geht fort und macht Halt an dem Harkh genannten Orte. Nach Jahren hatte er, wie ich oben gesagt habe, den Armenak in Babylon gezeugt; nicht wenige Jahre darnach stirbt er, worauf sein Sohn Armenak das ganze Volk übernimmt.

Dieser lässt zwei seiner Brüder, den Chor und Manavas, mit ihrem ganzen Gefolge und Bas, den Sohn des Manavas, in dem genannten Harkh. Von ihnen ererbt Manavas Harkh, dessen Sohn Bas im Nordwesten die Küste des Salzmeeres; den Canton und das Meer nennt er nach seinem Namen. Von diesen, sagt man, stammen die Manavasier, Besnunier und Ordunier genannten Fürstengeschlechter ab, welche dort in der Folgezeit nach dem heiligen Trdat durch gegenseitige Bekriegung zu Grunde gegangen sein sollen. Chor vermehrt sich im Norden und baut seine Stadt; von ihm soll abstammen das grosse Satrapengeschlecht der Chorchorunier, tapferer und berühmter Männer, wie auch diejenigen von ihnen berühmt sind, welche zu unserer Zeit leben.

Armenak nimmt die ganze Menge, wendet sich nach Nordosten und steigt, dort angekommen, in eine tiefe von hohen Bergen umgebene Ebene. Ein murmelnder Fluss fliesst von Westen nach der Mitte hin, und die östliche Ebene, beinahe wie ausgestreckt, dehnt sich in grosser Länge nach der Ostseite hin; am Fusse der Berge fliessen viele klare Quellen, welche sanft zu Flüssen bei ihrem Zusammentreffen vereinigt an den Abhängen der Berge und den Rändern der Ebene noch jung, wie junge Mädchen, dahinfliessen. Der südliche gegen die Sonne gelegene Berg mit ganz weissem Gipfel ist direkt aus der Erde gewachsen, drei Tagereisen weit, wie einer von den Unserigen sagt, für einen zu Fuss tüchtigen und gegürteten Mann und läuft allmählich in eine Spitze aus, ein alter Berg in der That in Mitten der jungen Berge. Als Armenak in dieser weiten Ebene Wohnung genommen, bebaut er den Theil der Ebene an der Nordseite; den Fuss des Berges an derselben Seite und den Berg nennt er entsprechend seinem Namen Aragads und die Besitzungen Fuss des Aragads.

Etwas Wunderbares erzählt der Geschichtsschreiber, dass nämlich an allen Orten in unserem Lande zerstreut einige Menschen sich sesshaft vorfanden vor der Ankunft Haiks, des Ahnen unserer Nation.

Dieser Armenak zeugte nach Jahren den Armajis und starb nach weiteren vielen Jahren. Sein Sohn Armajis baut sich ein Wohnhaus auf einem Hügel am Ufer des Flusses und nennt es nach seinem Namen Armavir und den Namen des Flusses Erasch nach dem Namen seines Enkels Arast. Seinen Sohn Schara, der viel vertrug und viel ass, schickt er mit seinem ganzen Gefolge in eine nahe, fruchtbare und gute Ebene, in der viel Wasser sich vorfand, an der Nordseite des Berges, der Aragads genannt wurde. Nach seinem Namen soll er auch die Provinz Schirak genannt haben. In Betreff dieses scheint das Sprüchwort gerechtfertigt, welches unter den Dorfbewohnern gesprochen wird: „Wenn der Schlund des Schara dein ist, sagen sie, dann ist die Vorrathskammer von Schirak nicht unser." Armajis zeugt nach Jahren seinen Sohn Amasia, nach noch andern Jahren darauf starb er.

Amasia in Armavir wohnend zeugt nach Jahren den Gegham und nach Gegham den tapfern Pharoch und den Tsolak. Nach Zeugung dieser überschreitet er den Fluss nahe am südlichen Berge und baut daselbst in den Vertiefungen des Bergfusses mit grossen Kosten zwei Häuser, das eine nach der Ostseite hin nahe am Ursprunge der Quellen, welche am Fusse des Berges hervorkommen, und das andere westlich von jenem

ungefähr den Weg eines grossen halben Tages für einen Fussgänger von demselben entfernt. Diese gab er als Erbe seinen
zwei Söhnen, dem tapfern Pharoch und dem muntern Tsolak.
Als diese in denselben wohnten, nannten sie die Orte nach ihren
Namen Pharachot nach Pharoch, Tsolakert nach Tsolak. Den
Berg nennt Amasia nach seinem Namen Masis. Er kehrte dann
nach Armavir zurück, lebte noch wenige Jahre und starb.

Gegham zeugte nach Verlauf von Jahren den Harma in
Armavir. Er liess den Harma zu Armavir mit denen, mit welchen
er zusammenwohnte, und ging selbst nach einem andern Berge
im Nordosten hin an das Ufer eines See's, er bebaut das Ufer
des See's und lässt daselbst Bewohner und nennt diesen Berg
nach seinem Namen Gegh und das Dorf Geghakhuni, wie auch
das Meer genannt wird. Dort zeugte er seinen Sohn Sisak,
einen stolzen, tapfern, schönen, beredten und des Bogens kundigen Mann. Diesem gibt er einen grossen Theil seiner Besitzungen und viele Sklaven und als Grenze seines Erbes zieht
er eine Linie vom Meere gegen Osten bis zu einer Ebene, bis
dahin, wo der Fluss Erasch, nachdem er die Höhlen der Berge
durchschnitten hat, durch grosse Thäler und Engpässe hindurch-
geht und mit grossem Geräusche in die Ebene herabfällt. Sisak
dort wohnend füllt mit Gebäuden das Gebiet seines Wohnsitzes
an und nennt das Land nach seinem Namen Siunikh; die Perser
aber nennen es passender Sisakan. Als dort unter jenen Geschlechtern Wagharschak, der erste parthische König von Armenien, berühmte Männer gefunden hat, macht er sie zu Herren
des Landes; diese sind das sisakanische Geschlecht. Das thut
Wagharschak, wie durch die Geschichte versichert ist; wie sich
das aber verhält, werde ich zu seiner Zeit erzählen.

Gegham kehrt wieder von dort nach der Ebene zurück und
baut am Fusse jenes Berges in einem befestigten kleinen Thale
ein Dorf und nennt es Geghami. Später wurde es von seinem
Enkel Garnik Garni genannt. Diesem Geschlechte entstammt
zur Zeit des Artasches, des Enkels des Wagharschak, ein junger
Mann mit Namen Warsch, der geschickt war für die Jagd auf
Hirsche, Ziegen und Eber und geübt im Abschiessen der Pfeile.

Diesen setzt Artasches über die königlichen Jagden und schenkt ihm ein Dorf auf dem Ufer des Flusses, welches Hrasdan genannt wird. Von ihm soll das Haus Waraschnuni abstammen. Gegham hatte, wie ich gesagt habe, nach Jahren den Harma gezeugt; nach diesem zeugte er noch Andere und starb. Er hatte seinem Sohne Harma in Armavir zu wohnen befohlen. Das ist Haik, der Sohn Thorgoms, des Sohnes des Thiras, des Sohnes des Gamer, des Sohnes des Jabeth, der Ahne der Haikaner, das sind seine Geschlechter und Linien und sein Wohnsitz. Von dort her, heisst es, begannen sie sich zu vermehren und die Erde zu erfüllen.

Harma zeugte nach Jahren den Aram. Aram verrichtete viele Thaten der Kraft und Stärke in Kriegen und breitete die Grenzen Armeniens nach allen Seiten hin aus. Nach dessen Namen nennen auch alle Völker unser Land, zum Beispiele die Griechen Armen, die Perser und Assyrier Armnikh. Aber seine ausführliche Geschichte und Kraftthaten will ich, wie und wann du willst, ausserhalb dieser Bücher erzählen oder auch ganz unterlassen. Jedoch weil das nicht angeht, so mag sie gleich hier folgen.

13.

König Arams gegen die Orientalen und sein Sieg. Tod des Niukhar Mades.

Weil es mir passend geschienen hat, die Arbeit, welche ich auf deinen Befehl unternommen habe, als Freude zu betrachten, und zwar als grössere, denn die andern Freuden sind, welche in Essen und Trinken ihren Grund haben, habe ich beschlossen, in Kürze und der Reihe nach die Kriege des Haikanen Aram durchzugehen. Dieser arbeits- und vaterlandsliebende Mann hielt es, wie uns derselbe Schriftsteller belehrt, für schöner für's Vaterland zu sterben, als zu sehen, wie die Söhne der Fremden den vaterländischen Boden betreten und fremde Männer über seine Blutsverwandten herrschen.

Dieser Aram, wenige Jahre vor der Herrschaft des Ninus über Assyrien und Ninive von den Nationen rings um ihn beunruhigt, versammelt die ihm gehörige Schaar, tapfere, des Bogens kundige und im Lanzenschwingen erprobte Männer, noch jung, aber sehr reich an Geschicklichkeit und muthig, an Muth und Ausrüstung fünfzig Tausenden gleich. Er begegnet den medischen Jünglingen, welche Niukhar, genannt Mades, ein stolzer und kriegliebender Mann befehligte, wie eben jener Geschichtsschreiber lehrt, gerade an den Grenzen Armeniens. Den Boden von ganz Armenien hatte dieser nach der Weise der Khuschanier mit Füssen getreten und zwei Jahre lang unterjocht. Aram überfiel ihn unvermuthet vor Sonnenaufgang und tödtete eine Menge der Truppen, führt den Niukhar selbst, genannt Mades, gefangen nach Armavir, schlägt daselbst auf der Spitze des Mauerthurmes ihm einen Pfahl von Eisen in die Stirne und befiehlt ihn an die Mauer anzuheften im Angesichte der Vorübergehenden und aller dort Gegenwärtigen. Er nahm sein Land bis zu dem Sarasp genannten Berge in Tribut bis zur Herrschaft des Ninus über Assyrien und Ninive.

Jedoch Ninus, welcher über Ninive herrschte, trug, da er über die Geschichte aufgeklärt war, die Erinnerung des Hasses gegen seinen Ahnen Bel im Herzen und gedachte sich zu rächen, Jahre lang zu warten, eines Tages die Gelegenheit zu ergreifen und die ganze von den tapfern Männern Armeniens gezeugte Nation weg zu nehmen und zu vernichten. Aber aus Furcht und Zweifel, um seine eigene Herrschaft zu kommen, wenn er eine solche That unternähme, verheimlicht er seine Bosheit, lässt ihn jenes Land in Ruhe besitzen und gibt ihm das Recht die Perlenbinde zu tragen und nennt ihn den Zweiten nach sich. Das wird hierüber genügen, weil das gegenwärtige Unternehmen mir nicht erlaubt, am Anfange jener Erzählung stehen zu bleiben.

14.

Streit mit den Assyriern, Sieg. Pajapa Khaghea. Cäsarea.
Das erste und die anderen sogenannten Armenien.

Ich will in wenigen Worten sowohl seine Gewaltthaten im Westen, welche nach jenen in demselben Buche erzählt werden, als auch den Krieg gegen die Assyrier ezählen, indem ich die

Ursache und die Gewalt der Thaten allein offen lege und die Tragweite des Werkes vor Augen stelle.

Eben derselbe Aram marschirt, nachdem er den Krieg gegen den Orient beendigt hat, mit derselben Heeresmacht gegen Assyrien. Er findet dort einen Verwüster seines Landes mit 40000 gerüsteten Fusssoldaten und 5000 Mann Cavallerie Barscham mit Namen aus dem Geschlechte der Riesen. Da dieser das Land mit sehr schwerer Tributlast drückte, machte er die ganze Umgegend zur Wüste. Aram überzieht diesen mit Krieg, indem er sich ihm entgegenstellt, und treibt ihn flüchtig mitten unter das Volk der Kordu in der assyrischen Ebene, wobei er Viele tödtet. Barscham stiess auf seine Soldaten und starb. Diesen Barscham haben die Assyrier wegen seiner vielen Grossthaten vergöttert und lange Zeit angebetet. Einen grossen Theil der assyrischen Ebene nahm Aram auf lange Zeiten in Tribut.

Es liegt mir nun ob, seine Gewaltthat im Westen gegen die Titanen zu erzählen. Von dort nach dem Westen hin mit 40,000 Fusssoldaten und 2000 Reiter mehr als früher aufbrechend gelangt er in das Gebiet der Kappadocier an einen Ort, welcher jetzt Cäsarea genannt wird. Da er den Osten und Süden unterworfen und den beiden Familien, den Sisakaniern den Osten und dem Hause des Kadmea Assyrien anvertraut hatte, so hatte er in Zukunft von dort her keine Verwirrung mehr zu befürchten. Als er desshalb längere Zeit im Westen bleibt, begegnet ihm in einer Schlacht der Titane Pajapes Klaghea, welcher das Land zwischen den zwei grossen Meeren, dem Pontus und dem Oceane, in seiner Gewalt hatte. Diesem wirft er sich entgegen, schlägt ihn und treibt ihn flüchtig auf eine Insel des asiatischen Meeres. Er lässt einen gewissen Mschak aus seiner Familie und 10000 seiner Soldaten als Besatzung des Landes und kehrt selbst nach Armenien zurück.

Er gibt den Bewohnern des Landes den Befehl, die Rede und Sprache der Armenier zu erlernen; desshalb nennt man bis auf den heutigen Tag diese Gegend erstes Armenien. Die Niederlassung, welche Mschak, der Statthalter Arams, nach seinem Namen erbaut und mit sehr kleinen Mauern umgeben hatte,

nannten diè Alten des Landes, da sie es nicht richtig sprechen
konnten, Maschakh, bis es später, von Einigen grösser gebaut,
Cäsarea genannt wurde. Ebenso füllte er von jenen Dörfern
an bis zum Anfange seines Gebietes viel unbewohntes Land mit
Bewohnern, welche zweites und drittes, ja sogar viertes Armenien
genannt wurden.

Das ist der beste und wahre Grund, den westlichen Theil
unseres Landes erstes, zweites, drittes und viertes Armenien zu
nennen. Was aber noch von Einigen aus dem griechischen
Theile gesagt wird, gefällt mir nicht; anderer Wille mag so sein.

Da Aram auf diese Weise mächtig und berühmt geworden
ist, so benennen, wie Allen bekannt ist, nach seinem Namen
die Völker um uns herum unser Gebiet bis auf diesen Tag.
Auch andere Kraftthaten finden sich als von ihm vollbracht;
jedoch das Gesagte mag uns genügen.

Warum aber diese Thaten in den nationalen Büchern der
Könige und Tempel nicht erwähnt worden sind, darüber soll
Niemand zweifelnd Bedenken hegen; denn erstens, er lebte vor
den Zeiten der Herrschaft des Ninus, in welchen Niemand um
derartige Dinge sich kümmerte; zweitens, man hatte keine Sorge
und nicht die drückende Nothwendigkeit, die alten Traditionen
fremder Völker und entfernter Nationen und die Erzählungen
über frühere Könige und die Tempelbücher zu schreiben, besonders da die Macht und Gewaltthaten fremder Nationen weder
Ruhm noch Nutzen waren. Wenn auch nicht in Nationalbüchern,
so finden sich doch, wie Mar Abas Katina erzählt, diese Thaten
von kleinen und unbekannten Männern in Gesängen gesammelt
in den königlichen Archiven. Derselbe wahrheitsliebende Mann
sagt noch etwas Anderes, dass nämlich, wie er vernommen hat,
der stolze und selbstliebende Ninus, weil er sich selbst allein
als den Anfang der Eroberung und jeder Macht und alles Guten
zeigen wollte, viele Bücher an verschiedenen Orten, und wo
irgend welche Gewaltthat verzeichnet war, zu verbrennen, auch
das, was zu seiner Zeit war, zu vernichten und Alles über ihn
allein zu schreiben befahl. Aber das brauche ich nicht mehr
zu wiederholen.

Aram zeugte nach einem weiteren Jahre seines Lebens den Ara, lebte darnach noch viele andere Jahre und starb.

15.

Ara; sein Tod im Kriege gegen Schamiram.

Ara leitete wenige Jahre vor dem Tode des Ninus sein Vaterland, auf dieselbe Weise der Gunst von Ninus gewürdigt, wie sein Vater Aram. Aber die wollüstige und unverschämte Schamiram, die seit vielen Jahren von seiner Schönheit gehört hatte, verlangte darnach zu ihm zu kommen; aber sie wagte nicht Derartiges öffentlich zu thun. Nach dem Tode, oder wie ich überzeugt bin, der Flucht des Ninus nach Creta schickt Schamiram ihre Leidenschaft frei pflegend Boten zu dem schönen Ara mit Geschenken und Gaben, vielen Bitten und Versprech-ungen von Geschenken und der Aufforderung, zu ihr nach Ninive zu kommen, sie zur Ehe zu nehmen und über Alle zu herrschen, über welche Ninus geherrscht hatte, oder den Willen ihres Verlangens zu erfüllen und mit grossen Geschenken und in Frieden in seine Heimath zurückzukehren.

Da aber trotz des often Hinundhergehens der Botschaft keine Zustimmung des Ara erfolgt, nimmt Schamiram im hef-tigem Zorne am Ende der Gesandtschaft die Menge ihrer Heere und marschirt in Eile nach Armenien gegen Ara. Wie aber die Sachlage zeigt, beeilte sie sich nicht so sehr ihn zu tödten oder in die Flucht zu schlagen, als zu unterwerfen und in ihre Gewalt zu bekommen, damit er den Willen ihres Verlangens erfülle; denn sie war zu hoher, sehnsuchtsvoller Wuth aus Leiden-schaft entbrannt auf das Gerücht über ihn hin, als wenn sie ihn gesehen hätte. Sie kommt an, stürzt sich in die Ebene des Ara, welche nach seinem Namen Ararat genannt wird, und gibt bei Beginne des Kampfes den Generälen den Befehl, wenn möglich, den Ara retten zu lassen. Aber bei Beginne des Kampfes wird das Heer des Ara geschlagen; er selbst stirbt in der Schlacht durch die Soldaten der Schamiram. Die Königin schickt nach dem Siege solche, welche die Leichen auf dem Kampfplatz berauben, um unter den Gefallenen den Gegenstand ihrer Sehnsucht und Liebe zu suchen. Sie finden den Ara todt mitten unter seinen Kampfgenossen. Sie befiehlt, ihn in den obersten Stock des Pallastes zu legen.

Als die armenischen Truppen sich wieder zum Kampfe gegen Schamiram aufmachten, um Rächer zu werden für den Tod Ara's, sagt sie: „Ich werde meinen Göttern befehlen, seine Wunden zu lecken; und er wird wieder leben." Sie hatte zugleich die Hoffnung durch ihre abergläubische Bezauberung den Ara wieder zu erwecken, da sie rasend war vor sinnlicher Lust. Nachdem aber sein Leichnam in Verwesung übergegangen war, befahl sie, ihn in eine Grube zu werfen und zuzudecken. Sie schmückt einen ihrer heimlichen Liebhaber und verkündigt über ihn Folgendes: „Nachdem die Götter den Ara geleckt und lebendig gemacht haben, haben sie unsern Wunsch und Willen erfüllt; desshalb sind sie von jetzt an von uns besonders zu verehren und zu preisen als Erfüller unseres Wunsches und Willens." Sie erbaut ein neues Bild dem Namen der Götter und ehrt sie grossartig mit Opfern, indem sie Allen zeigt, wie diese Macht der Götter den Ara wieder erweckt habe. Nachdem sie dieses im Lande Armenien über ihn publicirt und Alle überzeugt hat, macht sie dem Kriege ein Ende.

Das, was den Ara betrifft, in Kürze und in dieser Weise zu erwähnen, mag genügen. Nach Jahren hatte er den Kardos gezeugt.

16.

Wie Schamiram nach dem Tode Ara's die Stadt und die Strasse des Flusses und ihre Wohnung erbaut.

Nach diesen Glücksfällen verweilt Schamiram wenige Tage in der Ebene, welche nach dem Namen Aras Ararat genannt wird. Sie geht dann nach der Bergseite, der Südseite des Landes, weil es Sommer war, weil sie sich in den Thälern und blumigen Ebenen ergötzen will. Nachdem sie die Schönheit des Landes und die Reinheit der Luft und das ganz klare Hervorsprudeln der Quellen und das Murmeln der schnell dahin fliessenden Flüsse gesehen, sagt sie: Wir müssen in einer solchen

Mässigung der Luft und Reinheit des Wassers und des Landes
eine Stadt und eine königliche Residenz bauen, damit wir den
vierten Theil vom Kreislaufe des Jahres, welcher die Sommerzeit ist, in aller Annehmlichkeit in Armenien zu bringen und
die drei andern Theile während der Kälte der Luft in Ninive
uns aufhalten.

Nachdem sie viele Orte durchwandert hat, kommt sie von
der Ostseite her zum Ufer des Salzsee's. Sie sah am Ufer des
See's einen langen Hügel, dessen Langseite nach der Sonnen-
untergangsgegend, jedoch ein Wenig schief gegen Norden, gelegen war, und an dessen Südseite eine direkt gegen Himmel
schauende, senkrecht eingehende Höhle sich befand. Von da
an weiter gegen Süden sah sie ein ebenes, weites Thal, von
der Ostseite des Berges her gegen das Ufer des See's frei und
schön thalförmig herabsteigend, und in dessen Mitte Bäche mit
wohlschmeckendem Wasser, welche vom Berge herabsteigend
nach den Thälern und Ebenen flossen und am Fusse der langen
Berge zur Ausdehnung grosser Flüsse sich sammelten. Nicht
wenige Gebäude sah sie in dem tiefen Thale zur Rechten und
Linken der Gewässer erbaut und nach der Ostseite des Hügels
hin einen sehr kleinen Berg.

Als die männersüchtige und verliebte Schamiram dort Alles
geprüft hat, gibt sie Befehl 12000 ungebildete Handwerker aus
Assyrien und andern unterworfenen Ländern und 6000 ihrer
auserlesenen in Allem erfahrenen Handwerker für Arbeit in
Holz, Stein, Erz und Eisen, welche in jeder Kunst erfahren
wären, ohne Säumniss an den erwünschten Ort zu bringen. Die
Ausführung begann zugleich mit dem Befehle, sie zu vollziehen.
Sofort wurde eine einem Heuschreckenzuge ähnliche Menge von
Arbeitern und klugen und verständigen Künstlern herbei gebracht.
Darauf befiehlt sie, die Wasserleitung mit durch Kalk und Sand
zusammengefügten Felsblöcken und sehr grossen Steinen zu erbauen in grosser Länge und Höhe; sie ist, wie man sagt, bis
auf den heutigen Tag erhalten. Durch die Flucht in die Aushöhlung dieser Wasserleitung schützen sich, wie ich höre, die
Einwohner des Landes gegen Räuber und Vagabunden, da sie

in den tiefen Höhlen der Berge gesichert sind. Wenn man den Versuch machen wollte, könnte man keinen für die Schleuder passenden Stein aus dem Baue der Wasserleitung herausreissen, wenn man auch mit grosser Kraft sich anstrengte. Die künstliche Befestigung der Steine näher betrachtet, bringt den Schauenden die Meinung bei, als sei die Befestigung durch Fett zu Stande gebracht. Diese viele Stadien fortgesetzte Wasserleitung führt sie bis zu dem für die Stadt ausersehenen Orte.

Sie lässt die Menge in viele Partien abtheilen und über jede Abtheilung auserlesene Meister als Lehrer setzen und vollendet auf angestrengte Arbeit sehend nach wenigen Jahren das Wunderwerk mit sehr festen Mauern und ehernen Thoren. Sie baut auch mitten in der Stadt sehr schöne und sehr viele, mit verschiedenen Steinen und Farben geschmückte, zwei- und drei- stöckige Palläste, wo möglich, alle nach der Sonne hin gelegen, und scheidet durch schöne Farben und breite Strassen die Quartiere der Stadt von einander. Sie erbaut auch etwelche schöne und bewunderungswürdige Kanäle nach Bedürfniss mitten durch die Stadt und leitet und vertheilt einen Theil des Flusses durch die Stadt zur Befriedigung jedes Bedürfnisses für die Bewässerung der Obst- und Blumengärten und den andern Theil am Ufer des See's zur Rechten und Linken für die Bewässerung der Stadt und der ganzen Umgegend. Den ganzen östlichen, nördlichen und südlichen Theil der Stadt schmückt sie mit Gebäuden und Lauben von belaubten nach Früchten und Blättern geschiedenen Bäumen und pflanzt viele fruchtbare und weintragende Weinberge, zieht überall die prächtigen bekannten Mauern und siedelt eine unzählige Menge von Menschen dort an.

Ueber das Ende der Stadt und die wunderbaren Construktionen des Werkes sind viele Menschen nicht klug geworden; davon zu erzählen ist auch nicht möglich. Nachdem sie das Ende der Stadt mit Mauern umgeben hat, errichtet sie · schwer zugängliche und schwer zu ersteigende königliche Gebäude und ein schreckliches Gefängniss. Eine auf Wahrheit beruhende Beschreibung des Werkes ist von Niemanden zu meinen Ohren gekommen, und erlaube ich mir nicht dieselbe in die Erzählung

einzuweben. Das allein sage ich, dass es von allen königlichen
Werken, wie ich gehört habe, als das erste und grösste zu betrachten ist.

Auf der Ostseite der Höhle, auf welcher Niemand mit Eisen
eine Furche zu ziehen vermag, derart ist die Festigkeit der
Materie, errichtet sie verschiedene Kapellen, Schlafgemächer,
Schatzhäuser und weite Höhlen. Niemand weiss, wie die Auf-
führung solcher Werke möglich gewesen ist. Sie schrieb auf
die ganze Oberfläche der Steine, wie man auf ein glattes Wachs
mit einer Feder schreibt, viele Inschriften. Der Anblick davon
allein setzt Jeden in Staunen. Das ist noch nicht Alles. Sie
errichtet an vielen Orten des armenischen Gebietes Säulen und
lässt mit derselben Schrift passende Worte zur Erinnerung darauf
schreiben. An vielen Orten errichtet sie auch Grenzsteine mit
derselben Schrift. Das ist es, was über die Thaten der Schamiram in Armenien zu sagen ist.

17.

Warum Schamiram ihre Söhne tödtete und wie sie vor dem
Magier Sradascht nach Armenien flieht und durch ihren
Sohn Ninovas umkommt.

Da Schamiram sich immer im Sommer nach Norden in die
Stadt, den Sommeraufenthalt, begibt, die sie in Armenien erbaut
hat, lässt sie als Statthalter über Assyrien und Ninive zurück
den Sradascht, einen Magier und medischen Fürsten, und überlässt ihm, da sie auf lange Zeit hin Alles geordnet hat, in der
That ihre ganze Macht.

Oft getadelt von ihren Söhnen wegen ihres ungeregelten,
unverschämten und unzüchtigen Lebenswandels tödtet sie alle;
es entgeht allein der jüngste Ninovas. Sie machte sich ihren
Buhlern liebenswürdig, indem sie ihnen alle Macht und Schätze
schenkte, ohne sich irgendwie um ihre Kinder zu kümmern.
Auch ihr Mann, der nicht gestorben war, wie man sagte, war
von ihr zu Ninive im Pallaste eingeschlossen worden. Als er
aber ihr leidenschaftliches und böswilliges Betragen merkte,
verliess er das Reich als Flüchtling und kam nach Creta. Als

nun ihre Söhne zu Kraft und Jahren gekommen sind, rufen sie
ihr alles dieses ins Gedächtniss, in der Meinung, sie von der
teuflischen und verbrecherischen Sinneslust abzubringen und sie
zu bewegen Macht und Schätze ihren Söhnen zu überlassen.
Darüber noch wütthender geworden tödtet sie Alle, und es blieb
allein Ninovas übrig, wie ich oben gesagt habe.

Als jedoch von Seiten des Sradascht Unrecht gegen die
Königin geschah, und Streit ausbrach, bekriegte ihn Schamiram;
denn er ging mit dem Plane um, Alle zu beherrschen. In der
Hitze des Kampfes wird Schamiram vor dem Sradascht flüchtig
nach Armenien. Dort tödtet Ninovas, da er die Gelegenheit
zur Rache passend findet, seine Mutter und herrscht selbst über
Assyrien und Ninive. Dieses habe ich über den Tod der Schamiram, dessen Ursache und Umstände zu sagen.

18.

Der Krieg der Schamiram gegen die Indier ist geschichtlich;
nach demselben fällt ihr Tod in Armenien.

Ich habe hierbei den Cephalion vor mir, um nicht Vielen
Gelegenheit zu geben, mich auszulachen. Er spricht zuerst in
anderen Schriften über die Geburt der Schamiram und erzählt
dann den indischen Krieg. Aber mir erschien das Resultat der
Untersuchung der chaldäischen Bücher durch Mar Abas Katina
zuverlässiger als dieses; denn dieser erzählt mit Methode und
legt die Ursachen des Krieges dar. Zudem bestätigen auch die
Fabeln unseres Landes den erfahrenen Assyrier, wenn sie
sprechen von dem hier erfolgten Tode der Schamiram, der
Flucht zu Fusse, dem grossen Durste und Verlangen nach
Wasser, dem Trinken, der Ankunft von Soldaten, dem Wurfe
ins Meer, woher das Sprichwort: „die Perlen der Schamiram
ins Meer." Wenn du noch andere Fabeln liebst, auch die:
„Schamiram ist eher Stein als Niobe." Doch genug; ich will
erzählen, was nach diesem geschehen ist.

19.

Ereignisse nach dem Tode der Schamiram.

Nachdem ich Alles geordnet habe, werde ich für dich in diesen Büchern die ältesten Männer und die Ahnen unseres Volkes, die Erzählungen über sie und alle ihre Thaten darlegen ohne etwas Willkürliches und Absurdes einzuflechten, sondern nur das, was in den Büchern, und gleicher Weise, was in den Reden weiser und dafür urtheilsfähiger Männer steht, aus denen ich die Archäologie zu sammeln mich redlich bemüht habe. Ich verspreche auch in der Erzählung nach meiner Neigung und meinem gesunden Urtheile gerecht zu sein. Ob diese Sammlung — Gott ist es bekannt — in den Augen der Menschen lobens- oder tadelnswerth ist, darum kümmere ich mich gar nicht.

Aber die Gleichheit der Sprache und die gleichzahlige Reihe der Kinder bezeugt die Wahrheit meiner Bemühung. Nachdem dieses so geordnet ist, werde ich, gleichviel ob es sicher, oder ein Wenig von der Wahrheit entfernt ist, für dich das beginnen, was auf jenes in der Erzählung des Gewebes der Geschichte folgt. Nach dem Tode der Schamiram durch ihren Sohn Samasia das heisst Ninovas, welcher nach der Ermordung des Ara geboren wurde, werde ich mit Sicherheit folgende Reihe der Ereignisse kennen lernen: Ninovas herrscht, nachdem er seine leichtsinnige Mutter getödtet hat, in ruhigem Leben. In seine Zeit fiel das Ende der Tage Abrahams.

Vergleichung unserer Genealogie mit der der Hebräer und Chaldäer bis auf Sardanapalos, der auch Thonos-Konkoleros hiess.

Genealogie der:

Hebräer.	Chaldäer.	Armenier.
Isahak.	Arios.	Ara.
Jakob.	Aralios.	

Unseres Ara Sohn ist Ara, von Schamiram so genannt und von ihr mit der Verwaltung des Landes betraut.

Lewi.	Susaris.	Anuschavan.
Kahath.	Xesxer.	Paret.

Amram.	Galeos.	Arbak.
Moses.	Armamithreos.	Savan.
Jesu.	Belokhos.	Pharnas.

Von Jesu an geht es weiter nicht mehr nach dem Geschlechte, sondern nach der Auszeichnung der Männer; denn
alle stammen von Abraham ab. Als er die Kananiter tödtete,
gingen sie vor ihm flüchtig nach Agras und segelten nach
Tharsis. Das ist gesichert durch eine Inschrift, welche auf eine
Säule im Lande Afrika bis auf diese Zeit geschrieben ist und
richtig so lautet:

Vor Jesu dem Räuber

flüchtig sind wir Fürsten der Kananiter

gekommen hier zu wohnen.

Einer von ihnen ist unser berühmter Khananidas in Armenien. Als sicher bewahrheitet habe ich gefunden, dass die
Linie des Volkes der Genthunier ohne Widerspruch von ihm
abstammt. Der Charakter der Männer dieses Volkes zeigt,
dass sie Kananiter sind.

Gothoniel.	Altagos.	Sur.
Avod.	Mamithos.	Havanak.
Barak.	Maskhaleos.	Waschtak.
Gedeon.	Spharos.	Haikak.
	Mamilos.	
	Sparethos.	
	Skatades.	
	Amintes.	
	Belokhos.	

Von Haikak sagt man, dass er unter Belokhos gelebt habe
und, nachdem er eine unüberlegte Empörung angezettelt hatte,
in ihr umgekommen sei.

Abimelekh.	Balotores.	Ampak.
Thola.	Lamparites.	Arnak.
Jair.	Susaris.	Schavarsch.
Ephthaji.	Lamparis.	Novair.
Esebon.	Panias.	Wstaskar.

Elon.	Sosarmos.	Gorak.
Labdon.	Mithreos.	Hrant.
Samphson.	Teutamos.	Endsakh.
Heli.		Geghak.
Samuel.		Horo.
Saul.		Sarmair.
David u. s. w.		

Sarmair dem Priamos von Teutamos zu Hilfe geschickt mit einem äthiopischen Heere, stirbt durch die Hand der tapfern Griechen.

Genealogie der:

Chaldäer.	Armenier.
Teuteos.	Perdsch.
Thineos.	Arbun.
Derkylos.	Basuk.
Eupalmos.	Ho.
Lavosthenis.	Husak.
Pridiadsis.	Kaipak.
Sphrates.	Skajordi.
Phratinis.	
Akrasanis.	
Sardanapalos.	

20.

Ara, des Ara Sohn, und dessen Sohn Anuschavan, der auch Sos genannt wurde.

Schamiram nennt den zu ihren Lebzeiten von Novard, der geliebten Gattin des Ara, gebornen Sohn, welcher beim Tode Aras zwölf Jahre alt war, wegen ihrer ersten Leidenschaft gegen den schönen Ara ebenfalls Ara mit Namen und setzt ihn über die Regierung des Landes mit Zuneigung ihm vertrauend. Dieser, sagt man, sei im Kampfe gegen die Schamiram gestorben.

Der Geschichtsschreiber fügt die Reihe der Ereignisse nach jenem hinzu in dieser Weise. Ara, der Sohn des Ara, stirbt im Kampfe gegen die Schamiram und hinterlässt einen Knaben, der an Allem Ueberfluss hatte und in That und Wort sehr weise war, den Anuschavan, der Sos genannt wurde, weil er zum Dienste unter den Platanen (armenisch Sos) des Aramaneak zu Armavir geweiht war. Das Zittern der Blätter dieser Platanen, so wie die gleichmässige Bewegung derselben je nach dem ruhigen oder starken Wehen des Windes benutzte man zu den Zaubereien des armenischen Landes und zwar lange Zeit hindurch.

Dieser Anuschavan, der lange Zeit Verachtung von Seiten des Samasia zu ertragen hatte, ermattet am königlichen Hofe. Jedoch von Freunden unterstützt bringt er es dahin zuerst einen Theil des Landes, darauf das ganze als Steuereinnehmer zu verwalten. Aber es wird zu lang, wenn ich alle Worte und Thaten vorgenannter Männer, welche würdig sind, in der Erzählung anführe.

21.

Paruir, der Sohn des Skajordi, herrscht zuerst als König in Armenien. Er unterstützt den Meder Warbak sich des Reiches des Sardanapal zu bemächtigen.

Ich lasse die nicht sehr wichtigen Dinge bei Seite und will nur anführen, was von Bedeutung ist. Als den letzten von denen, welche unter assyrischer Herrschaft und zwar von Schamiram und Ninus an standen, bezeichne ich unsern Paruir unter Sardanapal. An diesem fand nicht geringe Hilfe der Meder Warbak, als er sich des Reiches des Sardanapal bemächtigte.

Jetzt will ich mich freuen und zwar mit nicht geringer Freude, indem ich hier an unseren eingebornen Ahnen komme, dessen Nachkommen zur Würde des Königthums gelangten. Daher ist es würdig hier etwas Grosses zu leisten und viele Gegenstände der Erzählung anzuführen. Die Beweise für diese Thatsachen habe ich selbst zu lesen für würdig gefunden in den vier Gedichten über den wortreichen, weisen und weisesten aller Weisen.

Weil Warbakes, aus einem medischen Kantone und zwar aus der kleinen Spitze des sehr befestigten Kantones, sehr listig im Leben und berühmt im Kriege, nachdem er die unmännlichen Sitten und die vergnügungssüchtige sorglose Weichlichkeit des

Konkoleros kennen gelernt hat, durch sein Leben und die Freigebigkeit seiner Hände unter den tapfern und einflussreichen
Männern, durch welche die Eroberungen Assyriens in jener Zeit
offenbar mit grosser Festigkeit gefördert wurden, sich Freunde
erwirbt, gewinnt er auch für sich unsern tapfern Ahnen Paruir,
indem er ihm die Form und den Glanz des Königthums verspricht, und verbindet sich zahlreiche Männer, welche in der
Handhabung der Lanze, des Bogens und Schwertes geschickt
waren. Nachdem er so dem Sardanapal die Herrschaft für sich
entrissen hat, beherrscht er Assyrien und Ninive. Er setzt
Statthalter über Assyrien und überträgt die Herrschaft an die
Meder.

Wenn dieses von Anderen anders erzählt wird, so wundere
dich darüber nicht; denn wie ich oben in den ersten Kapiteln
den Geschmack der unwissenschaftlichen Geistesrichtung unserer
ersten Ahnen getadelt habe, so begegnet mir das auch hier.
Die Thaten, die vom Vater des Nabuchodonosor herrühren,
wurden von denen, welche die Aufzeichnung seiner Denkwürdigkeiten zu besorgen hatten, aufgeschrieben. Da aber die Unserigen an Derartiges nicht dachten, so ist nur das in der letzten
Zeit Aufgezeichnete übrig geblieben. Wenn man nun fragt,
woher ich die Namen und Thaten unserer vielen Ahnen so gefunden zu haben vorgebe, so antworte ich: in den alten Archiven
der Chaldäer, Assyrier und Perser bei Gelegenheit der Ein-
tragung ihrer Namen und Thaten in die königlichen Papiere als
der von jenen bestellten Verwalter, Kommandanten des Landes
und grossen Statthalter.

22.

Die Reihe unserer Könige nach Zählung derselben vom Vater
auf den Sohn.

Ich werde nun übergehen zur Zählung unserer Männer,
besonders der Könige bis zur Herrschaft der Parther; denn mir
sind die von unseren Königen abstammenden Männer theuer als
Eingeborne, Blutsverwandte und wahre Brüder, und es wäre mir
lieb, wenn, vorausgesetzt dass der Erlöser damals gekommen und

mich erlöst hätte, mein Eintritt in die Welt in ihre Zeit gefallen wäre, wenn ich mich ergötzt hätte an ihrem Anblicke und den gegenwärtigen Gefahren entgangen wäre. Jedoch schon längst ist jenes Geschick von uns gewichen, wenn es in der That ein Geschick war. Unter der Herrschaft der Meder lebten jene eingebornen gekrönten Männer, deren Namen ich hier einschreibe.

Dass thatsächlich zu jener Zeit das Königreich unserer Nation bestand, bezeugt der Prophet Jeremias in seinen Worten, in denen er zum Kriege gegen Babylon auffordert: „Gib Befehl," sagt er, „dem Königreiche des Ararat und dem Volke Askhanas." Das ist der zuverlässige Grund für die Existens unseres Reiches in jener Zeit. Indem ich die Reihe ordne, stelle ich daneben die Könige der Meder.

Varbakes, erster König der Meder.	Paruir, Sohn des Skajordi, unser erster von Warbakes gekrönter König.
Modakis.	Hratschia.
Artikis.	Pharnovas.
Artikis.	Padschuidsch.
Deokis.	Kornak.
Phraortis.	Phavos.
Kvakhs.	Ein anderer Haikak.
Aschdahak.	Erovand, der nur kurze Zeit lebte.
	Tigran.

Die letzten Erovand und Tigran sind vielleicht, meine ich, mit Hoffnung von den Ihrigen genannt worden. In nicht allzu ferner Zeit werde ich diese Namen erwähnen. Hratschia wird so genannt, weil er ein leuchtendes Angesicht und flammende Augen hatte. Unter ihm, sagt man, lebte Nabuchodonosor, der König von Babylon, welcher die Juden in Gefangenschaft führte. Als er, heisst es, sich von Nabuchodonosor einen der gefangenen jüdischen Fürsten Namens Schambath erbeten hatte, nahm er ihn mit sich und siedelte ihn mit grossen Ehren in seinem Lande an. Von diesem, sagt der Geschichtsschreiber, stammt ab das Volk der Bagratunier. Das hat seine Richtigkeit. Welcher

Art aber die Anstrengung unserer Könige gewesen ist, diese zur Anbetung der Götzen zu bewegen, und wie viele und welche von ihnen in der Verehrung des wahren Gottes ihr Leben geendigt haben, werde ich nachher der Reihe nach erzählen. Wenn einige unzuverlässige Männer aus Vorurtheil und nicht der Wahrheit gemäss sagen, dass von Haik jenes Volk der Bagratunier, welches das Recht der Königskrönung besass, abstamme, so sage ich darüber, glaube nicht solchen unsinnigen Worten; denn es ist auch nicht eine Spur, nicht ein Zeichen von Uebereinstimmung mit dem genannten vorhanden, welches die Wahrheit zeigen könnte. Denn in dem Wortlaute der Erzählungen über Haik und der ihm Aehnlichen wimmelt es von Unordnung. Aber wisse, dass der Name Ambat, womit die Bagratunier oft ihre Kinder nennen, in Wahrheit Schambath ist gemäss ihrer früheren Sprache, welche die hebräische ist.

23.

Die Söhne des Senekherim. Die Ardsrunier und Genunier und der Fürst der Aghdsenier stammen von ihnen ab. In demselben Kapitel: Das Haus Angegh stammt ab von Paskham.

Bevor ich die Hand an die Geschichte des grossen Tigran lege, welcher der neunte unserer gekrönten Könige, stark, berühmt und siegreich unter allen Eroberern war, werde ich angeben, was mehr nöthig ist für die Ordnung der Geschichte. In Vergessenheit ist vielleicht das gekommen, was den Senekherim betrifft. Denn achtzig Jahre, mehr oder weniger, vor der Regierung des Nabuchodonosor lebte Senekherim, der König von Assyrien, welcher Jerusalem unter Esekia, dem Fürsten der Juden, belagerte.

Seine Söhne Adramel und Sanasar tödteten ihn und kamen dann flüchtig zu uns. Den einen von ihnen, nämlich den Sanasar, siedelt unser tapfere Ahne Skajordi im Südwesten unseres Landes an, nahe an der Grenze Assyriens; die von ihm Abstammenden bevölkerten den Sim genannten Berg. Die Fürsten und Würdenträger derselben wurden, da sie Freundschaft gegen

unsern König zu zeigen sich bemühten, gewürdigt, die Ober-
herrschaft über diese Gegenden zu erhalten. Argamosan wohnte
im Südosten dieser Gegend; von ihm, sagt der Schriftsteller,
stammen ab die Ardsrunier und Genunier. Das war für mich
der Grund den Senekherim hier zu erwähnen.

Das Haus der Angegh, sagt derselbe Schriftsteller, stammt
ab von einem gewissen Paskham, einem Enkel des Haikak.

24.

Ueber Tigran im Allgemeinen.

Ich will nun übergehen zu dem, was den Tigran betrifft,
und zu den Thaten, die von ihm herrühren; denn dieser ist der
mächtigste und klugste von allen unseren Königen und der
tapferste von diesen und allen Männern. Er unterstützte den
Cyrus, als dieser die Macht der Meder vernichtete; nicht wenige
Zeit hindurch hielt er die Griechen sich unterworfen; die Grenzen
unseres Wohnsitzes vergrösserte und dehnte er aus bis zu
unsern alten Grenzen, bis zum äussersten Ende der Wohnsitze.
Er war verhasst Allen, die zu seiner Zeit lebten, den Späteren
aber lieb, er selbst und seine Zeit.

Welcher von den wahrhaftigen Männern und denen, welche
für Thaten der Macht und Weisheit Begeisterung haben, wird
sich nicht beim Andenken an ihn freuen und sich ermahnt
fühlen ein solcher Mann zu werden. Als Haupt der Männer
und Tapferkeit zeigend erhöhte er unser Volk und die unter
seinem Joche Lebenden machte er zu Unterjochern und Zins-
herren vieler Völker. Er vermehrte die Magazine für Gold,
Silber, kostbare Steine und Kleider, verschiedene Farben und
Werthsachen für Männer und Frauen, wodurch die Hässlichsten
bewunderungswürdig erschienen, wie sonst die Schönsten, und
die Schönen nach dem Zeitgeiste im Allgemeinen vergöttert
wurden. Die Fusssoldaten ritten auf Pferden, die Schleuderer
wurden zu Bogenschützen, die mit Holzkeulen Bewaffneten wurden mit Schwert und Lanze gerüstet, die Nackten mit Schildern
und Panzerhemden umgeben. Wenn diese an einem Orte zusammen waren, war ihr Anblick, der Glanz und die Strahlen,

welche von ihren Rüstungen und Waffen ausgingen, allein hinreichend, die Feinde zu verjagen. Als Friedenbringer und
Städtebauer konnte er mit Oel und Honig die Körper Aller
mästen.

Dieses und noch vielmehr der Art brachte unserem Lande
dieser blonde, mit grauspitzigen Haaren, der Sohn des Erovand,
Tigran, von gefärbtem Angesichte, mit mildem Auge, gutem
Wuchse, breiten Schultern, schnellem Schritte, schönen Füssen,
mässig in Speise und Trank und Mass haltend in der Freude.
Von diesem sagten unsere Alten, welche nach der Cymbel
sangen, dass er auch in den Genüssen des Körpers Mass haltend,
dass er sehr klug und beredt war und für Alles sorgte, was
für die Menschheit nützlich war. Was sollte mir in diesem
Buche lieber sein, als sein Lob und die Erzählungen über ihn
in Breite darzulegen? Da er in Allem eine gerechturtheilende
und gerechtigkeitsliebende Wage hatte, wog er alle Menschen
nur nach dem Gewichte des Herzens.

Er verlangte nicht nach den Höheren und verachtete nicht
die Niedrigen, sondern bemühte sich über Alle insgesammt den
Mantel seiner Sorgen auszubreiten.

Schon längst mit Aschdahak, welcher über die Meder
herrschte, verbunden gibt er diesem seine Schwester Tigranuhi
zur Ehe, da Aschdahak sie heftig verlangte. Er sagte nämlich,
dass er durch diese Annäherung entweder eine feste Liebe zu
Tigran haben werde oder ihn auf leichte Weise dem Tode überliefern könne; denn er trug Hass gegen ihn in seinem Innern.
Eine Weissagung, die nicht von seinem Willen abhing, war für
ihn das gegenwärtige Ereigniss.

25.

*Furcht des Aschdahak, entstanden aus Argwohn auf Grund
der Freundschaftsverbindung des Cyrus und Tigran.*

Die Ursache jenes Gedankens war das Band der Freundschaft zwischen Cyrus und Tigran. Desshalb wich oft der
Schlaf von Aschdahak in Folge der Erinnerung desselben. Unaufhörlich legte er seinen Rathgebern Fragen über diesen Ge-

genstand vor; durch welche Mittel, sagte er, werden wir das
Liebesband zwischen dem Perser und dem volkreichen Nach-
kommen des Haik lösen können? In solcher Verwirrung der
Gedanken kommt ihm die Enthüllung seiner gegenwärtigen
Lage durch eine visionäre Prophezie, welche in dieser Form
erzählt wird.

26.

*Wie Aschdahak in seinem Hasse sein gegenwärtiges Geschick
in einem wunderbaren Traume sieht.*

Es hatte, sagt der Geschichtsschreiber, in jenen Tage nicht
geringe Furcht der Meder Aschdahak wegen der Verbindung
des Cyrus und Tigran. Daher wurde ihm in Folge der heftigen
Verwirrung der Gedanken in einer Traumgeschichte eine Erscheinung im nächtlichen Schlafe, welche er im wachen Zustande
niemals mit Augen gesehen und mit Ohren gehört hatte. In
Folge davon aus dem Schlafe aufgewacht, gibt er gegen seine
Gewohnheit nicht Acht auf die Stunde der Berathung, sondern
ruft, obgleich er noch viele Zeit der Nacht vor sich hat, seine
Rathgeber und seufzt mit traurigem Angesichte auf die Erde
schauend mit Stöhnen aus tiefem Herzen. Auf die Frage der
Räthe, warum das sei, verschiebt er lange Zeit die Antwort und
offenbart endlich mit Seufzen beginnend jeden Gedanken und
Argwohn in der Tiefe seines Herzens und dazu auch die Ein-
zelheiten des schrecklichen Gesichtes.

„Es war mir, o Freunde, als befände ich mich an diesem
Tage in einem unbekannten Lande nahe an einem Berge von
grosser Erhöhung über der Erde, dessen Spitze von gewaltigem
Eise umhüllt erschien. Man sagte, das sei nahe am Lande der
Haikanen. Als ich auf den sehr grossen Berg hinschaute, erschien mir ein Weib mit einem Pupurkleide, einen langen Schleier
vor sich habend, sitzend auf der Spitze dieser Erhöhung, schön-
äugig, mit langem Wuchse, rothwangig, ergriffen von Geburts-
schmerzen. Während meines weiteren Schauens auf diese Erscheinung und während meines · Staunens gebar das Weib
plötzlich drei an Wuchs und Kraft vollendete Helden. Der erste,

auf einem Löwen reitend, nahm seinen Flug nach Westen, der zweite auf einem Leoparden schaute gegen Norden, der dritte, einen ungeheueren Drachen bändigend, stürzte sich angreifend auf mein Reich.

Mitten in diesen verwirrenden Sorgen schien es mir, als befände ich mich auf dem Dache meines Pallastes · und sähe eben die höchste Fläche desselben mit schönen Zelten und sehr vielen Springbrunnen geschmückt und die Götter, die mich gekrönt haben, mit lieblichem Angesichte darüber befindlich und ich mit euch dieselben ehrend mit Opfern und Weihrauch. Plötzlich aufschauend sah ich den, welcher auf dem Drachen ritt, mit den Flügeln des Adlers fliegend, einen Angriff machen; er gedachte, nahe gekommen, die Götter zu tödten. Jedoch ich Aschdahak, mich in die Mitte stürzend, nahm auf mich jenen Angriff und nahm den Kampf auf mit dem wunderbaren Helden. Indem wir zuerst mit der Spitze der Lanze beide Körper zerschnitten, liessen wir Blutströme dahin fliessen und machten die sonnenhelle Oberfläche des Pallastes zu einem Meere fliessenden Blutes. Darauf kämpften wir mit anderen Waffen nicht wenige Zeit hindurch.

Jedoch was nützt mir die Breite der Worte; denn das Ende der That ist der Untergang. Als ich im Schweisse wegen der fürchterlichen Gefahr war, floh der Schlaf von mir, und in Zukunft werde ich nicht mehr als Lebendiger gezählt. Denn nichts Anderes bezeichnet die Bewegung der Erscheinung als den Angriff der Gewalt, der mir von dem Haikanen Tigran kommt. Wer aber, der nach der Hilfe der Götter mit Wort und That uns Hilfe ersinnt, denkt nicht, dass er unser Mitregent werde?" Nachdem er viele Rathschläge, betreffs der Hilfe von den Räthen gehört hat, ehrt er sie mit Dankesbezeugung.

27.

Das Wort der Räthe, dann seine eigenen Gedanken und die unmittelbare That.

"Nachdem ich, meine Freunde, viel Verständiges und Kluges von euch gehört habe, will ich sagen, was abgesehen von der

Hilfe der Götter hierin mein nützliches Wort und Gedanke ist. Nichts bringt grösseren Schutz gegen die Feinde, die Hilfe und die Kenntniss ihrer beabsichtigten Thaten, als Jemand, der durch die Liebe das Täuschen ersinnt. Dieses aber durch Geschenke und täuschende Worte zu vollbringen, liegt jetzt nicht in meinem Vermögen, sondern es ist nur möglich so, wie ich es jetzt thun will. Das Mittel der Ausführung des Gedankens und die Erfindung der Schlingen ist die schönste und klugste unter den Weibern, Tigranuhi, seine Schwester. Denn diese Verwandtschaft macht es möglich, dass ein Fremder und ausserhalb Stehender durch Hinundhergehen heimlich, aber frei, den Betrug ausübt, sei es, dass er Unvorsichtigen seiner Freunde durch Geschenke und Versprechung von Ehre den Befehl gibt, ihn mit dem Dolche oder durch Giftmittel zu tödten, sei es, dass er seine Freunde und Statthalter durch Schätze von ihm abwendig macht. So werde ich ihn wie ein ohnmächtiges Kind in der Gewalt haben."

Da die Räthe diesen Gedanken für ausführbar hielten, sannen sie auf die Ausführung. In die Hand eines der Räthe legt er viele Geschenke und schickt ihn ab mit einem Briefe dieses Inhaltes.

28.

Brief des Aschdahak. Zustimmung des Tigran und Sendung der Tigranuhi nach Medien.

„Mein lieber Bruder, du weisst, es ist nichts Nützlicheres für das Leben der Welt uns von den Göttern geschenkt, als eine Menge sehr kluger und sehr mächtiger Freunde; denn so erlauben sich Verwirrungen nicht von Aussen her über uns zu kommen, und werden, wenn sie kommen sollten, schnell zurückgeworfen, und findet Schlechtigkeit nirgends den Eingang ins Innere, sondern wird zurückgewiesen.

Da ich nun einen solchen Vortheil der Hilfe sah, welcher aus der Freundschaft entsteht, gedachte ich die Liebe, welche uns verbindet, fester und tiefer zu befestigen, damit wir von beiden Seiten befestigt, unversehrt und unbewegt unsere Herr-

schaft bewahren. Das geschieht dadurch, dass du mir das
Mädchen Gross-Armeniens, deine Schwester Tigranuhi, zur
Ehe gibst. Vielleicht wirst du es für gut finden, dass sie die
Königin der Königinen wird. Lebe wohl, mein Mitkönig und
lieber Bruder."

Ohne viele Worte zu machen, sage ich: Der Bote kommt
an und richtet das in Betreff des schönen Mädchens aus. Tigran
stimmt zu und gibt seine Schwester Tigranuhi dem Aschdahak
zur Ehe. Da er seine List nicht kennt, schickt er seine Schwester, wie es Sitte der Könige ist. Aschdahak nimmt sie in
Empfang und setzt sie nicht allein aus List, sondern auch wegen
ihrer Schönheit über seine Weiber. In seinem Innern aber webt
er das Gewebe der Schlechtigkeit.

29.

*Wie der Betrug entdeckt wurde und der Krieg entbrannte, in
welchem Aschdahak fiel.*

Darauf erzählt der Geschichtsschreiber, Aschdahak that,
nachdem er die Tigranuhi in ihrer Stellung als Königin befestigt hatte, Nichts ohne ihren Willen in seinem Reiche, sondern
ordnete Alles nach ihrem Worte und befahl allen Unterthanen
ihrem Befehle zu gehorchen. Nachdem er das so geordnet hat,
beginnt er allmählich ihr den Betrug nahe zu legen. „Du weisst
nicht, sagt er, dass dein Bruder Tigran, von seinem Weibe
Saruhi aufgestachelt, deine Herrschaft über die Arier beneidet.
Was möchte geschehen, wenn er nicht vor mir stirbt, und Saruhi
dann über die Arier kommt und die Stelle der Göttinen einnimmt? Du hast nun zu wählen das Eine von diesen Beiden,
entweder bruderliebend zu bleiben und einen schimpflichen Fall
im Angesichte der Arier zu gewärtigen, oder dein eigenes Wohl
begreifend einen nützlichen Gedanken zu fassen und auch für
die nächsten Ereignisse zu sorgen."

Mitten in diesen Chikanen hatte er es verheimlicht, dass
Tigranuhi sterben sollte, wenn sie nicht nach dem Willen des
Medopersers dächte. Aber die Tiefes findende Schöne merkte

die List und gab als Antwort dem Aschdahak Worte der Liebe
und liess sehr schnell durch Freunde dem Bruder die List
erzählen.

. Er legt jetzt durch Boten Hand ans Werk, dass sie an
einem Orte mitten auf der Grenze beider Reiche zu einer Zu-
sammenkunft sich einfinden sollten, unter dem Vorwande, dass
ein Ereigniss, eine wichtige Angelegenheit, vorliege, welche
durch Schrift und Botschaft zu erledigen nicht möglich sei, wenn
sie nicht Beide persönlich einander gegenüber ständen. Als
aber Tigran den Zweck der Sendung erkannt hatte, verheim-
lichte er Nichts von dem, was Aschdahak dachte, sondern legte
in einem Briefe offen dar, was für Bosheit in dem Herzen dieses
war. Nachdem diese Bosheit offengelegt war, gab es von da
an weder Worte noch List, welche diese Schlechtigkeit ver-
schleierten, sondern es entbrannte jetzt offen der Krieg.

Der König von Armenien sammelt aus dem Gebiete von
Kappadocien, Iberien und Aghovanien und aus Gross- und
Klein-Armenien alle Auserlesenen und marschirt mit seiner
ganzen Macht nach Medien. Gefahr kommt jetzt dem Aschdahak
im Kampfe dem Haikanen mit einer nicht kleinen Schaar zu
begegnen. Er verschiebt das Zusammentreffen um fünf Monate;
denn die schnelle und lebendige That erlahmte, wenn Tigran
an seine geliebte Schwester dachte, und so suchte er den Ausgang der Dinge zu ordnen, dass ein Mittel zur Flucht der
Tigranuhi sich finde. Inzwischen näherte sich die Zeit des
Kampfes.

Aber ich lobe meinen schlanken, des Speeres kundigen, in
allen Gliedern proportionirten und in der Schönheit des Wuchses
vollendeten Tigran; denn er war schnell, in allen Theilen proportionirt und fand an Stärke nicht seines Gleichen. Doch
warum dehne ich die Worte aus? Bei Beginne des Kampfes
durchbohrt er, mit einer Lanze das feste Kleid von Eisen wie
Wasser spaltend, den Aschdahak mit seiner langen Lanzenspitze
und zieht, die Hand wieder zurückziehend, die Hälfte der Lunge
mit der Waffe heraus. Der Kampf war bewundernswerth; denn
die Helden, Helden gegenüberstehend, wandten einander nicht

sogleich den Rücken, wesshalb der Kampf ausgedehnt lange Zeit sich dahinzog. Jedoch das Ende machte der Tod des Aschdahak. Dieses Ereigniss, zu dem guten Glücke hinzugefügt, vermehrte den Ruhm Tigrans.

30.

Warum er seine Schwester Tigranuhi nach Tigranakert sandte. Anuisch, die erste Frau des Aschdahak, und der Wohnsitz der Gefangenen.

Es wird auch erzählt, dass er nach Verlauf dieser Dinge seine Schwester Tigranuhi mit grossem Gefolge auf königliche Weise nach Armenien sendet in eine Stadt, welche Tigran nach ihrem Namen erbaut hatte, und welche Tigranakert war, und dieser Provinz ihr zu gehorchen befiehlt. Die Privilegien dieser Ostan genannten Gegenden, sagt der Schriftsteller, rühren von ihrer als vom königlichen Geschlechte abstammenden Familie her.

Die Anuisch, die erste Frau des Aschdahak, und viele Mädchen vom Saamen Aschdahaks mit Knaben und vielen anderen Gefangenen, mehr als zehn Tausend, lässt er das Gebiet vom östlichen Rücken eines grossen Berges an bis zu den Grenzen Goghthen's bewohnen, das heisst, die Dörfer Tambat, Oskiogha, Daschkuinkh und andere auf dem Ufer des Flusses, von denen eins Wrandschunikh ist, bis gegenüber der Festung Nachdschavan und auf der andern Seite des Flusses die ganze Ebene, deren Spitze Aschdanakan ist, bis zu eben jener Festung Nachdschavan. Die vorhin genannte Frau Anuisch siedelt er mit ihren Söhnen an auf dem stillen Gipfel der Ruine jenes grossen Berges, welche, wie man sagt, von einem schrecklichen Erdbeben herrührt. Das erzählen diejenigen, welche auf Befehl des Ptolemäus hin und her reisend durch Märsche die Wohnsitze der Menschen, zum Theil auch das Meer und das unbewohnte Land von der heissen Zone bis Khimiuron gemessen haben. Bediente gibt er der Anuisch aus denselben Medern, welche am Fusse des Berges wohnten.

Dasselbe enthüllen auch wahrheitsgetreu die Gesänge der Chroniken, welche, wie ich höre, die Bewohner des weinreichen

Theiles des Kantons Goghthen mit Wohlgefallen aufbewahrt haben; in dieselben sind eingefädelt die Worte der Gesänge über Artasches und seine Söhne mit der allegorischen Erwähnung auch der Nachkommen des Aschdahak unter der Benennung „Drachenabkömmlinge;" denn Aschdahak heisst in ihrer Sprache „Drache." Man sagt auch, dass Argavan ein Gastmahl zur Ehre des Artasches veranstaltet und ihn im Tempel der Drachen betrogen habe. Als Artavasd, der tapfere Sohn des Artasches, sagt man, bei Erbauung von Artaschat keinen Platz für einen Pallast fand, begab er sich von dannen, ging hin und baute mitten in Medien Marakert, welches in der Scharur genannten Ebene liegt. Die Prinzessin Sarthenik, sagt-man, hatte Verlangen nach dem Kraute Artachur und der Knospe Tits auf der Tafel Argavans. [1]

Wirst du dich nun jetzt nicht mehr wundern über meine wahre Erzählung, da ich die unenthüllten Dinge der Drachen, welche auf dem freien Masis leben, enthüllt habe?

31.

Welches sind seine Geschlechter und welches sind die Linien, die von ihm ausgegangen sind?

Wie das zuverlässige Erzählen von dem nationalen und ersten Tigran und seinen Thaten mir als Erzähler angenehm ist mitten in meinen Worten, so wird es auch dir Wissbegierigen sein; wie der Mann und seine Thaten, so sind auch die Worte über ihn. Desshalb liebe ich es nach den Stufen der Tapferkeit zu nennen Haik, Aram, Tigran; denn nach meiner Meinung sind die Nachkommen der Tapfern auch wieder tapfer; die zwischen ihnen Liegenden mag man nach Gutdünken nennen. Nach den Meinungen, die man von der Vergötterung hat, ist auch meine Aussage wahr; es gibt keinen Aramasd, wohl aber gibt es einen solchen für die, welche wollen, dass es einen Aramasd gibt, nämlich für die vier oder mehr Aramasd genannten Völker, von denen eins Kund-Aramasd ist. Ebenso gibt es viele sogenannte

---

[1] Citat aus einem alten Gesange.

Tigran, aber nur einer und der einzige von den Nachkommen Haiks ist derjenige, welcher den Aschdahak tödtete und dessen Haus und die Mutter der Drachen, die Anuisch, in Gefangenschaft führte und den Cyrus mit unterstützendem Willen und wirklicher Hilfe auf seiner Seite habend die Herrschaft über die Meder und Perser an sich brachte.

Dessen Söhne sind Bab, Tiian, Wahagn; von diesem sagen die Fabeln: „Es gebar der Himmel und die Erde, es gebar auch das purpurne Meer; ein rothes Schilf hatte seine Geburt im Meere, aus dem Halse des Schilfes kam hervor Rauch, aus dem Halse des Schilfes kam hervor eine Flamme, und aus der Flamme lief hervor ein Knabe; dieser hatte Feuerhaare, auch hatte er einen Flammenbart, und seine Augen waren Sonnen." Diesen besangen Einige nach der Cymbel, ich habe es mit eigenen Ohren gehört; sodann erzählten sie im Gesange dessen Kämpfe gegen die Drachen und seinen Sieg und besangen ihn allzugleich den Bravurstücken des Herkules. Sie sagten auch, dass er vergöttert sei, und als die Iberier in ihrem Lande eine Bildsäule von dessen Körpermass errichtet hatten, ehrten sie dieselbe mit Opfern. Von ihm stammen ab die Wahnunier, von seinem jüngsten Sohne Aravan die Aravanier; von jenem stammt ab Aravan, von diesem Nerseh, von diesem Sareh, von den Linien dieses die sogenannten Völker der Sarehnavanier. Der erste Sohn dieses ist Armog, der Sohn dieses Bagam, der Sohn dieses Wan, der Sohn dieses Wahe: dieser sich empörend stirbt durch Alexander von Mazedonien.

Von dieser Zeit an bis zur Herrschaft des Wagharschak über Armenien habe ich dir nichts Zuverlässiges zu erzählen; denn es herrschte Verwirrung unter den Banden; der Eine zog aus gegen den Andern das Land zu beherrschen. Desshalb leicht nach Armenien eintretend, setzt der grosse Arschak seinen Bruder Wagharschak als König über das Land Armenien.

32.

Der ilische Krieg unter Teutamus. Unser Sarmair vereinigt sich mit Wenigen mit dem äthiopischen Heere. Sein Tod in diesem Kriege.

Diese zwei Dinge sind es, welche als Arbeit eilig von deiner Lernbegierde mich überkommen, Kürze und Schnelligkeit, und zwar sollen die Worte reich und flammend wie die platonischen, fern von Lüge und voll von dem sein, was der Lüge entgegensteht. Dieses zu erzählen vom ersten Menschen an bis auf dich und diesen Bedingungen zu genügen, ist unmöglich; denn derjenige, der Alles erschaffen hat, der Alles durch ein Zeichen, durch einen Wink der Augen zu Stande bringen kann, vollbringt es nicht so, sondern unterscheidet Tage und Ordnungen für die Geschöpfe; denn einige sind Geschöpfe des ersten, andere des zweiten, dritten und anderer Tage. Dadurch zeigt uns die Lehre des heiligen Geistes dieselbe Ordnung an. Jedoch dein Verlangen, sehe ich, geht über diese Grenzen hinaus; denn es muss dir Alles recht und ganz und nach der Zeit gesagt werden. Aber das ist von meiner Seite entweder Weitschweifigkeit und dir nach Wunsch, oder Eile und dir nicht angenehm. Bei diesem deinem schnellen Drängen, siehe, habe ich Nichts über den Mazedonier und über den ilischen Krieg in der Reihe aufnotirt, sondern füge es jetzt an. Ich habe nicht zu sagen, ob unser würdige Zimmermann hier weise oder thöricht ist, oder ob er nicht nach einiger Zeit noch diese Dinge anfügt, welche wichtig und meines Baues würdig sind.

Welche werden nun die ersten dieser Art Dinge sein, wenn nicht die, welche von Homer erzählt werden, was über den ilischen Krieg unter Teutamus, dem Könige der Assyrier, erzählt wird, und der Umstand, dass unser Sarmair unter der Knechtschaft der Assyrier mit dem äthiopischen Heer dem Priamus wenig Hilfe brachte und von den tapfern Hellenen überwältigst stirbt, aber, ich will es, durch Achilles und keinen andern der Helden.

Ende des ersten Buches der Genealogie Gross-Armeniens.

Die Fabeln der Perser über Piurasp Aschdahak.

Was in aller Welt für ein Vergnügen mögen die plumpen und ungeheuerlichen Fabeln des Piurasp Aschdahak bereiten, und warum machst du mir für die unpassenden und ungeordneten Erzählungen der Perser Mühe, die ganz besonders gross ist wegen der unaussprechlichen Schlechtigkeit des Piurasp, wegen seiner anfänglichen perfiden Güte, wegen der Dienstleistung der Dämonen für ihn, und weil ich nicht übergehen kann den Irrthum und die Lüge und das Küssen der Schultern und die daraus erfolgte Geburt der Drachen und die darauf folgende Zunahme der Schlechtigkeit und das Menschenfressen für das Bedürfniss des Bauches und dann, dass ein gewisser Hruden ihn mit ehernen Stricken band und auf einen Berg führte, der Dembavend genannt wird, dass Hruden auf dem Wege einschlief, und Piurasp ihn nach einem Hügel hinzog, dass Hruden erwachte, ihn in eine Höhle des Berges führte, ihn band und sich selbst ihm gegenüber wie eine Statue aufstellte, und dass er dadurch erschreckt seinen Ketten gehorsam lebt und nicht herausgehn und der Welt schaden kann.

Was für ein Verlangen hast du nun unter diesen Umständen nach den falschen Fabeln und was für ein Bedürfniss nach der Auseinandersetzung der unverständigen und thörichten Erzählungen? Es sind ja doch nicht die griechischen edeln und schönen, vernünftigen Fabeln, welche die Wahrheit der Dinge allegorisch in sich verborgen tragen. Aber du befiehlst mir Gründe für ihre Unvernünftigkeit anzugeben und das Ungeordnete zu ordnen. Ich will das deinen kindlichen Jahren verzeihen als einen Wunsch der Unreife deines ungebildeten Zustandes. Desshalb will ich denn auch hier das Verlangen deines Willens erfüllen.

Angabe dessen, was über den Piurasp gewiss ist.

Jetzt spreche ich ganz kühn das platonische Wort aus: „Kann Jemand einem Freunde ein anderes Ich sein? Sicherlich Niemand." Da ich schon andere unmögliche Dinge deinetwegen möglich gemacht habe, vollbringe ich auch dieses. Ich hasse zwar diese Worte und Thaten, besonders diese, da das Anhören derselben mein Ohr ermüdete; aber dennoch schreibe ich sie hier mit eigener Hand nieder, indem ich ihrem Unverstande Verstand gebe, und enthülle ich die ältesten Thaten der Perser, die ihnen selbst schon unverständlich sind, wenn du nur Freude und Nutzen davon hast. Merke dir aber wohl meine Abneigung gegen derartige Erzählungen daran, dass ich sie nicht für würdig gehalten habe, sie in den ersten Zeilen und die letzten Worte einzureichen, sondern ausserhalb und geschieden sie angefügt habe. Ich will beginnen.

Der von den Persern sogenannte Piurasp Aschdahak, ihr Ahne, lebte unter Nebruth. Denn bei der Trennung der Sprachen über die ganze Erde gab es keine Verwirrung für die Masse, fehlten auch nicht Leiter und Führer, sondern auf ein göttliches Zeichen hin haben die Familienhäupter sich getrennt und ihre jedesmaligen Gebiete ererbt.

Den sichern Namen des Piurasp kenne ich, da ich den Centauren Piurida in einem chaldäischen Buche gefunden habe. Dieser hatte nicht so sehr durch Tapferkeit, als durch Reichthum und Geschicklichkeit die Führerschaft über sein Volk unter der Botmässigkeit des Nebruth. Er wollte Allen ein volksthümliches Leben zeigen und sagte, Nichts dürfe Eigenthum sein, sondern Alles müsse gemeinsam und Alles offen sein, Wort und That. Im Geheimen dachte er Nichts, sondern trug alle Geheimnisse seines Herzens offen mit der Zunge hinaus und das Aus- und Eingehen seiner Freunde liess er am Tage wie bei Nacht geschehen. Das ist seine genannte anfängliche und perfide Güte.

Weil er in der Astrologie stark war, wollte er die vollendete Schlechtigkeit, die Zauberei, erlernen; aber das war ihm unmöglich. Wie ich oben gesagt habe, hatte er behufs der Täuschung der Masse die Gewohnheit, Nichts im Verborgenen zu thun. Daher war ihm diese letzte und vollendete Schlechtigkeit zu erlernen keine Möglichkeit geboten; er findet aber dennoch auch für Erlernung dieser verwerflichen Kunst ein

Mittel und zwar in dem Vorgeben die heftigsten Bauchschmerzen
zu haben, welche durch nichts Anderes geheilt werden könnten,
als durch ein schreckliches Wort und Name, den nicht leicht
Jemand hören könne. Derjenige, welcher die gewohnte Schlechtigkeit wob, belehrte ihn zu Hause und in der Oeffentlichkeit,
indem er, ohne dass Jemand Verdacht schöpfte, seinen Kopf
auf die Schultern des Piurasp legte, und lehrte ihn ihm ins Ohr
flüsternd die schlechte Kunst. Derjenige, den sie in ihren Fabeln
den Sohn des Satans nennen, wurde ihm durch Dienstleistung
gefällig, dann forderte er dafür ein Geschenk von ihm und
küsste ihm die Schultern.

Die Geburt der Drachen oder vielmehr die vollständige Ver-
wandlung des Piurasp in einen Drachen ist diese. Er fing an
unaufhörlich den Göttern Menschen zu opfern, bis die Menge
seiner überdrüssig wurde und ihn vertrieb, und er in die genannten hochgelegenen Gegenden floh. Als man ihn heftig verfolgte, sagte sich sein Gefolge von ihm los. Seine Verfolger
gewannen dadurch Vertrauen und ruhten einige Tage an den
Orten aus. Als aber Piurasp die Zerstreuten versammelt hat,
kommt er unversehens über sie, wobei er grosses Unheil anrichtet.
Jedoch die Menge siegt, und Piurasp wird flüchtig; sie erreicht
und tödtet ihn nahe am Berge und wirft ihn in eine tiefe
Schwefelgrube.

Zweites Buch.

Geschichte der mittleren Zeit unserer Vorfahren.

1.

Ich schreibe dir jetzt im zweiten Buche die besonderen Ereignisse unseres Landes von der Herrschaft Alexanders an bis zur Herrschaft des heiligen und tapfern Mannes, des grossen Trdat, und zwar der Reihe nach, welche That der Tapferkeit, Männlichkeit, Weisheit und Ordnung ein jeder von den Königen vollbracht hat von Arschak, dem Perserkönige, und dessen Bruder Wagharschak an, den jener zum Könige über unser Volk machte. Diejenigen, welche nach ihm aus seinem Saamen über unser Land Könige wurden, indem sie die Regierung vom Vater auf den Sohn vererbten, wurden nach Arschak Arschakunier genannt. Zu einem grossen Geschlechte und zu einer Menge wuchsen sie heran, aber es folgte immer nur Einer der Reihe nach in der Regierung. Aber ich schreibe kurz in Kürze das, was nöthig ist; das Ueberflüssige lasse ich weg: denn bezüglich der andern Nationen ist das hinreichend, was von vielen Schriftstellern gesagt ist.

Nachdem Alexander der Mazedonier, der Sohn des Philippus und der Olympia der vierundzwanzigste von Achilles an über die ganze Welt geherrscht hat, stirbt er, indem er Vielen die Herrschaft gibt durch ein Testament, aber so, dass das ganze Reich des mazedonische genannt werde. Nach ihm herrschte zu Babylon Seleukus, nachdem er die ganze Macht an sich gebracht hatte. Von dort aus unterwarf er auch durch einen Krieg die Parther und wurde desshalb Nikanor (Sieger) genannt. Nachdem er 31 Jahre regiert hat, überlässt er das Reich seinem Sohne Antiochus, genannt Soter, 19 Jahre lang. Diesem folgte Antiochus, genannt Theos, 10 Jahre lang; aber im elften Jahre fallen die Parther ab von der Knechtschaft der Mazedonier. Von da an herrschte der mächtige Arschak, welcher aus dem Blute Abrahams, aus der Nachkommenschaft der Ketura ist, zur Bewährung des Wortes des Herrn an Abraham: „Könige von Völkern werden aus dir hervorgehen.“

2.

Regierung Arschaks und seiner Söhne. Krieg gegen die Mazedoniern, Freundschaft mit den Römern.

Wie ich gesagt habe, herrscht 60 Jahre nach dem Tode Alexanders über die Parther der tapfere Arschak in der Stadt Bahgh Aravatin im Lande der Khuschanier. Er erregt einen sehr heftigen Krieg, indem er für sich den ganzen Osten weg nimmt, und vertreibt auch aus Babylon die Mazedonier. Er hört, dass die Römer mächtig sind über den Westen und das Meer und den Spaniern die Minen, aus denen Gold und Silber gewonnen wird, genommen und die Galater und die Reiche Asiens tributpflichtig gemacht haben; er schickte Gesandte an sie und verlangte ein Bündniss unter der Bedingung, dass sie den Mazedoniern nicht helfen, er keinen Tribut zahle, aber jedes Jahr ein Geschenk von hundert Talenten gebe.

So regiert er 31 Jahre und nach ihm sein Sohn Artasches 26 Jahre; diesem folgt sein Sohn Arschak, genannt der Grosse. Dieser führt Krieg gegen Demetrius und dessen Sohn Antigonus. Letzterer überfiel ihn in Babylon mit dem mazedonischen Heere, wurde aber im Kampfe zum Gefangenen gemacht. Als Arschak ihn in der Gewalt hatte, führte er ihn mit eisernen Banden zu den Parthern, wesshalb er Siribindes [1]) genannt wurde. Als aber dessen Bruder Antiochus Siderites den Marsch Arschaks wahr genommen, geht er hin und nimmt Assyrien weg. Jedoch

---

[1]) Persisches Wort: Fürsten-Fessler.

Arschak kehrt mit 120,000 Mann zurück ihm entgegen; Antiochus
gehindert durch den heftigen Winter begegnet ihm in einem
Engpasse in einem Treffen und kommt dort mit seinen Truppen
um. Arschak herrscht nun über den dritten Theil der Welt,
wie zu ersehen ist aus den auf Wahrheit beruhenden Erzählungen
des Herodot, welcher mit Bezug auf die Theilung der ganzen
Erde in drei Theile den einen Europa, den andern Lybia und
den dritten Asia nennt, über welchen letzteren Arschak herrschte.

3.

Die Einsetzung Wagharschaks zum Könige von Armenien.

In dieser Zeit macht Arschak seinen Bruder Wagharschak
zum Könige über unser Land, wobei er ihm den Norden und
Westen als Gebiet gibt. Dieser, ein tapferer und kluger Mann,
wie ich in meinem ersten Buche geschrieben habe, dehnte sein
Gebiet aus und ordnete auch, so weit er konnte, die bürger-
lichen Gesetze des Landes; er richtete die Satrapien ein und
setzte als Statthalter über dieselben nützliche Männer aus dem
Geschlechte unseres Ahnen Haik und Anderer.

Nach Unterwerfung der Mazedonier und Beendigung des
Krieges macht der tapfere Parther den Anfang seiner Wohlthaten. Zuerst und vor Allem belohnt er die Güte eines mächtigen und weisen Mannes, des Hebräers Schamba Bagarat, indem
er ihm und seiner Nachkommenschaft das Recht gibt, die Arschakunier zu krönen, und seiner Nachkommenschaft das Recht,
sich nach seinem Namen Bagratunier zu nennen; diese sind
noch heute ein grosses Satrapengeschlecht im Lande. Dieser
Bagarat hatte sich nämlich selbst freiwillig dem Wagharschak
vor dem Kriege Arschaks gegen die Mazedonier zum Opfer
gebracht. Dafür wurde er Würdenträger am königlichen Hofe
und am Ende des armenischen Gebietes Statthalter und Fürst
über 11,000 Mann an der Westseite.

Ich will nun wieder zurückkehren und den Krieg Wagharschaks gegen Pontus und Phrygien und seinen Sieg erzählen.

4.

Wagharschak vereinigt die Tapfern Armeniens zu einem Heere und marschirt gegen die Freunde der Mazedonier.

Nach dem Kriege Arschaks gegen die Mazedonier und nach Besitzergreifung von Babylon und dem Osten und Westen Assyriens versammelt auch Wagharschak aus Atrpatakan und den Armeniern, welche in der Mitte des Landes wohnen, ein grosses Heer, berühmte und tapfere Männer, und den genannten Bagarat und die Tapfern, welche unter ihm stehen, und die Jünglinge des Meeresufers, die Abkömmlinge von Gegham, den Kananitern, Schara und Guschara, und die, welche im Lande Sisak wohnen, und die Kadmäer und ihre Nachbarn, ungefähr die Hälfte des Landes. Er gelangt mitten ins Land oberhalb der Quellen eines grossen Sumpfes am Ufer des Erasch in der Nähe des Armavir genannten Hügels, wo er mehrere Tage, wie man sagen muss, zubringt, da sie das Manöver nicht kannten.

Nachdem er dort die Truppen aus dem ganzen Lande zusammen gezogen hat, gelangt er ins Gebiet der Chaldäer. Lasika, Pontus, Phrygia, Maschakh und Andere hielten, weil sie nicht das Geringste von dem Kriege Arschaks wussten, unter der Herrschaft der Mazedonier fest an den Verträgen. Daher versammelt ein gewisser Morphiughik die genannten Länder und bricht auf zum Kriege gegen Wagharschak. Sie begegnen einander auf dem steinigten Hügel einer Höhe, welcher jetzt Kolonia genannt wird; einander bis auf mehrere Stadien genähert verschanzen sich beide Theile mehrere Tage hindurch.

5.

Kampf des Morphiughik; sein Tod in Folge eines Lanzenstiches.

Nach Verlauf vieler Tage seit der beiderseitigen Verschanzung entbrennt der Kampf von unserer Seite aus. Desshalb stellt Morphiughik mit Willen oder wider Willen die Fronte seines Heeres auf und kommt an in verwegenem Angriffe. Er war ein beherzter Mann, von breiten und unter einander proportionirten Gliedern und mit einer dem Körperbaue entsprechenden Kraft. Umgeben von Erz und Eisen und seinen auserwählten Soldaten, die nicht gewaltig an Zahl waren, warf er die auserlesenen und tapfern Krieger Wagharschaks zu Boden und bemühte sich bis zum Könige der Armenier in der Mitte einer grossen und wohl bewaffneten Truppe hindurchzudringen. Als er nahe gekommen, gelingt es ihm die Lanze zu werfen; sie war gewuchtig und langspitzig; fern hin wirft er die Lanze ähnlich dem Fluge leichtfliegender Vögel. Aber nicht allzu sehr zauderten, sich in die Mitte zu stürzen, die tapfern und berühmten Männer aus dem Geschlechte Haiks und des assyrischen Senekherim. Mit einer Lanzen tödteten sie den Tapfern und warfen das Heer zuerst nieder und schlugen es in die Flucht. Viele Bäche von Blut vergiessend tränkten sie die Erde wie mit Regengüssen. Von da an war das Land ruhig der Macht Wagharschaks unterworfen, und es hörten die Angriffe der Mazedonier auf.

6.

Wie Wagharschak den Westen und Norden unseres Landes organisirte.

Als er das so beendigt hat, organisirt er das Gebiet von Waschakh und die Bewohner von Pontus und Eger, begibt sich an den Fuss des Parchar mitten in die Provinz Taikh in feuchte, nebelige und moosreiche Waldgegenden. Schön ordnet er das Land, ebnet das Bergige und werwandelt den heissen Landstrich in den mildesten und angenehmsten Vergnügungsort seines Reiches. Für die Sommerzeit, in der er sich nach Norden begibt, erbaut er Sommerhäuser. Zwei ebene holzreiche Parke und Jagdplätze legt er an dem Berge an und benutzt die Wärme des Landes Kogh zur Anlage von Weinbergen und Gärten. Ich kann hier in Betreff des theueren Mannes nicht Alles klar und bis ins Einzelne gehend aufzeichnen; ich gehe, indem ich das Genauere und die Reihenfolge bei Seite lasse, allein die Orte durch, um unauflöslich das Band der Liebe zu dem wunderbaren Manne zu bewahren.

Nachdem er daselbst das wilde fremde Volk, welches im Norden der Ebene und am Fusse des grossen Berges Kaukasus und in den Thälern oder den tief ausgehöhlten Schluchten von dem Berge an, welcher nach Süden läuft, bis zum Eingange der grossen Ebene wohnt, zusammen gerufen hat, befiehlt er ihm von Raub und Menschenbetrug abzulassen und sich den königlichen Befehlen und Gesetzen zu unterwerfen, damit er ihm, wenn er es wieder sehe, Leiter und Fürsten zugleich mit schönen Gesetzen geben könne, und entlässt es mit weisen und von ihm selbst angestellten Männern. Nachdem er so die westliche Volksmasse entlassen hat, steigt er in die grasreichen Orte herab in der Nähe des Gebietes von Schara, welches die Alten das waldlose und obere Basean nannten; später aber wurde es, weil die Colonie des Weghentur-Bulgaren Wunt sich daselbst niedergelassen hatte, nach dessen Namen Wanand genannt; und die Namen der Dörfer werden noch bis jetzt nach den Namen seiner Brüder und Abkömmlinge genannt.

Beim kühl Werden des Nordens durch den rauhen Wind geht er weg, steigt herab in die grosse Ebene und lagert sich dort am Ufer eines grossen Sumpfes an dem Orte, wo der grosse Fluss vom nördlichen See ausgehend herabsteigt und sich mit dem grossen Sumpfe vermischt, organisirt daselbst das Heer des Landes, lässt von ihm selbst angestellte Männer zurück und reist mit allen seinen Notabeln nach Medsbin.

7.

Organisation des Reiches; woher er die Satrapien vermehrte; wie er zu leben befahl.

Dies ist ein wichtiger Abschnitt und voll von sicherer Erzählung und würdig der feinsten und meisten Worte; denn es sind hier zu besprechen viele Regeln und Gesetze, Häuser, Geschlechter, Städte, Niederlassungen, Dörfer, das ganze System des Reiches und was mit dem Reiche zusammenhängt, das Heer, die Anführer, die Gouverneure der Provinzen und dergleichen. Zuerst und vor Allem ordnet der König sich selbst und sein Haus, indem er den Anfang bei seinem Haupte und seiner Krone macht. Dem schon genannten Hebräer Bagarat schenkt er als Zeichen seiner Dankbarkeit für seine frühere aufopfernde Hingabe an den König, für seine Aufrichtigkeit und Tapferkeit die schon genannte Würde eines Fürsten seines Hauses und gibt ihm das Recht die Krone auf das Haupt des Königs zu setzen und sich Königkrönender und Ritter zu nennen und ohne Gold und Edelsteine das kleine Band mit drei Reihen Perlen zu tragen, wenn er in die Residenz und den Pallast des Königs geht. Diejenigen, welche seine Hände bekleiden, nimmt er aus den Nachkommen der Chananäer und nennt das Geschlecht die Genthunier. Zu seiner bewaffneten Leibwache nimmt er aus der Nachkommenschaft des Chor, eines Abkömmlings des Haik, auserlesene und tapfere, der Lanze und des Schwertes kundige Männer und zu ihrem Befehlshaber einen gewissen Maghchagh, behält aber den früheren Namen des Geschlechtes bei. Den Dat aus dem Blute Garniks, aus der Nachkommenschaft Geghams, setzt er über die königlichen Jagden. Dessen Sohn ist Warsch, nach dessen Namen das Geschlecht genannt wird, aber erst später in den Tagen des Artasches. Einen gewissen Gabagh macht er zum Stallmeister und den Abel zum Hofmeister und Kammerherrn und schenkt ihnen Dörfer, die auch nach ihren Namen genannt werden. Auf diese Weise entstand das abelische und gabelische Satrapengeschlecht.

_ Die Ardsrunier — ich weiss wohl, sie heissen nicht Ardsrunier, sondern Ardsivunier (Adlerträger) — sind die, welche die Adler vor ihm trugen. Ich unterlasse die Erzählung der Fabeln, welche in Hadamakert erzählt werden: „Während ein Knabe schlief, waren Regen und Sonne ihm feindlich, aber der Schatten eines Vogels zu Gunsten des daliegenden Knaben." Ich weiss, dass Gnunier heisst „Wein Habender," der, welcher vor dem Könige den Trank zu bereiten pflegt. Ein der Sache und dem Namen nach wunderbares Ereigniss geschah. Es bereitete Einer den königlichen Trank aus auserlesenen und schmackhaften Weinen und hatte auch den Namen Gin (Wein). Wagharschak, sagt man, darüber ergötzt setzt ihn unter die Zahl der grossen

Satrapengeschlechter; das sind die zwei Häuser aus dem Blute des Senekherim, die Ardsrunier und Gnunier.

Ich sage auch, dass die Spandunier über die Opfer gesetzt und Havenunier Falkenfänger und Falkenträger waren, da sie in den Wäldern wohnten. Und wenn du mich nicht unter die leichtsinnigen Erzähler rechnest, sage ich auch, dass die Tsiunier die Wächter der Sommerpalläste und die Schneelieferanten waren und durch Standeserhöhung als Hausgenossen des Königs geadelt wurden.

Vier Compagnien Pallastgarde hob er aus und zwar jede einzelne bestehend aus Soldaten aus den Nachkommen jener alten von Haik abstammenden Könige, welche zu verschiedenen Zeiten durch väterliche Erbschaft Dörfer und Niederlassungen erworben hatten. Jedoch hier wurden, wie ich höre, zur Zeit der Perserherrschaft aus Anderen die Compagnien ausgehoben und Ostan genannt; ich weiss nicht, ob man wegen des Unterganges des alten Geschlechtes oder wegen des Eintrittes irgend welcher Widersetzlichkeit, welche jenes Geschlecht zurückwies und ausschloss, die Andern an deren Stelle als Compagnien mit königlichem Namen aushob. Jedoch das erste Geschlecht ist sicher aus dem Blute der alten Könige, wie jetzt noch im Lande der Iberier, wo es Sephdsugh genannt wird. Er befiehlt auch aus demselben Geschlechte Eunuchen auszusondern und als ihr Haupt den Hair, einen Fürsten aus dem Landestheile von Atrpatakan bis Dschovasch und Nachdschavan; aber wie sich das verhält und wo dessen Thaten vergessen worden sind, weiss ich nicht.

8.

Der Zweite des Reiches wird genommen aus dem Geschlechte Aschdahaks, des Königs der Meder.

Als der König sein Haus geordnet hatte, wurde der zweite Würdenträger des Reiches aus dem Geschlechte Aschdahaks des gewesenen Königs der Meder genommen, welches Geschlecht man jetzt Muratsan nennt. Dass dieses mit jenem identisch ist, geht daraus hervor, dass man zu dem Haupte des muratsanischen

Geschlechtes nicht ‚Herr der Muratsan,‘ sondern ‚Herr der Meder‘ sagt. Er überlässt ihm alle Dörfer, welche aus der Eroberung Mediens herrühren. An der Ostseite, an der Grenze der arme- -nischen Sprache, stellt er als Statthalter auf die zwei Satrapengeschlechter des Sisak und Kadmos, deren Namen ich im ersten Buche angeführt habe.

Darauf setzt er über den grossen, berühmten und volkreichen nordöstlichen Landestheil als Verwaltungsbehörde den berühmten und in jeder That der Weisheit und des Geistes ausgezeichneten Mann, den Aran, über den Landestheil nämlich am grossen Flusse, welcher die grosse Ebene durchschneidet und Kur genannt wird. Aber wisse, dass ich vergessen habe, im ersten Buche die grosse und berühmte Familie, das Haus der Sisak, zu erwähnen, welches die Ebene Aghovankh und den Gebirgstheil dieser Ebene vom Flusse Erasch bis zur Festung Hnarakert geerbt hat. Das Gebiet wurde Aghovankh genannt wegen der Annehmlichkeit der Sitten Sisaks, den man Aghov (den Süssen) nannte. Aus den Nachkommen dieses wurde jener berühmte und tapfere Aran von dem parthischen Wagharschak als Statthalter mit zehn Tausend Mann angestellt Aus dessen Blute, sagt man, seien entsprossen die Geschlechter der Uteer, Gardmanier und Dsowdeer und die Dynastie der Gargarier.

Guschara, einer der Söhne Schara's, erbte das dunkele Gebirge Kangarkh und die Hälfte des Landes Dschavachkh, nämlich Koghb, Dsob, Dsor bis zur Festung Hnarakert. Aber die Herrschaft über Aschots und das Eigenthumsrecht auf Taschir gibt Wagharschak den Nachkommen des Haikanen Guschar. Gegenüber dem Kaukasus setzt er als Statthalter über den Norden das grosse und mächtige Geschlecht und nennt den Namen der Satrapie Fürst der Gugarier. Dieses Geschlecht stammte aus der Nachkommenschaft des Mihrdat, eines Satrapen des Darius, den Alexander mitgebracht und als Befehlshaber über die Gefangenen aus den iberischen Völkern zurückgelassen hatte, die Nabuchodonosor gemacht hatte, wie Abydenus erzählt, indem er also sagt: „Der mächtige Nabuchodonosor war mäch-

tiger als der Herakles der Lybier. Als er sein Heer gesammelt
hatte, kam er ins Land der Iberier und unterwarf es besiegt
und unterjocht seiner Macht; einen Theil derselben führte und
verpflanzte er nach Westen rechts vom pontischen Meere." In·
die grosse Ebene von Basean setzt er das Ordunier genannte
Fürstenhaus, welches zu den Nachkommen Haiks gehört.

Einen Mann von trauriger Schönheit, hoch und ungestaltet,
mit platter Nase, tief liegenden Augen und störrischem Blicke
aus dem Geschlechte Paskhams, eines Engels Haikaks, Torkh
genannt, den man wegen seiner auffallend ungestalteten Figur
Angeghea (den Hässlichen) nannte, einen Mann von ungeheuerem
Wuchse und Kraft, setzt er als Statthalter über den Westen
und nennt wegen der Hässlichkeit seines Gesichtes sein Geschlecht das Haus Angegh. Wenn du willst, lüge ich über ihn
Ungünstiges und Verächtliches, wie die Perser von Rostom
Sagdschik sagen, dass er die Kraft von 120 Elephanten gehabt
habe. Zu viel Ungereimtes nämlich pflegen zu seinen Gunsten
die Gesänge über seine Stärke und Beherztheit zu erzählen,
wozu weder jene Erzählungen über Samson noch jene über
Herakles noch die über Sagdschik passen. Man sang nämlich
von ihm, dass er harte Steine, an denen kein Riss war, in die
Hand genommen, nach Wunsch gross und klein gespaltet,
mit den Nägeln abgeschabt, zu Tafeln geformt und auf dieselbe
Weise mit den Nägeln Adler und anderes Derartige auf dieselben eingezeichnet habe. Als zum Ufer des pontischen Meeres
feindliche Schiffe gekommen sind, läuft er ihnen nach, und als
sie etwa acht Stadien weit ins offene Meer hinaussegeln, und
er so nicht zu ihnen gelangt, nimmt er, sagen sie, hügel-
artige Steine und wirft sie ihnen nach; durch den heftigen
Riss des Wassers sinken nicht wenige Schiffe unter, und die
Erhöhung der Fluthen in Folge des Risses des Wassers wirft
die übrigen viele Meilen weit. O! allzu sehr ist das gefabelt;
das ist die Fabel aller Fabeln; aber was geht sie dich an?
Er war in der That eine fürchterliche Kraft und solcher Erzählungen würdig.

Darauf errichtet er die grosse Satrapie Dsophkh in dem

sogenannten vierten Armenien, auch die Satrapie der Apahunier, die manavasische und besnunische aus denselben Nachkommen Haiks. Unter den Einwohnern findet er die Mächtigsten heraus und setzt sie als Herren ein, indem er sie nach den Namen der Städte und Kantone benennt.

Aber ich habe den schrecklichen Mann mit Namen Slakh vergessen, von welchem ich nicht fest behaupten kann, ob er von Haik oder von denjenigen abstammt, welche vor diesem im Lande waren, von deren Dasein die alten Erzählungen berichten. Aber er war ein tapferer Mann. Diesen beauftragt er mit wenigen Männern den Berg zu bewachen und Gemsen zu jagen. Sie wurden genannt die Seghkunier. Ebenso stellt er zu demselben Zwecke an den unbeugsamen Miandak; von diesem stammen die Mandakunier ab.

Als er unter den Söhnen Wahagins Männer gefunden hat, welche freiwillig den Tempeldienst verlangten, ehrt er sie auf grossartige Weise, indem er in ihre Hand das Priesterthum legt, setzt sie unter die ersten Satrapen und nennt sie Wahnunier. Als er auf diese Weise auch das aravenische und arehavanische Geschlecht aus der Nachkommenschaft der ersten Könige gefunden hat, setzt er sie über die Burgen mit denselben Namen.

Den Scharaschan aus dem Hause Sanasars setzt er als Grossfürst und Statthalter über den Südwesten am Rande der assyrischen Grenzen, am Ufer des Tigris, indem er ihm als Kanton Ardsen, welches rings um ihn lag, und den Berg Taurus, wo auch der Sim ist, und ganz Coelesyrien schenkt.

Auch die Mokier errichtet er als Satrapie, als er in demselben Kantone einen Mann gefunden hat, welcher viele Räuber unter sich hatte; auf dieselbe Weise die Kordovier, Andsevier und Akeer aus denselben Kantonen. Auch die Reschtunier und Goghthenier habe ich wirklich angeführt gefunden als Zweige des sisakischen Geschlechtes; ich weiss aber nicht, ob man nach dem Namen der Männer die Kantone benennt, oder ob nach dem Namen der Kantone die Satrapien genannt worden sind.

Nach allem diesem erbaut er einen Tempel zu Armavir, errichtet Bildsäulen der Sonne, des Mondes und seiner Vorgänger.

Den Hebräer Schamba Bagarat, welcher auch Königkrönender und Fürst und mit nöthigenden Worten gebeten worden war, das jüdische Gesetz zu verlassen und die Götzen anzubeten, lässt der König Wagharschak auf seine Weigerung hin nach seinem Willen leben.

Er gibt Befehl, die Stadt der Schamiram zu erneuern und an vielen andern Orten wohnungsreiche Städte und stolze und geräumige Häuser zu erbauen.

Er gibt auch ein Gesetz für sein königliches Haus und bestimmt die Zeit des Aus- und Eingehens, der Berathungen, der Feste und Vergnügungen und führt eine Rangordnung beim Heere, einen ersten, zweiten, dritten u. s. w. Rang ein. Auch bestellt er zwei Sekretäre, von denen der Eine die Aufzeichnung des Guten, der Andere die der Strafe zu besorgen hatte. Dem Sekretäre für das Gute befiehlt er, dem Könige im Zorne. und bei ungerechtem Befehle Recht und Menschenliebe ins Gedächtniss zu rufen.

Er setzt Richter ein für das königliche Haus, Richter für Städte und Dörfer, und befiehlt, dass der städtischen Bevölkerung mehr Aufmerksamkeit und Ehre werde, als der der Dörfer, und befiehlt den Dorfbewohnern die Städter wie Fürsten zu ehren, und den Städtern sich nicht zu sehr über die Dorfbewohner zu erheben, sondern sich brüderlich zu betragen zum Zwecke der guten Ordnung und des neidlosen Lebens, welches der Grund des Aufbaues und der Ruhe des Lebens ist. Er traf noch andere ähnliche Einrichtungen.

Weil er viele Söhne hatte, hielt er es für passend, dass sie nicht alle bei ihm in Medsbin blieben; desshalb schickt er sie weg um sich anzusiedeln im Kantone der Haschtenier und in dem an diese angrenzenden Thale ausserhalb der Provinz Taron, wobei er ihnen alle Dörfer mit einem Zuwachse von besonderen Einkünften und Gehältern überlässt, die aus dem königlichen Schatze zu ertheilen waren. Nur den ältesten seiner Söhne Namens Arschak behält er bei sich als Kronprinz und dessen Sohn, den er Artasches nannte und sehr liebte. Er war nämlich in der That ein munterer Knabe und von starkem

Körperbaue, so dass er denen, welche ihn sahen, Hoffnung auf Männlichkeit gab, die aus ihm erwachsen werde. Es wurde von da an und in Zukunft bei den Arschakuniern Gesetz, dass ein Sohn bei dem Könige als Nachfolger in der Herrschaft wohnte, und die andern Söhne und Töchter in die Gegend der Haschtenier in die Erbschaft ihres Geschlechtes gingen.

Wagharschak stirbt nach diesen Tugenden und guten Ordnungen in Medsbin nach einer Regierung von 22 Jahren.

9.

Unser Arschak I. und dessen Thaten.

Arschak, der Sohn Wagharschaks herrscht über Armenien 13 Jahre. Nacheiferer und Nachfolger der väterlichen Tugenden führte er viele Rechtsordnungen ein. Im Kriege gegen die Anwohner des Pontus liess er am Ufer des grossen Meeres ein Zeichen zurück; seine langspitzige Lanze nämlich, welche ins Blut von Thieren gestossen war, warf er zu Fuss sehr weit hinaus und machte sie festsitzen in einer Mühlsteinsäule, welche er am Meeresufer errichtet hatte. Diese Säule verehrten die Anwohner des Pontus lange Zeit wie ein Werk der Götter. Jedoch bei einem nochmaligen Angriffe des Artasches auf die Anwohner des Pontus, liess dieser, sagt man, die Säule ins Meer werfen.

In seinen Tagen trat eine grosse Verwirrung in der Kette des grossen Berges Kaukasus im Lande der Bulgaren ein; viele von diesen wurden abgeschnitten und kamen in unser Land und wohnten unterhalb Kogh an einem fruchtbaren und brodreichen Orte lange Zeit hindurch.

Von ihm wurden die Söhne des Bagarat auf Grund der Anbetung der Götzen verfolgt. Zwei von ihnen endigten ihr Leben durch das Schwert auf blutige Weise für die väterlichen Gesetze. Ich scheue mich nicht zu sagen, dass diese Nachfolger des Anania und Eleasar sind. Aber die Anderen nahmen nur dieses an, nämlich, am Sabbathe auf die Jagd und in den Krieg zu reiten und ihre Kinder, wenn ihnen welche geboren würden — denn sie waren ehelos — unbeschnitten zu lassen. Es wurde

von Arschak in allen Satrapien befohlen, ihnen keine Weiber
zu geben, wenn sie nicht eidlich versprächen, die Beschneidung
zu unterlassen. Diese beiden Punkte allein nahmen sie an,
aber nicht die Anbetung der Götzen.

Hier endigen die Worte des Mar Abas Katina.

10.

*Wo er die Erzählung nach den Büchern des Mar Abas Katina
gefunden hat.*

Ich will anfangen dir nach dem fünften Buche des Chronisten Africanus zu erzählen, für den Josephus und Hippolytus
und viele andere Griechen Zeugniss ablegen. Jener nämlich
excerpirte Alles, was in den Papieren des Archivs von Edessa,
das heisst Urha, über unsere Könige erzählt wurde — diese
Bücher sind von Medsbin dorthin gebracht worden —; er nahm
auch alles dahin Bezügliche aus dem pontischen Sinope her aus
den Tempelannalen auf. Niemand soll hieran zweifeln; denn
ich habe mit eigenen Augen jenes Archiv gesehen.

Zeugniss wird dir auch endlich die Kirchengeschichte des
Eusebius von Cäsarea ablegen, welche der selige Lehrer Maschtots
ins Armenische übersetzen liess. Wenn du Untersuchung in
Geghakhunien [1]) im Kantone Siunikh anstellen willst, so wirst
du in dem ersten Buche im dreizehnten Kapitel finden, dass er
bezeugt, dass zu Edessa ein Archiv aller Thaten unserer ersten
Könige bis auf Abgar und nach Abgar bis auf Erovand existirte.
Dieses findet sich, glaube ich, noch aufbewahrt in derselben Stadt.

11.

Unser Artasches und seine Usurpation der ersten Stelle.

Artasches gelangt an seines Vaters Arschak Stelle zur Regierung über Armenien im 24. Jahre Arschakans, des Königs
der Perser. Mächtig geworden nimmt er nicht den zweiten
Thron, sondern verlangt die höchste Würde; Arschakam ihm
nachgebend geruht ihm die erste Stelle zu geben. Er war

---

[1]) Wo die Uebersetzung aufbewahrt wurde.

nämlich ein stolzer und kriegliebender Mann, erbaute sich eine
Residenz im Lande der Perser und prägte eigenes Geld mit
seinem Bilde. Den Arschakan stellte er unter seine Obergewalt
als König der Perser wie auch seinen Sohn Tigran als König
von Armenien.

Er übergibt seinen Sohn Tigran zur Erziehung einem jungen
Manne, Namens Warasch, dem Sohn Dats aus der Nachkommenschaft Garniks, welcher von Gegham abstammt; denn er war
ein durch Gewandtheit im Bogenschiessen ausgezeichneter Jüngling. Er macht diesen zum Aufseher der königlichen Jagden
und gibt ihm Niederlassungen am Flusse Hrasdan; nach seinem
Namen wird das Geschlecht das waraschnunische genannt. Seine
Tochter Artaschama gibt er zum Weibe einem gewissen Mihrdat,
dem Grossfürsten der Iberier, welcher abstammt aus dem Blute
des Mihrdat, des Satrapen des Darius, den Alexander über die
iberischen Gefangenen gesetzt hatte, wie ich früher erzählt
habe, und übergibt ihm die Statthalterschaft über die nördlichen
Berge und das pontische Meer.

12.

*Marsch des Artasches nach dem Westen, Gefangennehmung
des Krösus, Erbeutung und Auslieferung der Götzenbilder
an die Armenier.*

In jener Zeit gibt Artasches Befehl, im Osten und Norden
ein Heer auszuheben, und zwar ein so grosses, dass man für
dasselbe keine Zahl kannte, sondern an den Durchgängen und
Haltestellen nach der Kopfzahl Stücke von Steinen als Zeichen
der Menge zurückliess. Er geht nach Westen und nimmt den
Krösus den König der Lydier gefangen.

In Asien findet er die kupfernen und vergoldeten Bildsäulen
der Artemis, des Herakles und Apollo und lässt sie in unser
Land bringen, damit man sie in Armavir aufstelle. Die Priester,
welche aus dem Geschlechte der Vahunier waren, thaten es
und stellten die Artemis und den Apello in Armavir auf, aber
das männliche Bild des Herakles, welches von Scylla und Dipenus
von Creta gemacht worden war, und welches sie für das Bild

ihres Ahnen Vahagn hielten, stellten sie nach dem Tode des Artasches in Taron in ihrer eigenen Stadt Aschtischat auf.

Als Artasches das feste Land zwischen den zwei Meeren unterworfen hat, erfüllt er den Ocean mit der Menge seiner Schiffe, indem er den ganzen Westen unterwerfen will. Da nämlich eine grosse Verwirrung in Rom herrscht, so ist Niemand ihm auf kräftige Weise entgegen. Aber ich weiss nicht anzugeben, durch welchen Einfluss es gekommen ist, dass, nachdem eine schreckliche Revolte ausgebrochen war, die zahlreichen Soldaten einander tödteten. Artasches stirbt auf der Flucht, wie man sagt, durch seine eigenen Soldaten nach einer Regierung von 25 Jahren.

Er nimmt auch in Griechenland die Statuen des Zeus, der Artemis, der Athene, des Hephestos, und der Aphrodite und lässt sie nach Armenien bringen. Ehe diese aber dazu kommen, ins Land zu gelangen, hört man die Trauernachricht vom Tode des Artasches, und wirft auf der Flucht die Statuen in die Festung Ani; die Priester folgen ihnen und bleiben bei ihnen.

13.

Beweise für die Welteroberung des Artasches und die Gefangennehmung des Kröses nach andern Geschichtsschreibern.

Diese Thatsachen werden von griechischen Geschichtsschreibern und zwar nicht von einem oder zweien, sondern von vielen berichtet. An denselben zweifelnd habe ich vielfach Untersuchungen angestellt. Ich habe nämlich aus einigen Erzählungen über Cyrus vernommen, dass er den Krösus getödtet und das Reich der Lydier zerstört habe. Dann wird noch das Zusammentreffen des Cyrus und Nekhtanebos erzählt. Dieser Nekhtanebos ist von Manetho als der letzte König der Egyptier angegeben; von ihm sagten Einige, dass er der Vater Alexanders sei. Ich finde die Zeit des Krösus 200 Jahre vor der des Nekhtanebos und die Zeit des Nekhtanebos mehr als 200 Jahre vor Artasches I., dem Könige von Armenien.

Weil es aber Viele gibt, welche sagen, dass Krösus der Gefangene unseres Artasches war, und das mit näheren Angaben erzählen, so glaube ich es; denn Polycrates sagt also: „Grösser erscheint mir der Parther Artasches, als der Mazedonier Alexander; denn in seinem Lande bleibend herrschte er über Theben und Babylon und vernichtete ohne den Alys zu überschreiten das lydische Heer und nahm den Krösus gefangen; vor seiner Ankunft in Asien war er bekannt in der Festung Attika. Wehe seinem Geschicke! dass er doch in seinem Staate und nicht auf der Flucht gestorben wäre!"

Ganz ähnlich diesem sagt Evagaros: „Klein ist der Krieg des Alexander und Darius mit dem des Artasches verglichen. Jenen nämlich erschien das Tageslicht nicht in Folge des feinen Staubes, dieser aber bedeckte durch Pfeilschüsse und machte schattig die Sonne und machte Nacht am Mittage als sein Händewerk. Er liess keinen Lydier entfliehen, die Nachricht zu bringen, sondern befahl sogar ihren König Krösus auf die Bratpfanne zu legen. Durch ihn haben auch die Bäche den Fluss nicht vergrössert, da dieser durch das Trinken bis zum sommerlichen geringen Wasserstand herabsank. Desshalb machte er auch durch die Menge der Soldaten die Zahlen zu schwach zu deren Ausdruck, so dass mehr von dem Masse als der Zahl Anwendung gemacht wurde. Darüber rühmte er sich nicht, sondern weinte, indem er sagte: Wehe dem vorübergehenden Ruhme!"

Es schreibt auch Kamadrus also: „Täuschung wurde den übermüthigen Lydiern dadurch, dass die Seherin Pythia dem Krösus antwortete: Krösus über den Alys gehend wird das Reich zerstören. Da er das von den Fremden verstand, vernichtete er sich selbst. Denn als der Parther Artasches ihn gefangen genommen hatte, befahl er ihn auf eine eherne Bratpfanne zu legen. Krösus sich des Wortes des Atheniensers Solon erinnernd ruft in seiner Sprache: O Solon! Solon! schön hast du gesprochen, dass man das Glück des Menschen nicht glücklich preisen dürfe vor dem Tode. Als die, welche in der Nähe waren, das gehört hatten, erzählten sie dem Artasches, dass Krösus eine neue Gottheit anrufe. Da Artasches Mitleid hatte, befahl er ihn herbeizubringen, frug und hörte, was das war, was er gerufen hatte, und befahl die Marter zu erlassen."

Es schreibt auch Phledonius: „Aller Könige mächtigster war der Parther Artasches; nicht allein besiegte er die Lydier und nahm den Krösus gefangen, sondern änderte auch im Hellesponte und in Thrazien die Natur der Elemente; auf dem Lande wurde er getragen, wie über's Meer segelnd, und auf dem Meere ging er zu Fusse. Er bedrohte die Thessalier und sein Ruf machte dadurch Hellas staunen; er schlug die Mazedonier nieder und die Phokäer in die Flucht; die Lokrier übergaben sich selbst, und die Böotier bildeten einen Theil seiner Ausrüstung; im Allgemeinen, Hellas brachte ihm Ehrfurcht entgegen. Nach kurzer Zeit überkam ihn Unglück in Allem; nicht so unglücklich wurde Cyrus gegen die Massageten kämpfend, nicht so hatte Darius durch den Einfall der Scythen und Cam byses bei den Aethiopiern zu leiden; klein war auch der Marsch des Xerxes mit seinem Heere nach Hellas, wobei er Schätze und Zelte den Griechen überliess und allein lebendig mit genauer Noth entfloh. Dieser aber sehr grosser Siege sich rühmend wird von seinen eigenen Soldaten getödtet.

Ich halte diese Erzählungen für glaubwürdig; diesen Krösus, den man unter Cyrus oder Nekhtanebos versetzt, halte ich entweder für erfunden oder glaube, dass viele Könige Einen Namen getragen haben, wie es bei den Meisten Gewohnheit ist.

14.

Die Regierung Tigrans II., sein Zug gegen die Truppen der Griechen, Erbauung von Tempeln, seine Expedition nach Palästina.

Nach Artasches I. gelangt sein Sohn Tigran im 19. Jahre des Perserkönigs Arschakan zur Regierung. Er versammelt die Heere der Armenier und geht den griechischen Truppen entgegen, welche nach dem Tode seines Vaters Artasches und nach Zerstreuung der Truppen auf der Verfolgung im Laufe in unser Land kamen. Tigran geht diesen entgegen und hält sie endlich hemmend auf. Seinem Schwager Mihrdat übergibt er Maschakh und die Verwaltung der mittleren Länder, lässt ihm ein grosses Heer und kehrt nach unserem Lande zurück.

Als erste That wollte er die Erbauung von Tempeln. Da jedoch die Priester, welche aus Griechenland gekommen waren, fürchteten, sie möchten ins tiefere Armenien gebracht werden, gaben sie als Vorwand den Wunsch der Götter an, dass sie dort wohnen wollten. Dem nachgebend errichtete Tigran das Bild des Zeus Olympius in der Festung Ani, die Athene in Thil, der Artemis zweites Bild in Erisa, den Hephestos in Bagajarindsch; aber das Bild der Aprodite als der Geliebten des Herakles befahl er neben dem Bilde eben dieses Herakles am Opferorte zu errichten. Erzürnt über die Wahunier dadurch, dass sie in ihrem eigenen Gebiete die Statue des Herakles, welche von seinem Vater geschickt worden war, errichtet hatten, entkleidet er sie der Priesterwürde und nimmt die Stadt für den Fiskus, in welcher die Statuen errichtet worden waren.

Nachdem er so Tempel erbaut und vor die Tempel die Götterbilder gestellt hat, befiehlt er allen Satrapen Opfer unter Anbetung zu bringen. Als das Geschlecht der Bagratunier das nicht that, liess er die Zunge Eines, welcher Asud hiess, wegen Verachtung der Götzenbilder abschneiden, folterte sie aber sonst nicht, weil sie sich dazu verstanden, von den Opfern und Schweinefleisch zu essen, obgleich sie nicht selbst unter Anbetung geopfert hatten. Er nimmt ihnen aus obigem Grunde den Oberbefehl über das Heer ab, aber die Würde der Königs-krönung benimmt er ihnen nicht. Er steigt herab nach Mesopotamien, und als er dort die Statue des Barschamin, welche aus Elfenbein und Kristall mit Silber verfertigt war, gefunden hat, befiehlt er sie weg zu nehmen und im Dorfe Thordan aufzustellen.

Sofort marschirt er ins Land Palästina, um Rache zu fordern von der Ptolemäerin Kleopatra wegen der Unbilden ihres Sohnes Dionysius gegen seinen Vater. Nachdem er viele Gefangenen auch unter den Juden gemacht hatte, liess er sich rings um die Stadt der Ptolemäerin nieder. Jedoch die Königin der Juden Alexandra, auch Messalina genannt, welche die Frau des Alexander, des Sohnes des Johannes, des Sohnes des Simon, des Bruders des Judas Machabäus war, und um jene Zeit die

Herrschaft über die Juden hatte, hielt ihn, indem sie ihm viele
Geschenke gab, davon ab. Er hatte auch die Nachricht vernommen, dass ein gewisser Waikun, ein Räuber, Armenien ver-
heere, nachdem er sich der Bergfestung bemächtigt hatte, welche
noch jetzt nach dem Namen des Räubers Waikunikh genannt wird.

15.

*Ankunft des römischen Feldherrn Pompejus, Einnahme von
Maschakh, Tod Mihrdats.*

In jener Zeit kommt der römische Feldherr Pompejus mit
einem grossen Heere in die mittleren Länder und sendet seinen
General Scaurus nach Assyrien zum Kampfe gegen Tigran.
Weil Scaurus aber den Tigran nicht antraf, weil dieser nach
seinem Gebiete wegen der Bedrängniss desselben durch die
Banditen zurückgekehrt war, ging er nach Damaskus und sehend,
dass diese Stadt von Metellus und Lullus genommen war, ver-
trieb er diese von dort; er selbst eilte nach Judäa um den
Aristobul mit Hilfe von dessen älterem Bruder Hyrkanus, dem
Hohepriester und Sohne Alexanders, anzugreifen.

Pompejus sieht in seinem Kriege gegen Mihrdat schreck-
lichen Widerstand, furchtlose Kämpfe und grosse Gefahr; jedoch
die Masse siegt, und Mihrdat wird flüchtig nach dem Pontus.
Pompejus so von ihm befreit, was er nicht gehofft hatte, nimmt
Maschakh ein, jenes Sohn, den Mihrdat, gefangen und legt sein
Heer in die Stadt. Er verfolgt jenen nicht, sondern beeilt sich
durch Assyrien nach Judäa zu gelangen und lässt durch den
Vater des Pontius Pilatus den Mihrdat durch Giftmittel tödten.
Für diese Thatsache legt Zeugniss ab Josephus in der Ge-
schichte, die er von Apersam erzählt, indem er so sagt: „Dem
Pompejus kommt in der Nähe von Jericho die freudige Nach-
richt vom Tode Mihrdats.“

16.

*Angriff Tigrans auf die römischen Truppen, Flucht des Ga-
binius und Befreiung des jungen Mihrdat.*

Nachdem Tigran, der König der Armenier, die jüdischen
Gefangenen im Armavir und in der Burg Wardges, welche am

Flusse Khasagh liegt, niedergesetzt, die Räuber vom Berge vernichtet und die Trauer um Mihrdat abgelegt hat, marschirt er gegen die römischen Truppen nach Assyrien, um Rache zu nehmen. Es geht ihm entgegen der römische General Gabinius, den Pompejus bei seiner Rückkehr nach Rom zurück gelassen hatte. Gabinius vermochte sich nicht dem Tigran entgegenzustellen, kehrt auf dem Euphrat nach Egypten zurück, indem er den Ptolemäus zum Vorwande nimmt. Er schliesst einen geheimen Vertrag mit Tigran und gibt ihm dessen Schwestersohn, den jungen Mihrdat, den Sohn des Mihrdat, heraus, den Pompejus in Maschakh gefangen genommen hatte, indem er sagt, er sei heimlich entflohen.

17.

Krieg des Crassus, sein Tod durch Tigran.

Die Römer, misstrauisch geworden, rufen den Gabinius ab und senden dafür den Crassus. Nachdem dieser gekommen ist und alle im Tempel Gottes zu Jerusalem gefundenen Schätze genommen hat, marschirt er gegen Tigran. Als er den Euphrat überschritten hat, wird er getödtet mit all seinen Truppen im Kampfe mit Tigran. Tigran sammelt dessen Schätze und kehrt nach Armenien zurück.

18.

Widerstand des Cassius gegen Tigran, Abfall des Mihrdat, Erbauung von Cäsarea.

Die Römer unwillig geworden senden den Cassius mit unzähligen Truppen. Dieser kommt an, stellt sich entgegen und lässt die armenischen Truppen den Euphrat nicht überschreiten und einen Einfall nach Assyrien machen.

Um dieselbe Zeit kommt dem Tigran Misstrauen gegen den Mihrdat, in so fern er ihn nicht mehr für den Sohn seiner Schwester hält; er gibt ihm keinen Antheil an der Herrschaft, auch nicht sein eigenes Gebiet in Iberien. Da Mihrdat Beleidigung von seinem Onkel Tigran erlitten hat, schlägt er sich durch Abfall zu Cäsar. Als er von diesem die Herrschaft über

die Stadt Perga erhalten hat, leistet er dem Antipater, dem
Vater des Herodes, auf Cäsars Befehl Hilfe. Er baut Maschakh
grösser und mit prachtvollen Gebäuden und nennt es Cäsarea
dem Cäsar zu Ehren; von da an wird die Macht der Armenier
von dieser Stadt hinweggenommen.

19.

Alliance des Tigran und Artasches, Einfall in Palästina, Ge-
fangennehmung des Hohenpriesters Hyrkanus und vieler
anderer Juden.

Nach allem diesem in eine Krankheit gefallen bittet Tigran
den Perserkönig Artasches um Freundschaft, obgleich sein Vater
aus Stolz jenem den ersten Rang genommen hatte. Indem
Tigran freiwillig die zweite Stelle, wie es recht war, einnimmt,
wendet er jenem die erste zu und empfängt, in Freundschaft
den Artasches aufnehmend, von diesem für sich Hilfstruppen.
In jener Zeit nimmt Tigran den Barsaphran, den Chef des
Satrapengeschlechtes der Reschtunier, und macht ihn zum Anführer der armenischen und persischen Truppen und schickt
ihn gegen das römische Heer, indem er ihm befiehlt, mit den
Bewohnern von Assyrien und Palästina ein Freundschaftsbündniss
zu unterhandeln. Gegen diesen marschirt ein gewisser Pakorus,
dessen Vater König der Assyrier, während er selbst ein Verwandter des Antigonus aus dem Geschlechte des Aristobul ist.
Er kommt zu Barsaphran, dem Chef der Reschtunier und General der Armenier und Perser, und verspricht ihm 500 schöne
Weiber und 1000 Talente Gold für den Fall, dass er ihm helfe
den Hyrkanus der Herrschaft über die Juden zu berauben und
den Antigonus zum Könige mache.

Als Hyrkanus, der Hohepriester und König der Juden, und
Phasael, der Bruder des Herodes, sahen, dass Barsaphran, nachdem er die Truppen der Römer in die Flucht, die Einen ins
Meer, die Andern in die Städte, geschlagen hatte, ruhig durch
das Land zog, unterhandelten auch sie über den Frieden mit
Barsaphran. Dieser schickt einen gewissen Gnel, den Kellner
des Königs der Armenier, aus dem Geschlechte der Gnunier,

nach Jerusalem mit der Cavallerie unter dem Vorwande der Friedensunterhandlung, in der That aber, um den Antigonus zu unterstützen. Aber Hyrkanus nahm den Kellner nicht mit dem ganzen Heere, sondern bloss mit 5000 Reitern in Jerusalem auf. Der Kellner gibt listiger Weise dem Hyrkanus den Rath, sich wegen der Verheerung des Landes zu Barsaphran zu begeben, und verspricht selbst Vermittler zu werden. Als Hyrkanus von Barsaphran einen Eid verlangt, schwört er ihm bei der Sonne, allen seinen irdischen und himmlischen Göttern und beim Leben des Artasches und Tigran. Darauf vertrauend lässt Hyrkanus den Herodes in Jerusalem, nimmt den Phasael, den ältern Bruder des Herodes mit sich und geht zu Barsaphran ans Meeresufer in ein Ekhtipon genanntes Dorf.

Barsaphran nahm sie listiger Weise ehrenvoll auf; er selbst ging heimlich von dort weg und gab den zurückgelassenen Truppen den Befehl sie zu ergreifen und dem Antigonus zu überliefern. Antigonus stürzte sich auf Hyrkanus und biss ihm ein Ohr ab, damit, wenn eine andere Zeit eingetreten wäre, es ihm unmöglich würde die Hohepriesterwürde zu bekleiden; denn die Gesetze befahlen, Gesunde zu Priestern zu machen. Phasael, der Bruder des Herodes, stiess freiwillig den Kopf an einen Stein; ein Arzt wurde von Antigonus geschickt um ihn zu heilen; dieser füllte die Wunde mit Giftmitteln und tödtete ihn.

Barsaphran gab dem Kellner des Königs der Armenier Befehl, auf den Herodes in Jerusalem Jagd zu machen. Der Kellner begab sich ausserhalb der Mauer um den Herodes zu täuschen. Da Herodes darauf nicht einging, aber auch in Jerusalem nicht bleiben wollte, erschreckt durch die Partei der Anhänger des Antigonus, floh er zu den Idumäern. In der Festung Masandan liess er seine Hausangehörigen und begab sich eilig nach Rom. Die armenischen Truppen ziehen mit Hilfe der Antigonianer in Jerusalem ein; ohne weitern Schaden anzurichten, nahmen sie die Güter des Hyrkanus im Werthe von mehr als 300 Talenten. Aufs Land Ausfälle machend beraubten sie die Anhänger des Hyrkanus, indess sie die Stadt Marisa einnahmen und den Antigonus zum Könige machten. Den Hyrkanus führen sie gebunden mit den Gefangenen zu Tigran. Tigran gibt dem Barsaphran den Befehl, die gefangenen Juden, welche zu den Einwohnern von Marisa gehörten, in die Stadt der Schamiram zu legen. Tigran nicht mehr als 3 Jahre nach diesen Ereignissen lebend stirbt nach einer Regierung von 33 Jahren.

20.

Ein anderer Krieg der Armenier gegen die Römer, Niederlage des Silon und Vendidius.

Herodes zu Rom vor Antonius, Cäsar und dem Senate erschienen setzt seine Freundschaft gegen die Römer auseinander und erhält, durch Antonius König der Juden geworden, zu seiner Hilfe den Vendidius einen römischen General mit Truppen, um gegen die armenischen Truppen Krieg zu führen und den Antigonus zu vernichten. Nach Assyrien gekommen schlägt er die Truppen der Armenier in die Flucht, lässt den Silon den Armeniern gegenüber beim Euphrat zurück, besiegt den Pakaros und wendet sich nach Jerusalem gegen Antigonus. Nachdem jedoch die Armenier neue Hilfe von den Persern erlangt haben, machen sie einen Angriff auf Silon und werfen ihn flüchtig zu Vendidius unter Vergiessung von endlosen Blutströmen.

21.

Wie Antonius selbst auf dem Marsche gegen die Truppen der Armenier Schamschat einnimmt.

Antonius eilt wüthend mit allen römischen Truppen selbst herbei und hört, nach Schamschat gekommen, den Tod Tigrans; er nimmt die Stadt ein, lässt den Sosius dem Herodes zur Hilfe zurück, um den Antigonus in Jerusalem zu bekriegen, und marschirt selbst in die Winterquartiere nach Egypten. Er beeilte sich dorthin anzukommen mit der Tollheit eines weiberstüchtigen Mannes, glühend vor Verlangen nach der Cleopatra, der Königin von Egypten. Diese Cleopatra war die Tochter des Ptolemäers Dionysius und die Enkelin des Ptolemäers Cleopater und dem Herodes sehr gewogen; desshalb empfiehlt Antonius auch besonders

den Herodes dem Sosius. Dieser nimmt nach tapferem Kampfe
Jerusalem ein, tödtet den Antigonus und macht den Herodes zum
Könige über ganz Judäa und Galiläa.

22.

Regierung des Artavast; Krieg gegen die Römer.

Ueber Armenien herrscht Artavast der Sohn Tigrans. Er
setzt seine Brüder und Schwestern als Erben in die Kantone
von Aghiowit und Arberan ein, indem er ihnen den königlichen
Antheil an den Dörfern jener Provinzen überlässt mit besondern
Einkünften und Pensionen nach dem Beispiele seiner Verwandten
in den Gegenden von Haschtenikh, damit sie ehrenvoller und
königlicher auftreten könnten als jene Arschakunier; nur legt
er ihnen das Gesetz auf, nicht in der Provinz Ararat, dem
königlichen Residenzorte, zu leben.

Andere Thaten von Mannheit und Kraft hat er nicht vollbracht, sondern er ass und trank müssig gehend; er spatzirte
in den Morästen und Rohrdickichten umher und auf unebenen
Wegen, indem er wilde Esel und Schweine hütete. Um Weisheit, Tüchtigkeit und gutes Andenken unbekümmert machte er
nur als Diener und vollständiger Sklave seines Bauches seinen
Unrath gross. In Folge des Tadels seitens seiner Truppen
wegen seiner besonderen Nachlässigkeit und gewaltigen Gefräs-
sigkeit, besonders auch, weil Antonius ihm Mesopotamien entrissen hatte, erzürnt gibt er Befehl das 10000 Mann starke
Heer der Provinz Atrpatakan und die Bewohner des Berges
Kaukasus mit den Aghovaniern und Iberiern zu versammeln;
er marschirt aus, steigt nach Mesopotamien herab und schlägt
die Truppen der Römer in die Flucht.

23.

Antonius nimmt den Artavast gefangen.

Antonius brüllend mit löwenmässiger Wildheit und noch
mehr giftig gemacht von Cleopatra, weil diese Hass wegen der
Unbilden, welche ihre Grossmutter von Tigran erlitten hatte, im
Herzen trug, wurde nicht allein für den König von Armenien,

sondern auch für viele andere Todbringer, um über ihre Staaten zu herrschen. Antonius tödtet aus diesem Grunde viele Könige und gibt der Cleopatra deren Macht mit Ausnahme von Tyrus und Sidon und aller Länder am Flusse Asat. Nachdem er ein grosses Heer versammelt hat, marschirt er gegen Artavast, dringt nach Mesopotamien vor, vernichtet die sehr zahlreichen Truppen der Armenier und nimmt ihren König gefangen; er kehrt nach Egypten zurück, um der Cleopatra den Artavast, den Sohn Tigrans, mit vielen Reichthümern aus der Kriegsbeute zu schenken.

24.

Regierung Arschams, das erste theilweise tributpflichtig Werden der Armenier an die Römer, Befreiung des Hyrkanus, Gefahr, die durch ihn dem Geschlechte der Bagratunier erwächst.

Im 20. Jahre, am Ende der Tage der Regierung des Arsches versammelten sich die Truppen Armeniens und machten auf dessen Befehl zum Könige über sich den Ardscham, auch Arscham, den Sohn des Artasches, des Bruders Tigrans, den Vater Abgars. Diesen nannten einige Assyrier Manowa gemäss der Gewohnheit Vieler doppelte Namen zu führen, wie Herodes Agrippa, Titus Antonius, Titus Justus. Da aber in demselben Jahre Arsches starb und die Herrschaft über die Perser seinem Sohne Arschavir, welcher ein kleines Kind und Säugling war, hinterliess, war Keiner da, welcher dem Arscham zum Angriffe auf die Römer Beistand leisten konnte. Daher unterhandelt er mit diesen ein Friedensbündniss, indem er von Mesopotamien und der Gegend von Cäsarea dem Herodes Tribut zahlt. Das war der Anfang des Eintretens eines Theiles Armeniens in die Verpflichtung den Römern Tribut zu zahlen.

Um dieselbe Zeit gerieth Arscham in grossen Zorn gegen Enanus, einen königkrönenden Ritter, weil dieser den Hyrkanus, den Hohepriester der Juden, welcher von Barsaphran dem Reschtunier in den Tagen Tigrans gefangen genommen worden war, freigelassen hatte. Jedoch Enanus entschuldigt sich beim Könige, indem er sagt, dass Hyrkanus für seine Freilassung

100 Talente versprochen habe; er habe Hoffnung sie von ihm
zu erhalten und wolle sie dann dem Könige selbst geben. Arscham setzt ihm dafür eine Frist fest. Enanus schickt einen
seiner Brüder Namens Senekhia nach Judäa zu Hyrkanus, damit
er ihm das Geld für seine Befreiung gebe. Als der Bote von
Enanus angekommen ist, tödtet Herodes den Hyrkanus, damit
keine Gefahr für seine Herrschaft entstehe. Da die Zeit ver-
geht, und Enanus kein Geld für die Freilassung des Hyrkanus
gibt, erzürnt Arscham gegen ihn, entkleidet ihn seiner Würde
und befiehlt ihn ins Gefängniss zu werfen.

In derselben Zeit verklagt ihn beim Könige Sora, der Chef
des Geschlechtes der Genthunier, indem er sagt: „Wisse o König!
dass Enanus von dir abfallen wollte, in so fern er mir den Gedanken nahe legte, wir sollten von Herodes, dem Könige der
Juden, einen Eid fordern, dass er uns aufnehme und Erbschaft
in unserm Vaterlande gebe, da wir in diesem Lande ganz besonders geplagt und gedrückt würden. Ohne darauf einzugehen
sage ich ihm: Warum lassen wir uns täuschen durch alte Erzählungen und veraltete Fabeln, welche uns für Palästinenser
ausgeben? Da er von mir selbst Nichts hoffte, sandte er zu
demselben Zwecke den Hohepriester Hyrkanus; aber ganz besonders von Seiten des Herodes blieb er hoffnungslos. Aber er
gibt seine untreue Gesinnung nicht auf, wenn du, o König! ihm
nicht zuvorkommst." Dieser Anklage glaubte Arscham und befahl verschiedene Qualen über Enanus zu verhängen. Der Zweck
dieses Vorgehens war entweder ihn zu vermögen, das Gesetz
des Judenthums gänzlich zu verlassen, die Sonne anzubeten und
die Götzen des Königs zu verehren, wodurch der König bestimmt
werde ihm seine Macht wiederzugeben, oder ihn an einem Baume
aufzuhangen und sein Geschlecht zu vernichten. Nachdem Arscham einen Geschlechtsangehörigen des Enanus Namens Saria
vor ihm hat tödten und daneben dessen Söhne Saphatia und
Asaria zur Richtstätte führen lassen, erfüllt Enanus aus Furcht
vor dem Tode seiner Söhne und in Folge der Drohung seiner
Weiber den Willen des Königs mit seiner ganzen Familie und
wird in seiner ersten Würde befestigt. Jedoch nicht in Allem

6*

traut ihm der König, sondern schickt ihn nach Armenien, indem er ihm dieses Gebiet anvertraut, um ihn nur aus Mesopotamien zu entfernen.

25.

Streit Arschams mit Herodes, jenes unfreiwillige Unterwerfung.

Darauf entstand Streit zwischen Herodes, dem Könige von Judäa, und unserm Könige Arscham. Als Herodes nach vielen Thaten der Tapferkeit zu Gunsten des öffentlichen Wohles unternehmend wurde, indem er in ·allen Städten von Rom bis Damaskus viele Gebäude errichtete, forderte er von Arscham eine Anzahl ungebildeter Arbeitsleute, um mit deren Hilfe die ungangbaren und unwegsamen Strassen des assyrischen Antiochien mit Schutt und Erde aufzufüllen. Arscham geht darauf nicht ein, sondern versammelt sein Heer, um dem Herodes Widerstand zu leisten, und schickt Gesandte an den Kaiser nach Rom mit der Bitte, ihn nicht dem Herodes zu unterwerfen. Allein der Kaiser befreit nicht nur nicht den Arscham von der Oberhoheit des Herodes, sondern vertraut letzterem sogar alle mittleren Länder an.

In derselben Zeit machte Herodes den Schwiegervater seines Sohnes Alexander, welcher väterlicherseits von Simon und mütterlicherseits aus dem Reiche der Meder aus dem Geschlechte des Darius Hystaspes abstammte, unter seiner Oberhoheit zum Könige über die mittleren Länder und nahm zu seinem Dienste zehn Legionen aus den Galatern und Anwohnern des Pontus. Als Arscham das sah, beugte er sich vor Herodes als vor seinem Herrn, indem er ihm die Arbeiter gab, welche er verlangt hatte. Als Herodes mit ihrer Hilfe die Strassen von Antiochien auf eine Strecke von zwanzig Stadien aufgefüllt hatte, liess er sie mit weissem Marmor pflastern, damit die Gewässer durch das Pflaster leichter geordnet würden, um der Stadt keinen Schaden zu machen. Nachdem Arscham 20 Jahre regiert hatte, starb er.

26.

Regierung Abgars, gänzlicher Eintritt Armeniens in die Verpflichtung den Römern Tribut zu zahlen, Krieg gegen die Truppen des Herodes, Ermordung seines Bruderssohnes Joseph.

Abgar der Sohn Arschams gelangt im 20. Jahre des Perserkönigs Arschavir zur Regierung. Dieser Abgar wurde ‚avag air‘ (grosser Mann) genannt, wegen seiner besondern Milde und Weisheit; zu dem kam noch sein Wuchs. Da die Griechen und Assyrier das nicht richtig sprechen konnten, nannten sie ihn Abgarios. Im zweiten Jahre seiner Regierung wurden alle Provinzen Armeniens den Römern tributpflichtig. Es war nämlich von dem Kaiser Augustus, wie es im Evangelium des Lukas heisst, befohlen worden eine Aufzeichnung des Volkes an allen Orten zu veranstalten. Die römischen Commissäre, desshalb nach Armenien mit dem Bildnisse des Kaisers Augustus geschickt, errichteten dasselbe in allen Tempeln. Um dieselbe Zeit wird unser Erlöser Jesus Christus der Sohn Gottes geboren.

In denselben Tagen entsteht Streit zwischen Abgar und Herodes. Herodes befahl nämlich sein Bildniss neben dem kaiserlichen in den Tempeln der Armenier aufzustellen. Da Abgar das nicht that, suchte Herodes einen Vorwand gegen ihn. Er schickt die Heere der Thracier und Germanen in der Weise eines Räubereinfalles ins Land der Perser mit dem Befehle durch das Gebiet Abgars zu marschiren. Abgar geht darauf nicht ein, sondern widersetzt sich, indem er sagt, es sei Befehl des Kaisers, dass die Truppen durch die Wüste nach Persien marschiren sollten. Herodes, obgleich darüber ärgerlich, konnte aus sich Nichts machen, da allerhand Schmerzen ihn erfasst hatten wegen dessen, was er sich gegen Christus erlaubt hatte, wie Josephus erzählt; er schickt seines Bruders Sohn, welchem er seine Tochter, welche vorher das Weib seines Bruders Pheror gewesen war, zur Ehe gegeben hatte. Dieser marschirt mit einer Menge Soldaten ab, kommt nach Mesopotamien, trifft den Abgar im Lagerplatze des Kantons Bugnan, stirbt im Kampfe, und sein Heer wird flüchtig. Gleich darauf stirbt auch Herodes, und Augustus bestellt zum Ethnarchen der Juden dessen Sohn Archelaus.

27.

Gründung der Stadt Edessa, kurze Geschichte des Geschlechtes unseres Erleuchters.

Nicht lange darnach stirbt Augustus, und Tiberius wird an seiner Stelle König der Römer. Germanicus, Cäsar geworden, führt die nach Rom gesandten Fürsten des Arschavir und Abgar im Triumpfe auf aus Anlass des Krieges, in welchem sie den Brudersohn des Herodes getödtet hatten. Abgar darüber erbittert denkt an Abfall und Kriegsrüstung. In derselben Zeit erbaut er eine Stadt an dem Beobachtungsort des armenischen Heeres, an welchem es vorher den Euphrat gegen Cassius bewacht hatte; die Stadt heisst Edessa. Er verlegt dorthin die Residenz, die in Medsbin war, alle seine Götter, den Nabog, Bel, Bathnikhagh und Tharatha, und die Bücher der Tempelschulen und zugleich auch die Archive der Könige.

Darauf stirbt Arschavir, und sein Sohn Artasches wird König der Perser. Obgleich es nun gegen die Ordnung der chronologischen Erzählung und auch gegen die Reihenfolge der Thatsachen ist, die ich zu erzählen unternommen habe, so werde ich doch die Nachkommen des Arschavir, weil sie Könige und das Blut und die Verwandten seines Sohnes Artasches sind, zum Zwecke ihrer Verehrung durch die Menschheit zuerst anführen und in dem Buche neben Artasches voranstellen, damit die Leser wissen, dass jene eines Geschlechtes mit diesem Helden sind. Darauf werde ich auch die Zeit der Ankunft ihrer Väter in Armenien angeben, welche die Karenier und die Surenier sind, von welchem der heilige Gregor und die Kamsarier abstammen, wenn ich im Faden der Erzählung bis zu den Zeiten des Königs gekommen sein werde, welcher sie aufgenommen hat.

Abgar führte seinen Gedanken abzufallen nicht aus; denn es entstand Streit zwischen seinen Verwandten im Königreiche

Persien. Er sammelt ein Heer und marschirt dorthin ab, um sie zu überreden und zur Ruhe zu bringen.

28.

Abgar reist nach dem Oriente und setzt den Artasches zum Könige der Perser ein; wie er dessen Brüder zur Ordnung bringt, von denen unser Erleuchter und dessen Geschlechtsangehörigen abstammen.

Als Abgar nach dem Oriente kommt, findet er den Artasches, den Sohn Arschavirs, auf dem Throne der Perser und dessen Brüder im Streite mit ihm. Jener gedachte nämlich selbst und in seiner Nachkommenschaft diese zu beherrschen; aber sie liessen sich das nicht gefallen. Als desshalb Artasches dieselben umzingelte und das Todesschwert über sie hängte, entstand viel Krieg und Streit zwischen den Truppen und andern Verwandten. Der König Arschavir hatte nämlich drei Söhne und eine Tochter; der erste war eben der König Artasches, der zweite Karen, der dritte Suren; die Schwester derselben, genannt Koschm, war die Frau des Befehlshabers aller Arier, der zu dieser Stelle durch ihren Vater erhoben worden war.

Abgar beredet sie zur Ruhe und trifft zwischen ihnen allen diese Bestimmung, dass Artasches mit seinen Nachkommen, wie er es anstrebte, König sein, die Brüder Pahlav genannt werden sollten nach dem Namen ihrer Stadt und ihres grossen fruchtbaren Gebietes, so wie dass ihnen als dem wirklichen königlichen Geschlechte die ehrenvollste und erste aller persischen Satrapien zu Theil werden sollte. Auch setzt er zwischen ihnen vertragsmässig und eidlich fest, dass, wenn die männliche Nachkommenschaft des Artasches aussterbe, sie zur Königswürde gelangen sollten. Ausser der regierenden Linie theilt er sie in drei Linien mit der Benennung Karen Pahlav, Suren Pahlav; die Linie der Schwester nennt er Aspahapet Pahlav (General Pahlav), indem er diesen Namen von der Würde ihres Mannes hernimmt.

Man sagt, dass der heilige Gregor von dem surenischen Pahlav, die Kamsarier von dem karenischen Pahlav abstammen. Die Art und Weise ihrer Ankunft hierher werde ich in der Folge

erzählen, da ich sie hier nur neben Artasches erwähne, damit
du wissest, dass dieses grosse Geschlecht zuverlässig das Blut
Wagharschaks, das heisst, die Nachkommenschaft Arschaks des
Grossen, des Bruders Wagharschaks ist.

Nachdem das so geordnet ist und Abgar den Vertragsbrief
zu sich genommen hat, kehrt er zurück, nicht gesunden Leibes,
sondern an sehr bösen Schmerzen leidend.

29.

*Rückkehr Abgars aus dem Oriente, Unterstützung des Aretas
im Kampfe mit dem Vierfürsten Herodes.*

Als Abgar aus dem Oriente zurückgekehrt war, hörte er,
dass die Römer gegen ihn Verdacht geschöpft hatten, als ob er
nach dem Oriente auf Truppen ausgegangen wäre. Desshalb
thut er den römischen Commissären den Grund seiner Reise
nach Persien zu wissen und lässt zugleich auch den Vertragsbrief
zwischen Artasches und seinen Brüdern überbringen. Aber sie
trauten ihm nicht, da auch seine Feinde Böses von ihm aus-
sagten nämlich Pilatus, der Vierfürst Herodes, Lysanias und
Philippus. Als nun Abgar in seine Stadt Edessa gekommen
war, verband er sich mit Aretas, dem Könige von Petra, indem
er ihm unter einem gewissen Chosran, einem Ardsrunier, zum
Kriege gegen Herodes Hilfstruppen gab. Herodes hatte nämlich
anfangs eine Tochter des Aretas zum Weibe genommen, sie
dann verachtet und verstossen und die Herodias, welche von
ihrem Manne getrennt war, bei Lebzeiten dieses für sich genommen, was auch der Grund war, dass er den Johannes den
Täufer tödten liess. Es entstand zwischen ihm und Aretas
wegen der Verstossung der Tochter ein Krieg, in welchem die
Truppen des Herodes gewaltig geschlagen und vernichtet wurden mit Hilfe der tapfern Armenier, gleichsam durch die göttliche Vorsehung, sollte man sagen, um Genugthuung zu leisten,
für den Tod des Johannes.

30.

Absendung von Fürsten durch Abgar an Marinus, wobei jene unsern Erlöser Christus sehen; daher der Anfang der Bekehrung Abgars.

In dieser Zeit hatte die Stelle eines kaiserlichen Commandanten von Phönizien, Palästina, Assyrien und Mesopotamien Marinus, der Sohn des Storg; zu diesem sandte Abgar zwei von seinen Fürsten, den Mar Ihab, den Fürsten der Aghdsenier, und Schamschagram, den Chef des Hauses der Apahunier, und Anan, seinen Vertrauten, in die Stadt Bethkhubin, um ihm die Gründe seiner Reise nach dem Oriente darzulegen durch Vorzeigung des Vertragsbriefes zwischen Artasches und seinen Brüdern und um ihn demüthigst um Hilfe zu bitten. Als diese kamen, fanden sie ihn in Eleutheropolis; er nahm sie in Frieden und mit Ehrenbezeugung auf und gab an Abgar die Antwort: „Habe desshalb keine Furcht vor dem Kaiser, wenn du nur für den vollen Tribut sorgst."

Als sie von dort zurückkehrten, gingen sie nach Jerusalem, um unsern Erlöser Christus zu sehen, weil sie den Ruf seiner Wunder vernommen hatten. Augenzeugen davon geworden, erzählten sie dieselben dem Abgar. Abgar darüber verwundert glaubte schon wahrhaftig, dass Christus in Wahrheit der Sohn Gottes sei und sagte: „Diese Machtwerke sind nicht die eines Menschen, sondern die Gottes; denn es gibt keinen Menschen, der Todte erwecken kann, ausser Gott allein." Weil sein Körper von den heftigsten Schmerzen, welche ihn vor mehr als sieben Jahren in Persien getroffen hatten, angegriffen war, und von menschlicher Seite ihm kein Heilmittel zu Gebote stand, schickte er an den Erlöser eine Bittschrift, zu ihm zu kommen und ihn von den Schmerzen zu heilen, also lautend:

31.

Brief Abgars an den Erlöser Jesus Christus.

„Von Abgar, dem Sohne Arschams, dem Fürsten des Landes, an Jesus den Erlöser und Wohlthäter, der im Lande der Juden erschienen ist, Gruss.

Ich habe von dir und den Heilungen gehört, welche durch dich ohne Medicamente und Wurzeln geschehen; denn wie man sagt gibst du den Blinden das Sehen, den Lahmen das Gehen, den Aussätzigen die Gesundheit, vertreibst die bösen Geister, heilst Alle, welche von irgend welchen langwierigen Krankheiten geplagt sind, und erweckst sogar Todte. Da ich nun alles dieses über dich gehört habe, habe ich mir einen dieser beiden Schlüsse in den Kopf gesetzt, dass du entweder Gott bist und vom Himmel herabgestiegen dies thust, oder dass du der Sohn Gottes bist und dies thust. Desshalb habe ich an dich geschrieben, dich zu bitten, dass du dich zu mir bemühest und die Krankheit heilest, welche ich zu ertragen habe. Das habe ich auch gehört, dass die Juden gegen dich murren und dir Böses zufügen wollen. Aber ich habe eine Stadt, zwar klein, aber schön und gross genug für uns beide.‟

Als die Boten den Brief überbrachten, begegneten sie dem Heilande in Jerusalem. Dies bezeugt das evangelische Wort, dass Einige von den Heiden zu ihm kommen wollten. Weil sie aber Heiden waren, wagten die, welche es gehört hatten, nicht es Jesu zu sagen, sondern sagten es dem Philippus und Andreas, und diese sagten es Jesu. Jedoch der Erlöser war damals, als sie ihn einluden, nicht zu Hause, aber er würdigte den Abgar eines schönen Briefes, welcher also lautet:

32.

Antwort auf den Brief Abgars, welche der Apostel Thomas auf Befehl des Erlösers geschrieben hat.

„Glückselig ist der, welcher an mich glaubt, ohne mich gesehen zu haben; denn es ist über mich also geschrieben: „Die, welche mich sehen, werden nicht glauben, und die, welche mich nicht sehen, werden glauben und leben." Was jedoch das angeht, dass du mir geschrieben hast, zu dir zu kommen, so muss ich hier Alles vollbringen, wesshalb ich gesandt worden bin. Wenn ich das vollbracht haben werde, dann werde ich erhöht werden zu dem, der mich gesandt hat, und wenn ich erhöht sein werde, werde ich einen meiner Schüler von hier schicken, damit er deine Schmerzen heile und dir und allen den Deinigen das Leben gebe."

Diesen Brief brachte Anan, der Bote Abgars, und damit auch das Porträt des Erlösers, welches sich noch bis auf diese Zeit in der Stadt Edessa befindet.

33.

Predigt des Apostels Thaddäus. Kopie von fünf Briefen.

Nach der Himmelfahrt unseres Erlösers sandte der Apostel Thomas, einer von den Zwölfen, den Thaddäus, einen von den Siebenzigen, nach Edessa, den Abgar zu heilen und das Evangelium nach dem Worte des Herrn zu verkündigen. Dieser kam in das Haus des Tobia, eines jüdischen Fürsten, der wie man sagt aus dem Geschlechte der Bagratunier war. Dieser hatte, dem Arscham entfliehend, mit seiner ganzen Familie dem Judenthume nicht entsagt, sondern war bei denselben Gesetzen geblieben, bis er an Christus glaubte. Es drang der Ruf des Thaddäus durch die ganze Stadt. Als Abgar das hört, sagt er: „Dieser ist der, in Betreff dessen mir Jesus geschrieben hat;" und sofort liess er ihn rufen. Es geschah beim Eintritte des Thaddäus, dass eine grossartige Erscheinung auf dessen Angesichte dem Abgar sich zeigte; dieser sprang auf von seinem Throne, stürzte sich auf sein Angesicht und betete ihn an. Es wunderten sich alle Fürsten, welche ringsherum waren; denn sie wussten Nichts von der Erscheinung. Abgar sagt zu ihm: „Bist du der Schüler des gepriesenen Jesus, den er zu mir zu senden versprochen hat, und kannst du meine Schmerzen heilen?" Thaddäus antwortete: „Wenn du an Christus Jesus, den Sohn Gottes glaubst, so werden die Wünsche deines Herzens erfüllt." Es sagt ihm Abgar: „Ich habe an ihn und seinen Vater geglaubt; desshalb wollte ich Truppen nehmen und hingehen um die Juden zu vernichten, welche ihn gekreuzigt haben, wenn ich nicht durch die Herrschaft der Römer daran gehindert worden wäre."

Hiermit beginnend verkündigte Thaddäus das Evangelium ihm und seiner Stadt und heilte ihn, indem er ihm die Hände auflegte, ebenso den Abdiu, einen mit dem Podagra behafteten Fürsten der Stadt, einen im ganzen königlichen Hause geehrten Mann; auch heilte er alle Kranken und Leidenden in der Stadt. Es glaubten Alle. Es wurde Abgar und die ganze Stadt getauft; man schloss die Thüren der Götzentempel und verbarg und umhüllte die Bilder auf den Altären und Säulen mit Rosengesträuch. Er zwang Niemanden zum Glauben; aber Tag um Tag verging in Vermehrung der Gläubigen.

Der Apostel Thaddäus tauft einen Kopfschmuckfabrikanten und Seidenarbeiter, nennt ihn Adde, ordinirt ihn für Edessa und lässt ihn an seiner Stelle dem Könige. Nachdem er von Abgar das Dekret erwirkt hat, dass Alle auf das Evangelium Christi hören sollten, geht er zu Sanatruk, dem Schwestersohne Abgars, den dieser über das Land und das Heer gesetzt hatte. Abgar hatte die Geneigtheit, einen Brief an Tiberius zu schreiben, welcher also lautet:

Brief Abgars an Tiberius.

„Von Abgar, dem Könige Armeniens, an seinen Herrn den römischen Kaiser Tiberius Gruss. Obgleich ich weiss, dass Nichts vor deiner Majestät verborgen ist, so will ich doch als dein Freund dich noch mehr durch diesen Brief wissen lassen. Die Juden, welche in der Provinz Palästina wohnen, haben sich zusammengerottet und Christum, ohne dass er irgend welches Vergehen begangen hatte, gekreuzigt, trotz der sehr grossen Wohlthaten, die er ihnen erwiesen hat, trotz der Zeichen und Wunder bis sogar zur Auferweckung der Todten. Du weisst, dass diese Macht nicht die eines einfachen Menschen, sondern die Gottes ist; denn in derselben Zeit, in welcher sie ihn kreuzigten, verfinsterte sich die Sonne und bewegte die Erde sich

zitternd; er selbst stand nach drei Tagen von den Todten auf
und erschien Vielen. Jetzt wirkt sein Name an allen Orten
durch seine Schüler die grössten Wunder, auch an mir selbst
that er das auf offene Weise. Jetzt weiss deine Hoheit das,
was betreffs des jüdischen Volkes, welches dieses gethan hat,
befohlen werden, und, dass in alle Welt geschrieben werden
muss, dass man Christum als wahrhaftigen Gott anbete. Lebe
wohl!"

Antwort des Tiberius auf den Brief Abgars.

„Von Tiberius, dem römischen Kaiser, an Abgar, den König
von Armenien, Gruss.

Deinen freundlichen Brief hat man mir vorgelesen, wofür
dir Dank von meiner Seite komme. Obgleich ich von Vielen
dieses früher gehört habe, hat mir auch Pilatus genau über die
Zeichen Christi berichtet, auch darüber, dass nach seiner Auf-
erstehung von den Todten Viele die Ueberzeugung haben, dass
er Gott ist; desshalb wollte ich auch das thun, was du ersonnen
hast. Weil es aber Sitte der Römer ist, keinen Gott auf Befehl
des Königs allein einzuführen, bevor er nicht vom Senate geprüft und gebilligt ist, habe ich diese Sache dem Senate vor-
gelegt; aber der Senat hat ihn verworfen, weil er nicht von
ihm geprüft war. Aber ich habe Befehl gegeben, dass Alle,
denen Christus passend erscheine, ihn unter die Götter aufnehmen, und den Tod Allen angedroht, welche Böses von den
Christen reden. Bezüglich des Volkes der Juden, welches ge-
wagt hat den zu kreuzigen, welcher, wie ich höre, nicht des
Kreuzes und des Todes, sondern der Ehre und Anbetung würdig
war, werde ich, wenn ich Ruhe haben werde von dem Kriege
gegen die von mir abgefallenen Spanier, die Sache untersuchen
und ihnen das Verdiente zu Theil werden lassen."

Abgar schreibt noch einen Brief an Tiberius.

„Von Abgar, dem armenischen Könige, Gruss an seinen
Herrn den römischen Kaiser Tiberius.
Ich habe den von deiner erhabenen Majestät geschriebenen

Brief gesehen und mich über deinen wohlüberlegten Befehl gefreut. Wenn du mir nicht zürnst, so sage ich dir, die That
des Senates ist sehr lächerlich; denn nach diesem wird von
dem Urtheile der Menschheit die göttliche Würde verliehen.
Wenn nun in Zukunft Gott der Menschheit nicht gefällt, so kann
er nicht mehr Gott bleiben, da es von jener Menschheit abhängt
Gott zu richten. Aber dir meinem Herrn wird es passend erscheinen einen Andern nach Jerusalem an Stelle des Pilatus zu
schicken, damit dieser mit Schimpf und Schande von der Macht-
stellung entfernt werde, zu welcher du ihn erhoben hast; denn
er hat den Willen der Juden gethan und Christum gekreuzigt
ungerechterweise ohne deinen Befehl. Ich wünsche dir Wohlergehen.“

Als Abgar diesen Brief geschrieben hatte, legte er eine
Kopie davon in sein Archiv, so auch von den anderen Briefen.
Er schrieb auch an Nerseh, den jungen König von Assyrien
nach Babylon.

Brief Abgars an Nerseh.

„Von Abgar, dem Könige von Armenien, Gruss an seinen
Sohn Nerseh.

Dein Begrüssungsschreiben habe ich gesehen und den Peros
von seinen Banden befreit und das Unrecht ihm verziehen;
wenn du willst, stelle ihn in der Verwaltung von Ninive an,
wie es dir gefällt. Was aber das angeht, dass du mir geschrieben hast: Schicke mir jenen Arzt, welcher Wunder wirkt
und einen Gott verkündet, welcher höher ist, als Feuer und
Wasser, damit ich ihn sehe und höre, so bemerke ich dir:
Dieser war kein Arzt nach menschlicher Kunst, sondern ein
Schüler des Sohnes Gottes, des Schöpfers des Feuers und
Wassers; durch das Loos ist er nach Armenien geschickt worden.
Aber einer seiner vorzüglichsten Genossen Namens Simon ist
nach Persien gesandt worden; suche ihn auf, und du wirst ihn
hören sowie auch dein Vater Artasches. Er wird alle Krank-
heiten heilen und den Weg des Lebens zeigen.“

Er schrieb auch an Artasches, den König der Perser, folgender Massen:

Brief Abgars an Artasches.

„Von Abgar, dem Könige der Armenier, Gruss an seinen Bruder Artasches, den König der Perser. Ich weiss, dass du gehört hast von Jesus Christus, dem Sohne Gottes, den die Juden gekreuzigt haben, der, auferweckt von den Todten, seine Schüler in die ganze Welt gesandt hat, um Alle insgesammt zu belehren. Einer seiner vorzüglichsten Schüler Namens Simon ist im Gebiete deiner Hoheit; suche ihn auf und du wirst ihn finden; er wird alle Krankheiten heilen, die unter euch herrschen, und den Weg des Lebens zeigen. Du sollst seinen Worten glauben, du und deine Brüder und Alle, welche dir willig gehorchen. Es ist mir angenehm, dass die mir dem Fleische nach Verwandten auch dem Geiste nach mir Freunde und Verwandte werden."

Ehe Abgar eine Antwort auf diesen Brief erhalten hat, stirbt er nach einer Regierung von 38 Jahren.

34.

Das Blutzeugniss unserer Apostel.

Nach dem Tode Abgars wird das armenische Reich in zwei getheilt; denn Ananun, jenes Sohn, wurde zum Könige von Edessa, und Sanatruk, jenes Schwestersohn, zum Könige von Armenien gekrönt. Dasjenige, welches zu ihrer Zeit geschehen ist, findet sich von früheren Schriftstellern aufgezeichnet, nämlich: die Ankunft des Apostels in Armenien, die Bekehrung Sanatruks und dessen Abfall vom Glauben aus Furcht vor den armenischen Satrapen, der Tod des Apostels und seiner Begleiter im Kantone Schavarschan, welcher jetzt Artas heisst, die Aushöhlung eines Steines, die Ankunft sodann und Aufnahme der Leiche des Apostels, ihre Wegnahme und Beerdigung in der Ebene durch seine Schüler, das Martyrium der Sanducht, der Tochter des Königs, neben dem Wege, das offenbar Werden der zwei Reliquien und ihre Uebertragung in die Wüste. Dies Alles, was, wie ich gesagt habe, von Anderen vor mir erzählt worden ist, habe ich nicht für sehr wichtig gehalten und dess-

halb nicht genau wiederholt. Ebenso ist auch der Tod des
Adde, des Schülers des Apostels, zu Edessa durch den Sohn
Abgars von Andern vor mir erzählt worden.

Als jener nach dem Tode seines Vaters zur Regierung gelangt war, hatte er die väterliche Tugend nicht geerbt, sondern
öffnete die Götzentempel und nahm den heidnischen Kult wieder
auf. Er schickte zu Adde, dass er ihm einen seidenen Kopf-
schmuck mit Goldwirkung anfertige, wie er früher seinem Vater
zu machen pflegte. Er erhielt zur Antwort: „Meine Hände werden keinen Schmuck anfertigen für ein unwürdiges Haupt,
welches Christum den lebendigen Gott nicht anbetet." Sofort
befahl er einem seiner Soldaten ihm die Beine mit dem Schwerte
abzuhauen. Als dieser kam und ihn auf seinem Lehrstuhle
sitzend fand, nahm er sein Schwert und hieb ihm die Beine
ab; sofort gab er den Geist auf. Das habe ich in kurzem Ab-
risse erwähnt, da es von Andern schon früher erzählt worden ist.

Es wurde Armenien durch das Loos auch der Apostel Bar-
tholomäus zugetheilt, welcher auch bei uns in der Stadt Areban
gemartert wurde. In Betreff des Simon, welcher den Persern
zugetheilt worden war, weiss ich nichts Sicheres zu erzählen,
weder was er gethan hat, noch wo er gemartert wurde. Es
wird zwar von Einigen erzählt, dass ein Apostel Simon zu
Weriosphor gemartert worden ist; ob das aber jener war, und
wesshalb seine Ankunft hierher stattfand, weiss ich nicht; ich
habe das nur angeführt, damit du sehest, dass von meiner Seite
keine Mühe gespart wurde, dir alles Nöthige zu erzählen.

35.

*Regierung Sanatruks; Ermordung der Kinder Abgars; die
Königin Helena.*

Sanatruk, König geworden, versammelt ein Heer mit Hilfe
der tapfern Bagratunier und Ardsrunier, die ihn gross erzogen
und erhoben haben, um herabzusteigen und den Sohn Abgars
zu bekriegen und so über das ganze Reich zu herrschen.
Während er daran war, wurde durch ein göttliches Zeichen
Genugthuung für die Ermordung des Adde von dem Sohne

Abgars gefordert. Dieser liess nämlich eine Säule von Marmor auf dem Dache seines Palastes zu Edessa errichten und befahl, während er unten stand, wie es auszuführen sei. Die Säule entfiel denen, welche sie hielten, stürzte auf ihn, zerbrach ihm die Beine und tödtete ihn.

Sofort kam eine Botschaft von den Einwohnern der Stadt an Sanatruk, um einen Vertrag zu fordern auf Grund der Bedingung hin, dass er sie im Bekenntnisse des Christenthums nicht störe und sie ihm die Stadt und die königlichen Schätze überliefern. Er that es, hielt aber später sein Wort nicht. Er tödtete die ganze Nachkommenschaft Abgars durchs Schwert mit Ausnahme der Mädchen, welche er aus der Stadt führte und im Kantone Haschtenickh ansiedelte. Ebenso sandte er auch die erste Frau Abgars Namens Helena in seine Stadt Charan, wobei er ihr die Herrschaft über Mesopotamien für die Wohlthaten überliess, die er von Abgar durch ihre Vermittelung empfangen hatte.

Helena geschmückt mit dem Glauben, wie auch ihr Gemahl, hielt es nicht aus unter den Götzendienern zu wohnen, sondern ging nach Jerusalem in den Tagen des Claudius in der Hungersnoth, welche Agabus vorhergesagt hatte. Sie gab alle ihre Schätze her und kaufte in Egypten sehr viel Getreide und vertheilte es an alle Dürftigen, was auch Josephus bezeugt. Ihr Grabmal ist noch vor dem Thore Jerusalems sichtbar bis auf den heutigen Tag.

36.

Restauration der Stadt Medsbin; Benennung Sanatruks und sein Tod.

Von allen Thaten Sanatruks habe ich nur die Erbauung der Stadt Medsbin der Erwähnung würdig gehalten. Diese Stadt, die durch ein Erdbeben erschüttert war, zerstörte er vollends, baute sie von Neuem herrlicher auf und umgab sie mit einer doppelten Mauer und einem Walle. Er errichtete in der Mitte seine eigene Bildsäule mit einem Geldstücke in der Hand, welches bedeutete, dass alle Schätze auf Erbauung der Stadt verwandt worden und dieses allein übrig geblieben sei.

Auf die Frage, warum er Sanatruk genannt wurde, ist zu antworten: Ode, die Schwester Abgars, geräth auf einer Reise nach Armenien in den Wintertagen auf dem Berge Kordukh in ein Schneegestöber. Der Sturm zerstreute alle, so dass Keiner wusste, wohin der Andere verschlagen war. Sanot, die Amme Sanatruks, die Schwester des Bagratuniers Biurat und Gemahlin des Ardsruniers Chosren, nahm das Kind, weil es klein war, und legte es in ihren Busen und blieb so unter dem Schnee drei Tage und drei Nächte. In Bezug hierauf fabelt man nun, dass ein wunderbares, weisses Thier von Gott gesandt das Kind bewacht habe. Aber insoweit ich mich informirt habe, verhält sich die Sache so. Ein weisser Hund, welcher sich bei den Nachsuchenden befand, begegnete dem Knaben und seiner Amme. Der Knabe wurde nach dem Namen seiner Amme Sanot Sanatruk genannt, welches so viel heisst als Geschenk Sanots.

Er wurde König im zwölften Jahre des Perserkönigs Artasches und starb im Alter von 50 Jahren auf der Jagd durch einen Pfeilschuss in die Eingeweide gleichsam zur Strafe für das Böse gegen seine heilige Tochter. Lerubna, der Sohn des Schreibers Aphschadar, hat alle Ereignisse aus den Tagen Abgars und Sanatruks aufgeschrieben und ins Archiv zu Edessa niedergelegt.

37.

Regierung Erovands; Ermordung der Kinder Sanatruks, Rettung des Artasches durch die Flucht.

Nach dem Tode Sanatruks geräth das Reich in Verwirrung. Ein gewisser Erovand, Sohn einer Arschakunierin, gelangt im achten Jahre des letzten Darius zur Regierung. Die Erzählung über ihn lautet folgender Massen: Ein Weib aus dem arschakunischen Geschlechte sehr gross, hässlich, wollüstig, die Niemand zu heirathen wagte, gebiert zwei Söhne durch unnatürliche Vermischung wie Pasiphaë den Minotaurus. Nachdem die Knaben herangewachsen sind, nennt man sie Erovand und Erovas. Als

Erovand, zum Alter gekommen, wird er beherzt und von starkem Gliederbaue. Zu vielen Unternehmungen mit dem Range eines Befehlshabers Sanatruks ausgesandt wird er ausgezeichnet erfunden, bis er von allen armenischen Satrapen der erste wird. Durch Bescheidenheit und Freigebigkeit zog er Alle an sich, und beim Tode Sanatruks machte man ihn einstimmig zum Könige, ohne dass Männer aus dem Geschlechte der Bagratunier zu seiner Krönung anwesend waren.

Bei seinem Regierungsantritte lässt Erovand aus Furcht vor den Söhnen Sanatruks diese alle tödten. Es scheint, dass Rache genommen wurde für die Ermordung der Söhne Abgars. Jedoch ein Knabe Artasches mit Namen, den seine Amme zu sich genommen hatte, entfloh nach Her in die Schäfereien Maghchasan's, wovon die Amme dem Sembat, dem Sohne des Bagratuniers Biurat im Kantone Sper im Dorfe Sembatovan, Nachricht gab. Als Sembat der Sohn Biurats die Trauernachricht über Sanatruk und die Trauerbotschaft von der Ermordung seiner Söhne hört, nimmt er seine zwei Töchter Sembatanuisch und Sembaturhi und bringt sie nach Baiberd und lässt tapfere Männer als Besatzung in der Festung zurück. Er selbst geht mit einer seiner Frauen und wenigen Männern aus, den Knaben Artasches zu suchen. Der König Erovand, davon benachrichtigt, sendet Aufspürer. Indem Sembat desshalb die ganze Zeit auf den Spitzen der Berge und in der Ebene verkleidet mit den Knaben zu Fuss hin und her marschirt, zieht er ihn in den Schäfereien und bei den Hirten gross, bis er bei Gelegenheit zum Perserkönige Darius hinübergeht. Weil Sembat ein tapferer und längst bekannter Mann war, wurde er ehrenvoll unter die persischen Heerführer aufgenommen, wie auch der Knabe unter die Kinder des Königs, welcher die Bat und Osom genannten Kantone ihnen als Wohnort anweist.

7*

38.

Bemühung Erovands, des Knaben Artasches habhaft zu werden; Preisgebung von Mesopotamien.

Da Erovand bei sich überlegte, was für ein Feind seiner Krone in Medien grossgezogen werde, war ihm, da er Hass im Herzen trug, der Schlaf nicht mehr angenehm. Durch tägliche Sorge darüber im wachen Zustande sah er auch im Schlafe schreckliche Bilder desselben Gegenstandes. Desshalb suchte er durch Boten und Geschenke den Perserkönig geneigt zu machen, ihm den Artasches auszuliefern, indem er sagte: „Warum ernährst du, mein Blutsverwandter, den Meder Artasches, meinen und meines Reiches Feind, indem du hörst auf die Worte des Räubers Sembat, der da sagt, Artasches sei der Sohn Sanatruks, und sich bemüht, den Hirten- und Schäferssohn zum Arschakunier zu machen durch die Behauptung, er sei dein Blutsverwandter; er ist nicht der Sohn Sanatruks, sondern Sembat, der betrü- gerischer Weise einen medischen Knaben gefunden hat, ist ein Schwätzer." Auf dieselbe Weise schickte er auch mehrere Mal zu Sembat: „Wozu, sagte er, ist diese deine nutzlose Mühe? Getäuscht von der Amme ernährst du den Sohn eines Meders als meinen Feind." Erovand hört nicht auf die Worte der liebevollen Antwort; er schickt zur selben Zeit hin und lässt die Tapfern in Baiberd tödten, nimmt die Töchter Sembats gefangen und lässt sie in der Festung Ani auf anständige Weise bewachen.

Erovand findet Stütze an den Römern und hat keine Ge- fahr mehr während der Regierung des Vespasian und Titus, da er ihnen Mesopotamien überlässt. Von da an hörte die Macht der Armenier über Mesopotamien auf, und Erovand gab schweren Tribut von Armenien. Die römischen Commissäre rüsteten auf grossartige Weise die Stadt Edessa aus, eirichteten daselbst Schatzhäuser für den Tribut, welcher aus Armenien, Mesopota- mien und Assyrien einging. Sie sammeln daselbst alle Archive und errichten zwei Schulen, eine vaterländische assyrische und eine griechische; auch die Tribut- und Tempel-Archive, die in dem pontischen Sinope waren, verlegen sie dahin.

39.

Erbauung der Stadt Erovandaschat.

In seinen Tagen wird die königliche Residenz von dem Armavir genannten Hügel hinweg verlegt. Da nämlich der Fluss Erasch entfernt war, und bei der Länge des Winters und dem rauhen Wehen des eisigen Nordens der Kanal fror, fand sich von dort her das hinreichende Wasser für den Residenzort nicht vor. Erovand darüber ärgerlich sucht nach einem auch festeren Orte und verlegt die Residenz nach Westen auf einen steinigten Hügel, um welchen herum sich brechend der Erasch gegenüber dem Flusse Achurean fliesst. Er umgibt den Hügel mit einer Mauer und durchbricht zur Beschaffung des Trink-wassers innerhalb der Mauer an vielen Stellen die Steine bis zur Basis des Hügels, dem Niveau des Flusses, bis das Wasser des Flusses in die Aushöhlungen läuft. Die Festung umgab er mit hohen Mauern und setzte eherne Thore in die Mauer und eiserne Treppen von unten nach oben bis zur Thüre und heim-liche Fallen mitten in die Treppen, um dessen habhaft zu werden, der etwa durch heimliches Hinaufsteigen den König überfallen wollte. Die Treppe, sagt man, war doppelt; die eine sollte für die königlichen Diener und alle Ein- und Ausgehenden der Tageweg, die andere der nächtliche Weg und für die Ver-räther sein.

40.

Wie er die Götzenstadt Bagaran erbaute.

Nachdem Erovand seine Stadt erbaut hatte, verlegte er dorthin aus Armavir Alles mit Ausnahme der Götzen, die in seine Stadt zu verlegen er nicht als seinen Nutzen ansah aus Furcht, es könnte beim Kommen und Opfern des Volkes daselbst die Stadt nicht mit Vorsicht bewacht werden. Aber 40 Stadien von derselben entfernt nach Norden hin erbaute er eine der seinigen ähnliche kleine Stadt am Achurean und nannte sie

Bagaran, das bedeutet, dass er in derselben die Ordnung der Götter hergestellt habe. Dorthin transportirt er alle Götzenbilder, die in Armavir waren, erbaute Tempel und bestellte seinen Bruder Erovas zum Oberpriester.

41.

Anpflanzung des Waldes, welcher Zeugungswald heisst.

Er pflanzt auch einen grossen Wald an an der Nordseite des Flusses und umgibt ihn mit Mauern, wodurch er in denselben Gazellen, das ganze Hirschgeschlecht, wilde Esel und Eber einschliesst, die in Menge heranwachsend den Wald anfüllten; an ihnen pflegte sich der König an den Jagdtagen zu ergötzen. Er nennt den Wald Zeugungswald.

42.

Das Bauwerk, welches Erovandakert genannt wird.

Ich spreche gerne von der schönen Stadt Erovandakert, welche eben jener Erovand mit schönen und prachtvollen Gebäuden errichtete. Die Mitte des grossen Thales füllt er mit Menschen und prachtvollen Gebäuden an, so dass sie glänzte wie die Pupille des Auges. Ringsum die Menschen pflanzte er einen Kreis von Blumen- und Obst-Gärten, so dass diese dem andern Kreise des Auges ringsum die Pupille glichen, sodann eine Menge von Weinstöcken, wie einen dichten und schönen Kreis von Spitzen. Die kreisförmige Lage dieser nördlichen Seite ist in Wirklichkeit ähnlich den hohen Augenbrauen schöner Mädchen; die Ebenheit der südlichen Felder aber ist wie die Schönheit heller Wangen; der offene Fluss bezeichnet mit seinen steilen Ufern die beiden Lippen. Diese schöne Lage hat, sollte man sagen, den Blick starr auf die hohe Residenz gerichtet; fürwahr ein reiches und königliches Werk.

Dieses ganze Werk Erovands schenkt der grosse Trdat den Kamsariern als dem mit den Arschakuniern durch Freundschaft und Blut verbundenen Geschlechte. Das werde ich am gehörigen Orte erzählen.

Man sagt, Erovand habe einen starren Blick durch die

Magie gehabt; desshalb haben die frühe wachen königlichen
Diener die Gewohnheit gehabt, bei Beginne des Tages harte
Steine dem Erovand vorzulegen, und haben sich, sagt man, die
harten Steine durch die Starrheit des Blickes gespalten. Jedoch
das ist entweder falsch und fabelhaft, oder er hat eine dämo-
nische Macht in sich gehabt, um so unter dem Namen von
Blicken das zu bezeichnen, was er wollte.

43.

*Sembat sucht mit Unterstützung der persischen Satrapen, den
Artasches zum Könige zu machen.*

Als der Knabe Artasches gross geworden und seinem Pflegevater viele tapfere Mannesthaten zeigt, bitten die Satrapen der
Arier, mit ihm zufrieden, den König, dem Sembat das als Geschenk zu geben, was er fordern werde. Der König geht darauf
ein und spricht zu den Satrapen: „Sehet, was der tapfere Mann
will." Sie sagen: „Unsterbliche Majestät, nichts Anderes verlangt Sembat als den Artasches deinen Blutsverwandten, den
Sohn Sanatruks, der aus seinem Reiche vertrieben ist, auf seinen
Thron zu setzen." Der König der Könige ist damit zufrieden
und gibt dem Sembat einen Theil des assyrischen Heeres und
die Truppen von Atrpatakan, um den Artasches zurück zu
führen und auf den väterlichen Thron zu setzen.

44.

*Erovand vernimmt den Anmarsch des Artasches und versam-
melt seine Truppen zur Kriegsbereitschaft.*

Den Erovand erreicht im Kantone Uti das Gerücht: Der
Perserkönig hat ein grosses Heer durch Sembat ausheben lassen,
um gegen dich zu rücken und den Knaben Artasches auf seinen
Thron zu führen. Als Erovand das gehört hatte, liess er daselbst viele Satrapen als Wächter des Landes und ging selbst
eilig in seine Stadt, um die Truppen Armeniens, Iberiens und
des Gebietes von Cäsarea und auch die von Mesopotamien durch
Bitten und Geschenke zu sich zu versammeln. Es waren Früh-
lingstage; daher wurden alle Truppen schnell versammelt, auch

Argam, der Chef des Geschlechtes Muratsan, aus der Nachkommenschaft Aschdahaks mit einer Truppe Fusssoldaten; denn
Erovand hatte ihm den zweiten Thron zurückgegeben, den Tigran
ihm genommen und seinem Schwager Mihrdat gegeben hatte.
Nach dem Tode Mihrdats war er Niemanden mehr verliehen
worden, bis Erovand ihn dem Argam wieder gab. Nicht allein
diesem, sondern allen Satrapen gab er Geschenke und be-
schenkte auch reichlich alle Truppen.

45.

Wie beim Eintritte des Artasches in sein Vaterland seine
Unternehmung glückte.

Sembat beeilte sich mit dem Knaben Artasches in den
Kanton Uti zu gelangen. Vor ihm marschirten die Truppen
dieses Kantons ab und auch die Satrapen, die Erovand daselbst
zurückgelassen hatte. Als die andern Satrapen Armeniens das
hörten, verloren sie den Muth und verzweifelten und dachten
daran, sich von Erovand zu trennen. Auch das sahen sie, dass
keine römischen Truppen zu seiner Unterstützung ankamen.
Erovand gab freiwillig mehr Geschenke und vertheilte an jeden
Einzelnen von ihnen Schätze. Aber je freigebiger er war, desto
mehr wurde er verhasst; denn es wussten Alle, dass er nicht
aus Freigebigkeit gab, sondern aus Furcht ausstreute. Auch
machte er sich diejenigen, denen er Mehr gab, nicht in dem
Masse zu Freunden, als er sich die zu Feinden machte, denen
er nicht reichlicher gab.

46.

Kampf Erovands gegen Artasches, seine Flucht, Einnahme
seiner Stadt und sein Tod.

Sembat marschirt mit dem jungen Artasches ans Ufer des
Meeres von Gegham im Rücken des Aragads genannten Berges;
sie beeilten sich ins Lager Erovands zu gelangen. Für Nichts
achtend die Menge seines Heeres fürchteten sie sich allein vor
dem Muratsanier Argam, weil er ein tapferer Mann und der
Führer vieler Lanzenträger war. Das Lager Erovands war von

seiner Stadt mehr als 300 Stadien entfernt im Norden auf dem Ufer des Achurean. Als Erovand jenes hörte, schob er das Gros seines Heeres vorwärts und stellte sich nicht weit von seinem Lager in Schlachtordnung auf. Sembat aber schickte eine Botschaft an Argam, den Chef der Muratsanier, sich mit vielen Eiden verpflichtend, ihm zu belassen, was er von Erovand erhalten hatte, und noch das Doppelte hinzuzufügen, wenn er den Erovand verlassen und seines Weges gehen wolle.

Als vor der Fronte Erovands die Feldzeichen des Artasches angekommen waren, nahm Argam seine Truppe Fusssoldaten und marschirte seitwärts ab. Sembat gab Befehl, die ehernen Trompeten ertönen zu lassen und stürzte sich die Fronte vorwärts führend hinein, wie ein Adler auf eine Truppe Feldhühner. Die armenischen Satrapen, welche auf dem rechten und linken Flügel standen, verbanden und vereinigten sich mit ihm, und die Truppen der Iberier mit ihrem Könige Pharsman wandten sich, trotz dem, dass sie mit kühnem Angriffe vorwärts marschirend einhieben, schnell flüchtig nach der andern Seite. Da war zu sehen das Hinmorden des unzähligen Heeres Erovands und der Truppen von Mesopotamien. Während dieses Gewühles der Fronten greifen den Artasches tapfere Männer vom Taurus an, die mit Erovand einen Vertrag geschlossen hatten, mit Preisgebung ihres Lebens den Artasches zu tödten. Mitten unter diese stürzte sich zu Fuss Gisak, der Sohn der Amme des Artasches, und hieb sie in Stücke, wobei er, nachdem er die Hälfte des Gesichtes in Folge eines Schwerthiebes verloren hat, über denselben stirbt nach erfochtenem Siege. Die übrigen Truppen wandten sich zur Flucht.

Erovand aber zu Pferd das ganze Lager durcheilend wirft sich in die Chane (Gehöfte), welche vom Lager bis zur Stadt errichtet waren, und flieht ein neues Pferd von Posten zu Posten besteigend. Der tapfere Sembat, heftiger hinter ihm her, trieb ihn in der Nacht bis zum Thore seiner Stadt. Die armenischen Truppen marschirten nach dem Standorte des erovandischen Heeres und lagerten sich in der Dunkelheit über den Leichen. Artasches angekommen stieg herab in das Zelt Erovands, das mit einer Mauer von Leder und Leinwand umgeben war, und brachte diese Nacht im Gemache desselben zu. Bei Anbruch des Tages Herr des Schlachtfeldes befahl er die Todten zu begraben und nannte das Thal, in welchem er sich über den Leichen gelagert hatte, „Mederfeld" und den Ort des Lagers „Erovandawan," wie er genannt wird bis auf den heutigen Tag und was bedeutet, dass er an diesem Orte den Erovand geschlagen hat. Er selbst marschirte in die Stadt Erovands. Vor Mittag kam er in der Stadt Erovands an und liess mit einstimmigem Schrei das Heer rufen: Mar amad d. h. der Meder ist da, wodurch er an die Schmähungen erinnerte, welche Erovand gegen den König der Perser und gegen Sembat geschleudert hatte, indem er ihn Meder nannte. Nach demselben Worte wurde die Stadt Marmet genannt gleichsam gemäss dem Willen des Artasches, den Namen Erovands von dem Orte wegzunehmen. Das ist der Grund der Benennung der Stadt.

Sembat, der des Nachts den Erovand mit einer kleinen Truppe verfolgt hatte, bewachte das Thor der Stadt bis zur Ankunft des Artasches und des ganzen Heeres. Als die Tapfern gegen die Festung stürmten, übergab sich die Mannschaft derselben freiwillig und öffnete das Thor der Stadt. Ein Soldat drang ein und spaltete mit einem Säbel den Kopf Erovands und spritzte sein Gehirn auf den Fussboden, und an dieser Zermalmung starb er, nachdem er 20 Jahre den Thron inne gehabt hatte. Artasches sich erinnernd, dass Erovand ein Verwandter der Arschakunier sei, befiehlt seine Leiche in einem Grabmale zu beerdigen.

47. -

Regierung des Artasches, seine Wohlthätigkeit gegen seine Wohlthäter.

Nach dem Tode Erovands trat Sembat ein und suchte die königlichen Schätze. Als er die Krone des Königs Sanatruk gefunden, setzt er sie auf das Haupt des Artasches und machte ihn zum Könige über alle Länder Armeniens im 29. Jahre des Perserkönigs Darius. Nachdem Artasches das Reich in Besitz genommen, gibt er Geschenke den Heeren der Meder und Perser und entlässt sie in ihre Heimath; er gibt auch dem tapfern und edeln Argam den versprochenen zweiten Thron, eine mit Rubinen geschmückte Krone, Ringe für beide Ohren und einen rothen Schuh für einen Fuss und das Recht goldene Löffeln und Gabeln zu gebrauchen und aus goldenen Bechern zu trinken. Ohne an diesen Ehrenrechten Etwas zu verkürzen gibt er sie auch seinem Pflegevater Sembat mit alleiniger Ausnahme der zwei Ohrringe und des rothen Schuhes. Ausser seiner väterlichen Ritterwürde mit dem Rechte den König zu krönen und ausser dem Oberbefehle über das Heer des Occidents setzt er ihn auch. noch über alle Truppen Armeniens und alle Beamten des Reiches und das ganze königliche Haus.

Den Nerses, den Sohn Gisaks, des Sohnes seiner Amme, sammt dessen Nachkommen benennt er wegen der Tapferkeit des Vaters desselben „Dimakhsean" (mit einer Schmarre im Gesichte); denn wie ich gesagt habe, verlor er für Artasches die Hälfte des Gesichtes in Folge eines Schwerthiebes.

· Man erzählt auch, dass er an demselben Tage die Nachkommenschaft und Söhne Tur's, fünfzehn junge Leute, nach dem Namen ihres Vaters Trunier genannt habe, nicht wegen Tapferkeit, sondern allein wegen der Anzeigen ihres Vaters, die dieser aus dem königlichen Hause — er war nämlich Hausgenosse Erovands — an Sembat gemacht hatte und wegen welcher er von jenem getödtet wurde.

48.

Ermordung des Erovas; Erbauung einer zweiten Stadt Bagaran; Zinspflichtigkeit des Artasches an die Römer.

Darauf befiehlt er dem Sembat in die Festung Bagaran, welche nahe bei der Stadt Erovands auf dem Ufer des Achurean lag, zu gehen und den Erovas, den Bruder Erovands, zu tödten. Als Sembat ihn gefangen genommen, lässt er ihm einen Mühlstein an den Hals hängen und ihn dann in einen Strudel des Flusses werfen. An dessen Stelle setzt er über die Götter einen Hausgenossen des Artasches, den Schüler eines Magiers, eines Traumdeuters, den man desshalb auch Mogpaschte (Diener eines Magiers) nannte. Dann nimmt er als Beute die Schätze des Erovas und 500 Sklaven desselben, auch die kostbarsten Schätze der Tempel und bringt sie dem Artasches. Artasches schenkt dem Sembat die Sklaven des Erovas, die Schätze aber lässt er dem Perserkönige Darius bringen, indem er selbst zu den Schätzen noch welche hinzufügt als Zeichen der Dankbarkeit gegen jenen als seinen Vater und Helfer.

Damals führt Sembat die Sklaven des Erovas, die er zu Bagaran gefangen genommen hatte, hinweg und siedelt sie im Rücken des Masis an, indem er nach demselben Namen Bagaran die Ansiedelung benennt. Er selbst begibt sich nach Persien als Ueberbringer der Geschenke an Darius ohne sich irgendwie um die Macht der Römer zu bekümmern. Als Sembat nach Persien weggegangen ist, langen die Zinseintreiber des Kaisers und ein schweres Heer in Armenien an, welche Artasches durch Bitten und Zahlung des doppelten Tributes beruhigt. Dies erzählt uns wahrheitsgetreu Ughiup, ein Priester von Ani und Schreiber der Tempelannalen, nebst vielen andern Ereignissen, die zu erzählen mir noch vorliegen; dasselbe bezeugen auch die persischen Bücher und die geschichtlichen Gesänge der Armenier.

49.
Erbauung der Stadt Artaschat.

Die Thaten des letzten Artasches sind dir meistens bekannt aus den Geschichtsschreibern, die in Goghthen gelebt haben sollen; die Erbauung der Stadt, die Alliance mit den Alanen, die Erzeugung seiner Nachkommen, die Liebe der Sathinik zu der fabelhaften Drachennachkommenschaft d. h. zu den Nachkommen des Aschdahak, welche Alles am Fusse des Masikh inne haben, der Krieg gegen dieselben, die Zerstörung ihrer Macht, ihre Ermordung, der Brand ihrer Wohnungen, der Hass der Söhne des Artasches und die Aufreizung gegen einander durch die Weiber, dies Alles ist dir bekannt, wie ich schon gesagt habe, aus den geschichtlichen Gesängen; aber ich werde es doch kurz erwähnen und die Allegorie zur Wahrheit machen.

Nachdem Artasches an den Ort gekommen ist, wo der Erasch und der Medsamor sich vermischen, und an einem Hügel Gefallen gefunden hat, erbaut er die nach seinem Namen Artaschat benannte Stadt. Es wird ihm hilfreich der Erasch durch seine Fichtenwälder, wesshalb er leicht und schnell baut. Er errichtet auch daselbst einen Tempel und überträgt aus Bagaran die Statue der Artemis und alle vaterländischen Götter. Das Bild des Apollo errichtet er ausserhalb der Stadt nahe am Wege. Er nimmt aus der Stadt Erovands die gefangenen Juden, welche von Armavir aus dorthin verpflanzt worden waren, und versetzt sie nach Artaschat. Auch die ganze Einrichtung der Stadt Erovands, welche letzterer aus Armavir entführt und die er selbst dort angeschafft hatte, überträgt er nach Artaschat; auch aus sich selbst schmückt er sie noch als königliche Stadt aus.

50.

Einfall der Alanen in unser Land, ihre Niederlage, Bündniss des Artasches mit ihnen.

Um dieselbe Zeit vereinigten sich die Alanen mit allen Bergbewohnern, brachten auch die Hälfte Iberiens auf ihre Seite und breiteten sich in einem grossen Haufen über unser Land aus. Artasches versammelt die Masse seiner Truppen, und es entbrennt mitten im Lande der Kampf zwischen zwei tapfern und im Bogenschiessen geübten Völkern. Das Volk der Alanen weicht ein Wenig zurück, geht hin und überschreitet den grossen Fluss Kur und lagert sich auf dem nödlichen Ufer des Flusses. Auch Artasches langt an und lagert sich im Süden; der Fluss ist zwischen ihnen.

Als man aber den Sohn des Königs der Alanen, der von den armenischen Truppen gefangen genommen worden, zu Artasches brachte, verlangte der König der Alanen Frieden mit dem Versprechen dem Artasches Alles zu geben, was er verlange; er schlägt vor ein eidlich bekräftigtes und dauerndes Bündniss zu schliessen auf die Bedingung hin, dass die Söhne der Alanen in bewaffnetem Einfalle das Land Armenien nicht mehr betreten sollten. Als aber Artasches nicht darauf eingeht,

den Knaben herauszugeben, kommt die Schwester des Knaben
ans Ufer des Flusses auf eine grosse Anhöhe und ruft durch
einen Dollmetscher ins Lager des Artasches: „Dir sage ich,
tapferer Mann Artasches, der du besiegt hast die tapfere Nation
der Alanen, komm, gib nach der schönen Tochter der Alanen
und gib heraus den Knaben; denn es ist nicht Sitte der Helden
aus Rache den Sprossen anderer Helden das Leben zu nehmen
oder sie zu knechten und zu Sklaven herabzuwürdigen und
ewige Feindschaft zwischen zwei tapfern Völkern zu befestigen."
Als Artasches diese weisen Worte hörte, ging er ans Ufer des
Flusses; und als er die schöne Jungfrau gesehen und Worte
der Weisheit von ihr gehört hatte, verliebte er sich in das
Mädchen und rief seinen Pflegevater Sembat und offenbarte ihm
seinen Herzenswunsch, das Mädchen zu seiner Frau zu nehmen,
ein eidlich bekräftigtes Bündniss mit der Nation der Tapfern zu
schliessen und den Knaben in Frieden zu entlassen. Da Sembat
das passend findet, sendet er zum Könige der Alanen, dass er
die Prinzessin der Alanen die Sathinik dem Artasches zur Ehe
gebe. Es spricht der König der Alanen: „Woher wird mir der
tapfere Artasches tausendmal Tausend und zehntausendmal zehn
Tausend geben für das von tapferem Geschlechte abstammende
junge Mädchen der Alanen?"

Diese Stelle in Fabeln verwandelnd sagen die Chronisten
in ihren Gesängen: Der tapfere König Artasches stieg auf einen
schönen Rappen und nahm eine Schnur mit goldenen Ringen
und von rothem Leder; wie ein leichtfliegender Adler über den
Fluss gekommen warf er die Schnur mit goldenen Ringen und
von rothem Leder und schlang sie mitten um den Leib des
Mädchens der Alanen und machte ziemliche Schmerzen der
feinen Taille des Mädchens, indem er es schnell in sein Lager
zog." In Wahrheit verhält sich aber die Sache so. Da das
rothe Leder bei den Alanen sehr geschätzt ist, gibt Artasches
davon viel und viel Geld als Entgelt und erhält die Prinzessin
Sathinik. Das bedeutet die Schnur mit goldenen Ringen und
von rothem Leder. Auf dieselbe Weise singen sie auch fabelhaft von der Hochzeit, indem sie sagen: „Goldener Regen fiel

bei der Hochzeit des Artasches, es regnete Perlen bei der Hochzeit der Sathinik." Es war nämlich Gewohnheit unserer Könige auf der Hochzeit an die Thüre des Palastes gekommen Goldringe hineinzuwerfen nach Art eines römischen Konsuls, wic auch unserer Königinnen, Perlen in ihr Hochzeitsgemach zu werfen. Das ist die Wahrheit der Geschichte.

Sathinik, die erste Frau des Artasches geworden, gebiert ihm den Artavast und viele andere Kinder, die jetzt namentlich aufzuzählen ich nicht für nöthig halte, bis später, wenn ich an ihre Thaten gekommen sein werde.

51.

Ermordung Argams und seiner Söhne.

Als Artavast, der Sohn des Artasches, gross geworden, war er ein tapferer, selbstgefälliger und stolzer Mann. Hass gegen den alten Argam nährend stachelte er seinen Vater zum Zorne gegen Argam an durch das Vorgeben, dass dieser nach der Herrschaft über das Ganze strebe. So beraubte er ihn seiner Würde und nahm selbst den zweiten Thron ein. Nachher, als Artasches zum Gastmahle zu Argam kommt, erregen die Söhne des Königs, nachdem der Verdacht entstanden war, als ob man dem Könige Schlingen gelegt hätte, einen Tumult und reissen sofort beim Mahle dem Argam die weissen Haare aus. Mit grosser Bestürzung kam der König Artasches nach Artaschat, sandte einen seiner Söhne, den Maschan, mit einem grossen Heere ab und befahl Alle vom muratsanischen Geschlechte zu tödten, den Palast des Argam anzuzünden und dessen Concubine, die sehr ausgezeichnet war durch ihre Schönheit und ihren majestätischen Gang, Namens Mandu, in den Harem des Artasches zu führen. Nachdem er ihn so gedemüthigt hatte, befahl er nach zwei Jahren ihm seine Güter wieder zu geben mit Ausnahme der Concubine.

Jedoch Artavast nicht zufrieden damit, dem Muratsanier den zweiten Thron genommen zu haben, zieht auch noch Nachdschavan und alle Dörfer im Norden des Erasch an sich, wo er sich Paläste und Festungen aus denselben für seine Erben erbaut. Da der Sohn Argams das nicht ertragen kann, rückt er ihm mit Krieg entgegen. Aber der Sohn des Königs, Sieger geworden, tödtet alle Nachkommen Argams mit ihrem Vater und alle Hervorragenden aus dem Volke Muratsan und nimmt die Städte und die ganze Macht desselben für sich in Besitz; Keiner entging ihm mit Ausnahme einiger Unbekannten und von niedriger Herkunft, die zu Artasches fliehend am königlichen Hofe Zuflucht fanden. Dieser Argam ist derjenige, welcher in der Fabel Argavan genannt wird, und jenes ist die Ursache seines Krieges gegen Artavast.

52.

Was für ein Mann Sembat war und was er bei den Alanen verrichtet hat; Bevölkerung von Artas.

Ich spreche gerne von dem tapfern Manne Sembat. Seine Schilderung nach der Fabel ist nicht allzusehr von der Wahrheit entfernt. Er hatte einen Körperbau entsprechend seiner Tapferkeit, seiner herzgewinnenden Tugend und seiner durch weisses Haar geschmückten Schönheit; er hatte ein kleines Blutzeichen in den Augen, wie der Flocken ist, der auf dem Golde und in der Mitte der Perlen zu erscheinen pflegt. Trotz der Beweglichkeit seines Geistes und Körpers war er in Allem überlegend und hatte im Kriege mehr Glücksgunst als alle Andern. Mit dieser Männlichkeit zieht er dem Bruder der Sathinik zu Hilfe ins Land der Alanen mit einem Heere auf Befehl des Artasches. Er war nämlich der Vater der Sathinik gestorben, und ein Anderer bemühte sich, der Herrschaft über das Land der Alanen sich zu bemächtigen und vertrieb den Bruder der Sathinik. Jenen wirft zurück und vertreibt Sembat, macht den Bruder der Sathinik zum Herrn über das Volk der Alanen und verwüstet das Land der Feinde desselben, die er alle zusammen gefangen mit Gewalt zu Artasches führt. Artasches befiehlt sie im Südosten des Masis in dem Schavarschakan genannten Kantone anzusiedeln, wobei sie ihren ursprünglichen Namen Artas behalten; denn das Land, aus dem sie gefangen fortgeführt worden, heisst Artas bis auf den heutigen Tag.

53.

Vernichtung der Kaspier; Aufregung der Nachkommen des Artasches gegen Sembat und gegen einander.

Nach dem Tode des letzten Arschak, des Königs von Persien, setzt unser Artasches seinen Namensvetter Artasches, den Sohn jenes, als König über Persien ein. Es wollten sich aber die Bewohner des Berges, welcher in ihrer Sprache Kanton Patischahar, das ist Wolle-Berg, heisst, ihm nicht unterwerfen, ebenso auch die Uferbewohner nicht, auch die nicht, welche näher waren als jene. Auch die Kaspier fallen bei dieser Gelegenheit von unserm Könige ab. Desshalb schickt Artasches gegen sie den Sembat mit allen armenischen Truppen; der König selbst geht sieben Tage als Begleiter mit. Sembat kommt an, unterwirft Alle, verwüstet das Land der Kaspier und bringt mehr Gefangene nach Armenien als Artasches, unter diesen auch Sardmanos ihren König. Desshalb schenkt ihm auch seiner Arbeit gemäss Artasches den königlichen Antheil an den Dörfern von Goghthen und die Quellen des Ught und überlässt ihm dazu die ganze Beute. Artavast darüber zornig, wollte den Sembat tödten; als der Plan offenkundig wurde, gerieth sein Vater darüber in grossen Zorn. Sembat verliess den Ort und ging nach Assyrien; freiwillig gibt er den Oberbefehl über die armenischen Truppen auf, um welchen Artavast ihn beneidete. Auf Befehl des Artavast lässt er sich nieder in Tmorikh, welches jetzt Kordrikh heisst, und siedelt seine vielen Gefangenen in Alki an. Er hatte sich im Alter eine Assyrierin, die er sehr liebte, aus jener Gegend zum Weibe genommen, wesshalb er auch gerade in ihrer Heimath sich niederliess.

Artavast erhält nach dem Weggange des Sembat von seinem Vater das, wonach er strebte, den Oberbefehl über alle Truppen. Aber seine Brüder hatten Hass gegen ihn auf Anstachelung ihrer Weiber; daher setzt Artasches den Kruir, einen weisen und beredten Mann, zum Befehlshaber ein und vertraut ihm alle Angelegenheiten des königlichen Hauses an und bestellt den Maschan zum Oberpriester des Gottes Aramast zu Ani. Artasches

theilt seine Truppenmacht in vier Theile; den östlichen Truppen-
theil lässt er dem Artavast, den westlichen gibt er dem Tiran,
den südlichen vertraut er dem Sembat an und den nördlichen
dem Sareh. Sareh war ein stolzer Mann und ausgezeichnet auf
der Thierjagd, aber im Kriege feige und unbrauchbar. Da
Bardsam, der König der Iberier, diesen aus Erfahrung kennt,
bringt er das ganze Land zum Abfalle, fesselt den Sareh und
wirft ihn ins Gefängniss auf dem Kaukasus. Gegen jenen
ziehen Artavast und Tiran mit Sembat zu Felde und befreien
ihren Bruder von seinen grossen Banden und aus dem Gefängnisse.

54.

Kampf gegen die Truppen Domitians in Basean.

Nachdem grosse Verwirrung im Occidente entstanden ist,
widersetzt sich Artasches im Vertrauen darauf in rebellischer
Weise den Römern, indem er den Tribut nicht zahlt. Kaiser
Domitian darüber erzürnt schickt ein Heer gegen Artasches.
Als dieses in die Gegend von Cäsarea gekommen ist, treibt es
den Tiran und das westliche Heer, das sich entgegengestellt
hat, mit Schnelligkeit bis in das grosse weite Thal von Basean,
in welches Artavast mit den östlichen und nördlichen Truppen
mit allen Söhnen des Königs zum Widerstande herbei eilt. Heftiger Kampf; sie sind in Gefahr. Gegen Ende des Kampfes
kommt Sembat mit den südlichen Truppen an, stürzt sich in
die Mitte, rettet die Söhne des Königs, erringt den Sieg und
macht dem Kampfe ein Ende; denn obwohl er sehr alt war,
ordnete und führte er vorwärts die Fronte in der Weise eines
Jünglings und trieb, nachdem die Verfolgung begonnen hatte,
das römische Heer bis ins Gebiet von Cäsarea.

Indem man nun jenes in Fabeln besingen wollte, sagte
man, dass ein gewisser Domet, d. h. der Kaiser Domitian, gekommen sei. Er kam nicht hierher; aber man benennt seinen
Befehl und seine Truppen allegorisch nach seinem Namen. Es
ging dem Artasches glücklich. In derselben Zeit nämlich stirbt
Domitian zu Rom, und nach ihm regiert Nerva nicht länger als
ein Jahr. Die armenischen und persischen Truppen dadurch

ermuthigt machen sogar einen Einfall nach Griechenland. Als die Egyptier und Palästinenser das sehen, verweigern auch sie den Römern den Tribut.

55.

Trajan und seine Thaten; Ermordung Maschans durch seine Brüder.

Um diese Zeit wird Trajan römischer Kaiser und marschirt nach Beruhigung des ganzen Occidentes gegen die Egyptier und Palästinenser und zieht, nachdem er diese seiner Macht unterworfen hat, gegen die Perser. Artasches zuvorkommend begibt sich mit grossartigen Geschenken zu ihm und erscheint die Schuld auf sich nehmend vor ihm mit dem Tribute der vergangenen Jahre. Als er von ihm Verzeihung erlangt hat, kehrt er nach Armenien zurück. Trajan aber geht nach Persien und kehrt, nachdem er alle seine Wünsche erfüllt hat, durch Assyrien zurück.

Zu ihm begibt sich Maschan; er spann Verrath seiner Brüder. „Wisse, o König," sprach er, „wenn du den Artavast und Tiran nicht vertreiben und die armenischen Truppen nicht dem Sareh anvertrauen wirst, so wird der Tribut dir nicht leicht eingehen." Das that Maschan aus Hass gegen Sembat, obgleich dieser ihn grossgezogen hatte. Auf dieselbe Weise suchte er auch den Tiran zu beseitigen, damit er Oberpriester und zugleich General über den Westen werde. Jedoch Trajan kümmert sich nicht darum und entlässt ihn leer. Da aber Artavast und Tiran seinen Plan kennen, legen sie Hinterhalt auf der Jagd und tödten den Maschan, nehmen ihn und begraben ihn als Oberpriester in der Götzenstadt. Artasches aber bezahlte von da an regelmässig den Tribut an Trajan und nach diesem an den Kaiser Adrian alle seine Tage.

56.

Wie Artasches das Land bevölkerte und die Grenzen feststellte.

Nach allen Thaten der Tapferkeit befiehlt Artasches die Grenzen der Städte und Dörfer abzustecken. Er bevölkerte das

8*

Land der Armenier, indem er viele Fremdlinge ins Volk aufnahm und auf Bergen und in Thälern und Ebenen ansiedelte.
Die Grenzzeichen befestigte er auf diese Weise. Er liess viereckige Steine hauen, die Mitte derselben tellerförmig aushöhlen
und sie in der Erde verbergen und darüber viereckige Erhöhungen
ein Wenig über der Erde errichten. Artasches, der Sohn Sasans,
darauf eifersüchtig lässt dasselbe in Persien machen und nach
seinem Namen benennen, damit Niemand sich des Namens des
Artasches erinnere.

Man sagt, dass sich zur Zeit des Artasches kein unculti-
virter Landstrich im Gebiete Armeniens befand, weder auf den
Bergen noch in den Ebenen wegen der Bebauung des Landes.

57.

Das Satrapengeschlecht der Amatunier.

In seinen Tagen, sagt man, kam das Volk der Amatunier
aus den östlichen Gegenden des Landes der Arier. Sie waren
von jüdischem Ursprunge, von einem gewissen Manova ab-
stammend; dessen Sohn war von grossem Körperbaue und stark
und hiess Samson, wie es Sitte der Juden ist, den Namen ihrer
Ahnen aus Hoffnung ihren Kindern zu geben. Wahr ist, dass
das auch heute noch am ganzen Geschlechte der Amatunier zu
sehen ist; denn sie sind ansehnlich und wohlgestaltet, in allen
Punkten gehörig proportionirt und stark. Sie sind von Arschak,
dem ersten der parthischen Könige, herbeigebracht worden und
durch fortwährendes Wachsthum im Gebiete der Arier in der
Gegend von Ahmatan zu Ehren gekommen. Aber ich weiss
keine Ursache ihres hierher Kommens anzugeben; sie werden
von Artasches mit Städten und Dörfern beehrt und als Fremdlinge Amatunier genannt; die Einen und Andern der Perser
nennen sie Manovier nach dem Namen ihres Ahnen.

58.

Das Haus der Aroveghier, Ursprung dieses Geschlechtes.

In seinen Tagen kamen auch die Aroveghier vom Volke
der Alanen, Verwandte der Sathinik, dieser nach und wurden

unter das Volk und die Satrapengeschlechter Armeniens aufgenommen als Verwandte der Grosskönigin. Zur Zeit des Chosrow,
des Vaters des Trdat, vereinigten sie sich mit dem ebenfalls
eingewanderten tapfern Zweige der Basilier.

59.

Kenntniss von Künsten in den Tagen des Artasches.

Weil viele Thaten in den Tagen des Artasches geschehen
sind, habe ich sie in viele Kapitel eingetheilt, damit nicht durch
die Länge der Erzählung bei den Lesern Ueberdruss entstehe;
das letzte Kapitel ist dazu bestimmt, auch das Andere aus der
Zeit des Artasches ins Gedächtniss zu rufen. Obgleich nämlich
alles Andere, was ich in den ersten Kapiteln erwähnt habe,
nämlich die schönen Einrichtungen und Gewohnheiten, durch
Wagharschak und die andern früheren Könige zu Stande gekommen ist, so sind diese doch der grossartigen Künste und
Wissenschaften baar und ledig gewesen, insofern sie mit Raub-
und Kriegszügen beschäftigt sich darum nicht kümmerten oder
gar nicht dazu kamen, ich meine nämlich die Kenntniss der
Kreisläufe der Wochen, Monate und Jahre; denn Derartiges war
bei ihnen nicht bekannt, während es bei andern Völkern im
Gebrauche war, auch nicht die Schifffahrt auf den Seen des
Landes, die Flussfahrten, die Instrumente für den Fischfang,
sogar nicht einmal der Ackerbau überall, sondern nur hier und
dort sehr wenig. Nach dem Beispiele der nördlichen Gegenden
lebten sie von rohem Fleische und dergleichen mehr; das Alles
wird in den Tagen des Artasches geregelt.

60.

Tod des Artasches.

Schönes erzählt Ariston aus Pella über den Tod des Artasches. In der Zeit, als die Juden von dem römischen Kaiser
Adrian abfielen, bekriegten sie auch den Eparchen Rufus unter
Anführung eines Banditen Namens Barkhoba (Bar-kochba) d. h. Sohn
des Sternes, der ein Missethäter und Mörder war, aber mit
seinem Namen in grosssprecherischer Weise prahlte, dass er

vom Himmel gekommen sei als ihr, der Unterdrückten und Gefangenen, Erlöser. So heftig machte er den Krieg, dass auf
ihn hinsehend die Assyrier, Mesopotamier und alle Perser das
Tributzahlen an die Römer verweigerten; denn man hatte auch
gehört, dass die Krankheit des Aussatzes den Adrian befallen
habe. Aber unser Artasches liess sich dadurch nicht beirren.

Um diese Zeit kam Adrian nach Palästina und schlug die
Aufständischen nieder durch Belagerung einer kleinen Stadt in
der Nähe von Jerusalem. Er befahl daher auch das ganze Volk
der Juden aus ihrem Vaterlande zu vertreiben, dass sie auch
aus grosser Entfernung Jerusalem nicht mehr sehen sollten. Er
baute das von Vespasian, Titus und ihm selbst zerstörte Jerusalem wieder auf und nannte es nach seinem Namen Aelia, da
auch Adrian selbst ,Sonne' hiess.[1]) Er siedelte in demselben
Heiden und Christen an; der Bischof dieser war Markus. Um
dieselbe Zeit schickte er ein schweres Heer nach Assyrien und
befahl unserm Artasches mit seiner Garde nach Persien zu
kommen. In seinem Gefolge befand sich als Sekretär der Mann,
welcher uns diese Erzählung hinterlassen hat; dieser trifft mit
Artasches in Medien zusammen an einem Sohund genannten Orte.

Artasches soll zu Marand im Kantone Bakurakert erkrankt
sein. Einen gewissen Abegh, Schef des Hauses der Abeghier,
einen beweglichen, schmeichlerischen und falschen Mann, schickt
er auf dessen Verlangen nach Erisa im Gebiete der Ekeghier
in den Tempel der Artemis, um ihm von den Göttern Heilung
und langes Leben zu erflehen. Ehe dieser zurück ist, kommt
das Ende des Artasches. Der Geschichtsschreiber theilt mit,
eine wie grosse Menge beim Tode des Artasches starb, seine
lieben Frauen und Concubinen und treuen Sklaven, und wie viel
Pomp man zur Ehre seiner Leiche nach städtischer Weise, und
nicht wie die Barbaren, machte. Die Bahre war von Gold, das
Paradebett von feiner Leinwand, der Mantel um ihn goldgewirkt,
die Krone ihm aufs Haupt befestigt, seine Waffen von Gold

---

[1]) Moses hält den Beinamen des Adrian „Aelius," nach welchem Jerusalem „Aelia" genannt wurde, für identisch mit dem griechischen ἥλιος
„Sonne."

lagen vor ihm; rings um das Paradebett befanden sich seine
Söhne und vielen Verwandten, neben diesen hatten Bewaffnete
den Dienst, die Schefs und Truppen der Satrapien und die
Truppen aller Waffengattungen, alle gerüstet mit ihren Waffen,
als ob sie sich zum Kriege anschickten; vor ihm ertönten die
ehernen Trompeten und hinter ihm kamen klagende Mädchen,
schwarzgekleidet, und die Klageweiber und zuletzt die Masse
des Volkes. So trug und begrub man ihn; rings um das Grab
geschehen viele freiwillige Tödtungen, wie ich oben gesagt habe;
so theuer war er unserm Lande; er regierte 41 Jahre. ·

61.

Regierung des Artavast, Vertreibung seiner Brüder und Schwe-
stern; sein Tod, Allegorie desselben.

Nach Artasches gelangt sein Sohn Artavast zur Regierung
und vertreibt aus der Provinz Ararat alle seine Brüder in die
Kantone Aghiovit und Arberan, damit sie sich nicht in der
Provinz Ararat in den königlichen Domänen ansiedelten; er behält allein den Tiran als seinen Nachfolger bei sich; denn er
hatte keinen Sohn. Wenige Tage nach seinem Regierungsantritte ritt er über die Brücke der Stadt Artaschat, um auf die
Jagd nach wilden Schweinen und Eseln an die Quellen des Gin
zu gehen. Verwirrt durch die Phantome des Irrsinnes stürzte
er zu Pferd in eine grosse Tiefe und sank spurlos unter.

Hierüber fabeln nun die Sänger von Goghthen so: „Da beim
Tode des Artasches nach der Sitte der Heiden viele Tödtungen
vorkommen, wird Artavast, sagen sie, entsetzt und spricht zu
seinem Vater: Wie werde ich, während du hingehst und das
ganze Land mit dir nimmst, über die Ruinen herrschen? Desshalb schalt ihn Artasches und sagte: Wenn du auf die Jagd
gehst auf den freien Masis, werden dich tapfere Männer nehmen
und auf den freien Masis führen; dort wirst du bleiben und das
Licht nicht mehr sehen.“

Es erzählen auch die alten Weiber von ihm, dass er lebt,
eingeschlossen in eine Höhle und mit ehernen Ketten gebunden,
und dass er, während zwei Hunde die Kette fortwährend be-

nagen, sich anstrengt zu entgehen und das Weltende herbeizu-
führen. Aber beim Tone des Hammerschlages der Schmiede,
sagen sie, werden die Ketten stark; desshalb schlagen auch
noch zu unserer Zeit viele Schmiede der Fabel folgend am
ersten Wochentage zwei oder dreimal den Ambos, damit, wie
sie sagen, die Ketten des Artavast fest werden. Aber die wahre
Sachlage verhält sich so, wie ich oben gesagt habe.

Noch Andere sagen, dass bei seiner Geburt sich ein böses
Omen gezeigt habe. Man glaubte, die Weiber der Nachkommen
Aschdahaks hätten ihn bezaubert, weil Artasches ihnen viel Böses
zugefügt hatte. Das geben die Sänger in der Fabel so: Die
Drachenabkömmlinge raubten heimlich den Knaben Artavast
und legten einen Dämon an seine Stelle. Diese Nachricht
scheint mir wahr zu sein; denn er war in einem fort im Wahn-
sinne von seiner Geburt bis zur Zeit seines Endes. Sein Bruder
Tiran erhält die Regierung.

62.

Tiran.

Es gelangte zur Regierung über Armenien Tiran, der Sohn
des Artasches, im dritten Jahre des Perserkönigs Peros I. Von
ihm werden grosse Thaten nicht berichtet, sondern nur, dass er
den Römern in Freundschaft diente. Er lebte in Ruhe, mit der
Jagd und seinen Vergnügungen beschäftigt, wie man sagt. Er
hatte zwei Pferde, die schneller waren, als der Pegasus mit
seiner unendlichen Schnelligkeit, die, wie man glaubte, die Erde
nicht berührten, sondern darüber flogen. Als Datakhe, ein Fürst
der Benunier, auf sein Verlangen dieselben bestiegen hatte,
rühmte er sich reicher als der König zu sein. Einige aus seinem
Volke, aus den Arschakuniern, welche im Gebiete von Haschtenikh wohnten, kommen zu ihm und sagen: „Vermehre uns
unser Erbe, weil es zu schmal ist; denn unser sind Viele." Er
befiehlt Einigen von ihnen in die Kantone Aghiowit und Arberan
zu gehen. Als sie aber noch mehr an den König appelliren,
dass es ihnen noch viel zu enge sei, hört Tiran nicht mehr
darauf, sondern erlässt die Entscheidung, ihnen kein anderes

Erbe zu geben, sondern das, was sie hätten, gleichmässig unter sie zu theilen. Als dieses Erbe nach der Menschenzahl getheilt wurde, fand es sich zu klein für die Bewohner von Haschtenikh; desshalb kamen Viele von dort in die Kantone von Aghiowit und Arberan.

In seinen Tagen, sagt man, lebt ein Jüngling aus dem Volke der Andsavier, stolz in Allem, Namens Erachnavu, welcher zu seinem Weibe macht die letzte Frau des Artavast, welche er aus Griechenland gebracht hatte. Da Artavast keine Nachkommen hat, so überlässt der König dem Erachnavu das ganze Haus des Artavast; denn, sagte man, jener Mann war würdig und bescheiden in Allem, dazu auch in den körperlichen Vergnügen masshaltend. Da der König ihn liebt, gibt er ihm den zweiten Thron, welchen Artavast hatte, vertraut ihm den Oberbefehl über das östliche Heer und lässt bei ihm den Perser Drovasp, seinen Freund, welcher sich mit den Satrapen von Waspurakan verbunden, und dem er die Stadt Tation mit den Dörfern und den grossen Weinberg gegeben hatte, in welchen sich ein Abfluss aus dem See Gailatu ergoss. Er selbst ging nach dem Gebiete von Ekeghikh, indem er in der Stadt Tschermes seine Residenz aufschlug. Er leitete in Frieden die Regierung 21 Jahre und starb auf einer Reise vom Schnee des Nordens überschüttet.

63.

Der Bagratunier Trdat und die Benennungen seines ersten Geschlechtes.

Ein gewisser Trdat aus dem Volke der Bagratunier, ein Sohn der Sembatuhi, der Tochter des tapfern Sembat, war ein beherzter und starker Mann, aber klein von Gestalt und hässlich von Ansehen. Diesen vermählte der König Tiran mit seiner Tochter Eraneak. Diese hasste ihren Mann Trdat und brachte jeden Tag in Betrachtung und Murren zu, indem sie sich beklagte, dass sie die Schöne mit einem Hässlichen, sie die edel Geborne mit Einem von niedriger Herkunft zusammen wohnen müsse. Trdat darüber erzürnt schlägt sie eines Tages heftig, reisst ihr die blonden Haare, rupft ihr die Haarlocken aus und befiehlt dann, sie hinauszuschleppen und aus dem Zimmer zu werfen. Er selbst ging rebellisch in die festen Gegenden der Meder. Als er in das Gebiet der Siunier gelangt, kommt ihm die Nachricht vom Tode des Tiran; als er das gehört hat, bleibt er daselbst.

Es geschah eines Tages, dass ihn Bakur, der Chef der Siunier, zum Abendmahle einlud. Als Trdat in der Freude des Weines ein Weib sah, welches sehr schön war und zum Saitenspiele sang, Namens Nasinik, entbrannte er vor Begierde und sagte zu Bakur: „Gib mir diese Sängerin." Dieser sagte: „Ich gebe sie dir nicht, denn sie ist meine Concubine." Jedoch Trdat legte Hand an das Weib und zog sie zu sich auf das Sopha; er war vernunftlos wollüstig, wie ein junger Mensch, der ohne Rücksicht seine Lust befriedigt. Bakur darüber eifersüchtig erhob sich um sie ihm zu entreissen. Aber Trdat sprang auf, benutzte eine Blumenvase als Waffe und trieb die Gäste aus dem Zimmer. Da konnte man einen neuen Odysseus sehen, der die Freier der Penelope vertrieb, oder auch den Streit der Lapithen und der Centauren auf der Hochzeit des Pirithous. Als er nach Hause gekommen war, stieg er sofort mit der Concubine zu Pferd und ritt nach Sper. Es wäre überflüssig für mich diese That des leidenschaftlichen Mannes in der Erzählung zu verfolgen.

Wisse aber, dass, als das Volk der Bagratunier das Gesetz der Väter verlassen hatte, es sofort auch barbarische Namen aufnahm, Biurat, Sembat und derartige Benennungen, nach Aufgabe der alten Namen, deren sie sich vor Ablegung derselben bedienten, wie Bagadia, Tubia, Senekhia, Asud, Saphatia, Wasaria, Enanos. Mir scheint auch Bagarat, wovon ihre jetzige Benennung Bagratunier kommt, Eins zu sein mit Bagadia und Asud mit Aschot, ebenso Wasaria mit Waros, Schambat mit Sembat.

64.

Tigran der letzte seines Namens und seine Thaten.

Es folgt dem Tiran sein Bruder Tigran, der letzte dieses Namens, und gelangt zur Regierung über Armenien im 24. Jahre des Perserkönigs Peros und stirbt im Alter von 42 Jahren. Er hat keine der Erwähnung würdige That aufzuweisen, doch ist er von einem Mädchen aus Griechenland ins Gefängniss geworfen worden zur Zeit, da der römische Kaiser Titus II., der Antoninus Augustus genannt wurde, starb und Peros, der König der Perser, einen Einfall ins römische Gebiet machte, woher er auch Peros d. h. Sieger[1]) genannt wurde; denn er hiess früher Walegesos in der griechischen Sprache; wie die Perser ihn früher nannten, weiss ich nicht.

Zur Zeit des Einfalles des Peros in Assyrien, ins Gebiet von Palästina, machte unser Tigran seinetwegen und auf seinen Befehl auch einen Einfall in die mittleren Länder und wurde ins Gefängniss geworfen von einem Mädchen, welches jene Gegenden beherrschte, während der Cäsar Lucinius zu Athen die Tempel erbaute. Dieser zog nach dem Tode des Peros mit vielen Truppen nach den mittleren Ländern, unterwarf Armenien, befreite den Tigran und gab ihm die Rufa, seine Verwandte, zur Ehe. Tigran nach Armenien gekommen verstösst dieselbe und bildet aus den vier Söhnen, die er von ihr hat, ein Geschlecht, nach dem Namen ihrer Mutter Rufa das rufische genannt; er macht den ersten seiner Söhne zum Haupte der Familie und ordnet diese unter die andern Satrapengeschlechter ein, damit sie sich nicht Arschakunier nennen sollte.

Tigran ordnet aber auch das jüngste Volk hier und im Gebiete von Kordscheïkh, Alle nämlich, welche unter Truppentheilen sich befanden, ohne zu einem Volke geeinigt zu sein, aber durch ihre Persönlichkeit auffallend waren und für Tigrans Befreiung gegen die Griechen gekämpft hatten, sowohl die von Kordscheïkh als auch die aus unserer Gegend — ich meine

---

[1]) Persisch: parvis.

nämlich, aus unsern ersten Nachbarn den Wedscheniern und den Nachkommen Haiks — und auch Einige aus der Fremde. Diese werde ich nicht mit Namen anführen, weil er mir nicht bekannt ist, dann, um der Mühe willen, indem ich so der Arbeit ausweiche, und drittens, weil die Unsicherheit vieler den Gedanken nahe legt, sie bloss im Ganzen und Grossen einzuführen. Ich werde daher auch über das Volk, welches Tigran, der letzte seines Namens, geordnet hat, obgleich du mich vielfach darum angehen möchtest, Nichts sagen, als nur das Letzte, was ich sicher weiss. Soweit es mir nämlich möglich war, habe ich überflüssige und hochtrabende Worte, Alles was für Unsicherheit und Reflexion gelten konnte, vermieden, indem ich nur dem Rechten und Wahren, das von anders woher oder von meiner Seite herrührt, nachgegangen bin. Indem ich dasselbe hier thue, halte ich den Lauf der Erzählung von dem nicht Passenden und von Allem fern, was unsichere Meinungen einzuführen gestattet. Ich bitte dich hier, wie schon öfters, mich nicht zu Ueberflüssigem zu zwingen und meine mit wenigen oder vielen Worten grosse und ganz sichere Arbeit zu einem schlechten und überflüssigen Werke zu machen; denn es bringt für dich und mich dieselbe Gefahr.

65.

Regierung des Wagharsch, Erbauung der Stadt Basean, Umgebung der neuen Stadt mit einer Mauer, sein Krieg gegen die Chasiren und sein Tod.

Nach dem Tode Tigrans wird König dessen Sohn Wagharsch im 32. Jahre des gleichnamigen Perserkönigs Wagharsch. Dieser erbaut eine grosse Stadt an dem Orte seiner Geburt an dem gleich zu nennenden Wege. Seine Mutter nämlich, auf der Reise nach dem Winteraufenthalte in der Provinz Ararat plötzlich von Schmerzen während des Gehens ergriffen, gebar ihn auf dem Wege im Kantone Basean an dem Orte, wo der Murts und Erasch zusammenfliessen. Jene Stadt erbaute er nach seinem Namen und nannte sie Wagharschavan; er umgab sie mit Mauern ebenso auch die starke Burg des Wardges am

Flusse Khasach. Hierüber heisst es in der Fabel: Wardges ging noch jung hinweg aus dem Kantone Tuhikh am Flusse Khasach und liess sich nieder auf dem Hügel Schresch bei der Stadt Artimed am Khasach, um den Palast des Königs Erovand mit Sculpturen zu versehen. Dieser Erovand I. lebte kurze Zeit und stammte ab von Haik. Wardges, der dessen Schwester geheirathet hatte, erbaute jene Burg, in welcher Tigran II. aus dem Geschlechte der Arschakunier die Masse der ersten jüdischen Gefangenen ansiedelte und welche eine Handelsstadt wurde. Eben diese Stadt umgab Wagharsch mit einer Mauer und starken Festung und nannte sie Wagharschapat, auch Neustadt.

Wagharsch starb nach einer Regierung von 20 Jahren; während die Andern bloss gelebt haben, sage ich, dass er auch nach seinem Tode gelebt hat wegen seines Namens, der besser war als der der sehr weichlichen Könige. In seinen Tagen nämlich vereinigen sich die nördlichen Völkerschaften der Chasiren und Basilier und kommen über das Thor von Dschora hinaus unter ihrem Führer und Könige Wnasep Surhap und werden hier am Flusse Kur zurückgeschlagen. Wagharsch marschirt ihnen entgegen mit grossem Tross und Heere, wirft zerstreut über die Oberfläche der Ebene eine Menge als Leichen und kommt weithin sie verfolgend durch die Engpässe von Dschora, wo die Feinde sich wieder vereinigten und in Schlachtreihe aufstellten. Obgleich die tapfern Armenier sie vertrieben und in die Flucht schlugen, starb doch Wagharsch durch rüstige Bogenschützen.

Die Regierung übernimmt sein Sohn Chosrow im dritten Jahre des Perserkönigs Artavan. Dieser zieht sofort die armenischen Truppen zusammen, überschreitet den grossen Berg, um Rache zu nehmen für den Tod seines Vaters, vertreibt mit Schwert und Lanze die tapfern Völker, nimmt den hundertsten Theil aller brauchbaren Dinge als Beute und errichtet als Zeichen seiner Herrschaft eine Säule mit einer griechischen Inschrift, damit offenbar werde, dass das Land unter römischer Herrschaft stehe.

66.

Woher diese Erzählung?

Dieses erzählt uns Bardadsan aus Edessa. Dieser lebte nämlich als Geschichtsschreiber zur Zeit des Antoninus, des letzten dieses Namens. Er war zuerst Anhänger der Sekte der Valentinianer, die er aber später verliess und bekämpfte; ohne zur Wahrheit zu gelangen, aber doch getrennt von jenen rief er selbst eine andere Sekte ins Leben. Jedoch die Erzählung hat er nicht gefälscht; denn er war ein des Wortes mächtiger Mann; er wagte es auch an Antoninus einen Brief zu schreiben und sprach Viel gegen die Sekte der Marcioniten, gegen die Annahme des Fatums und gegen den Götterkult in unserm Lande.

So kam er hierher, um möglicher Weise Einige von den ungebildeten Heiden zu Schülern zu machen. Da er aber nicht aufgenommen wurde, ging er in die Festung Ani und las die Tempelerzählungen und darin auch die Thaten der Könige, wobei er hinzufügte, was zu seiner Zeit geschah, und übersetzte Alles in die assyrische Sprache. Darin erzählt er nach den Tempelgeheimnissen, dass Tigran der letzte dieses Namens, der König von Armenien, da er das Grabmal seines Bruders Maschan, des Oberpriesters in der Götzenstadt im Kantone Bagrevand ehren wollte, einen Altar über dem Grabmale erbaute, damit alle Reisenden an dem Opfer sich ergötzten und die Fremdlinge in die Herbergen aufgenommen würden. Nach ihm ordnete Wagharsch ein allgemeines Fest an im Anfange des neuen Jahres, im Eingange des Monats Navasard. Aus dieser Erzählung habe ich geschöpft und dir Alles von der Regierung des Artavast an bis zur Errichtung der Säule des Chosrow wiederholt.

67.

Wie Agathangelos in Kürze erzählt hat.

Wie ich gesagt habe, übernimmt von Wagharsch die Regierung dessen Sohn Chosrow, der Vater des heiligen und grossen Trdat. In Betreff seiner und seiner Verwandten erzählt

ganz kurz im Vorbeigehen der fleissige Sekretär Trdats Agathangelos Weniges aus dem Vielen, nämlich den Tod des Perserkönigs Artavan, die Besitznahme des Partherthrones durch Artaschir, den Sohn Sasans, die Unterwerfung der Perser unter
dessen Scepter, die Rache des Chosrow, des Vaters Trdats, und
die Verwüstung des persischen und assyrischen Gebietes durch
einen bewaffneten Einfall. Darnach führt er an, dass Chosrow
in sein Vaterland ins Gebiet der Khuschanier schickte, dass
seine Verwandten ihm zu Hilfe kämen und dem Artaschir sich
entgegenstellten. Aber diese, sagt er, hatten kein Ohr dafür;
denn sie standen viel lieber unter der Herrschaft des Artaschir,
als unter der ihres Verwandten und Bruders. Daher nimmt
Chosrow ohne sie Rache; damit sich tragend, sagt er, raubte
er zehn Jahre hindurch ohne Unterlass der Art, dass er das
ganze Land bis zum vollen Ruine brachte. Er erzählt dann die
hinterlistige Ankunft Anaks, der durch Versprechungen von Artaschir angelockt war, der ihm sagte: Ich werde dir die ange-
borne, ehrenvolle, dir zugehörige Würde eines Pahlav wieder-
geben und dich mit einer Krone schmücken; daher stimmt Anak
zu und tödtet den Chosrow.

Obgleich Agathangelos Jenes auf diese Weise kurz durch-
geht, so bin ich doch dafür, die Erzählung der Ereignisse dieser
Periode ausführlicher und ausgedehnter zu geben, indem ich von
Anfang an erzähle und zwar mit wahren, vollen und dicken
Worten.

68.

*Die königlichen Geschlechter, von denen die parthischen Familien
ausgegangen sind.*

Die heilige Schrift lässt Abraham den 21. Patriarchen von
Adam an sein und das Volk der Parther von ihm abstammen;
denn sie sagt: Nach dem Tode Saras nahm Abraham die Khe-
tura zur Frau; von ihr wurden geboren Emran und seine Brüder,
welche Abraham zu seinen Lebzeiten von Isaak trennte, indem
er sie nach Osten sandte. Von ihnen ist das Volk der Parther
entsprossen, und von diesen der tapfere Arschak, welcher nach

seinem Abfalle von den Mazedoniern über das Land der Khuschanier 31 Jahre herrschte; nach ihm regierte sein Sohn Artasches 26 Jahre; dessen Sohn Arschak, genannt der Grosse,
welcher den Antiochus tödtete, setzte seinen Bruder Wagharschak
zum Könige der Armenier ein, indem er ihn zum Zweiten nach
sich machte. Er selbst begab sich nach Bahl und befestigte
seine Herrschaft 53 Jahre lang. Nach Bahl wurden seine Nachkommen Pahlav, wie auch die seines Bruders Wagharschak
nach dem Namen ihres Ahnen Arschakunier genannt. Die Pahlavischen Könige sind diese: Nach Arschak dem Grossen übernimmt die Regierung Arschakan im 13. Jahre des armenischen
Königs Wagharschak und regirt 30 Jahre lang, dann Arschanak 31,
nach ihm Arsches 20, dann Arschavir 46 Jahre. Dieser hatte
drei Söhne, wie ich früher gesagt habe; mit Namen hiess der
älteste ‚Artasches,‘ der zweite ‚Karen,‘ der dritte ‚Suren‘ und
die Schwester derselben ‚Koschem‘.

Nach dem Tode des Vaters wollte Artasches persönlich und
in seiner Nachkommenschaft über seine Brüder herrschen. Die
Brüder gingen darauf ein, weniger durch Ueberredung und
Täuschung, als durch Gewalt bezwungen. Abgar brachte einen
eidlich bekräftigten Vertrag zu Stande, dass Artasches mit seinen
Nachkommen König sein, dass aber, wenn seine Nachkommenschaft erloschen wäre, seine Brüder nach der Ordnung der
Würde zur Herrschaft gelangen sollten. Nachdem Artasches
das von ihnen erlangt hat, schenkt er ihnen Kantone mit der
Bestimmung, dass sie ihr Geschlecht fortpflanzen sollten Jeder
nach seinem Namen, und stellt ihre Satrapien über alle andern,
wobei er den ursprünglichen Namen des Geschlechtes bewahrt,
so dass sie jetzt heissen: Karen Pahlav, Suren Pahlav und das
der Schwester Aspahapet Pahlav (General Pahlav); denn ihr
Mann war General der Truppen. In dieser Ordnung hielten
sie sich viele Jahre, bis die Herrschaft ihnen benommen
wurde.

Aber tadle mich hier nicht als Einen, der zu viel thut, mit
der Beschuldigung, dass ich das einmal Gesagte wiederholt
habe, sondern wisse, dass ich durch Wiederholung dieses erneuert

habe, da ich gerne in Bezug auf die Volksangehörigen unseres Erleuchters für den Leser wortreich sein will.

69.
Die Linie des Perserkönigs Artasches bis zu ihrem Erlöschen.

Jetzt will ich die Zahl der Könige aus der Linie des Artasches bis zur Wegnahme der Herrschaft von ihr durchgehen. Nach Arschavir regierte, wie ich gesagt habe, Artasches 34, Dareh 30, Arschak 19, Artasches 20, Peros 34, Wagharsch 50, Artavan 31 Jahre. Nachdem diesen Artaschir von Stahr, der Sohn Sasans, getödtet hatte, bemächtigte er sich des Thrones der Parther und entriss ihnen das angeerbte Gebiet.

Die Zahl der Schriftsteller dieser Periode ist bei den Persern, Assyriern und Griechen gross; denn von Anfang ihrer Herrschaft an hatten die Parther mit den Römern zu schaffen, bald durch Unterwerfung, bald durch Krieg, wie Palephatus, Porphyrius, Philemon und viele Andere erzählen. Ich werde aber nach dem Buche des Barsuma erzählen, welches Chorohbut herbeigebracht hat.

70.
Die Fabeln über die Pahlav.

Jener Chorohbut war Schreiber des Perserkönigs Schapuh und fiel in die Hände der Griechen, als Julian, genannt Paravatos (παράβατος) mit einem Heere nach Tisbon kam. Nach dem Tode Julians kam er unter Jovian in Griechenland unter die Zahl der königlichen Officiere; bekannte sich dann zu unserer Religion und wurde Eliasar genannt. Nach Erlernung der griechischen Sprache schrieb er die Thaten Schapuhs und Julians und übersetzte ein Buch Geschichte der früheren Zeit, das von seinem Mitgefangenen einem gewissen Barsuma, den die Perser Rastsohun nennen, verfasst war. Was ich hieraus gelernt habe, wiederhole ich in diesem Buche, wobei ich die Schwätzereien ihrer Fabeln bei Seite lasse; denn es wäre von meiner Seite nicht am Platze, hier zu wiederholen die Fabeln von dem sinnlichen Traume und dem absurden Feuerfaden, der von Sasan

ausging, und dessen Kreis um die Herde, das Leuchten des
Mondes, die Voraussagung der Astrologen d. h. der Magier und
das Uebrige, nämlich den ehebrecherischen und mörderischen
Plan Artaschirs, die thörichten Reden der Tochter des Magiers
über einen Ziegenbock und alles Andere, ebenso auch die
Säugung des Knaben durch eine Ziege unter dem Schatten
eines Adlers, die Prophezeiung eines Raben, die Wache eines
prächtigen Löwen zugleich mit der Dienstleistung eines Wolfes,
die Tapferkeit im Einzelkampfe und was sonst noch den Charakter der Allegorie an sich trägt. Ich werde nur das Wahre
anführen, dasjenige, was die wahre Geschichte bezeugt.

71.

*Erster Einfall Chosrows in Assyrien, womit er dem Artavan
zu helfen glaubte.*

Nach Ermordung Artavans und der Thronbesteigung des
Artaschir, des Sohnes Sasans, waren zwei pahlavische Linien,
die aspahapetische und surenische, da sie neidisch waren gegen
den regierenden Zweig ihres eigenen Geschlechtes, den des
Artasches, mit der Thronbesteigung des Artaschir, des Sohnes
Sasans, wohl zufrieden. Da aber das Haus Karen Pahlav die
Treue gegen seinen Bruder und Geschlechtsangehörigen bewahrte,
widersetzte es sich in einem Kriege dem Artaschir, dem Sohne
Sasans. Sofort als Chosrow, der König der Armenier, die
Nachricht von der eingetretenen Verwirrung gehört hatte, war
er dem Artavan zu Hilfe herbeigeeilt, um sich zu bemühen, den
Artavan wo möglich zu retten. Aber bei seinem Eintritte in
Assyrien hört er die Trauernachricht vom Tode Artavans und
die Vereinigung aller Heere der Perser und Satrapen und auch
des eigenen Volkes desselben, der Parther und Pahlav, mit
Ausnahme der karenischen Linie. An diese schickte er Boten
und kehrte mit grosser Trauer und Schmerz in sein Land
zurück. Sofort benachrichtigt er mit aller Eile den römischen
Kaiser Philippus, wobei er von ihm Hilfe verlangt.

72.

Chosrow erlangt Hilfe von Philippus und überzieht den Artaschir mit Krieg.

Da grosse Verwirrung im Reiche des Philippus herrschte, konnte er die römischen Truppen zur Unterstützung des Chosrow nicht verwenden. Aber er unterstützt ihn durch einen Brief, indem er allen Provinzen ihm zu helfen befiehlt. Da diese den Befehl annehmen, kommt man ihm zu Hilfe von Egypten und der Wüste an bis zum Ufer des Pontus. Mit dieser Menge marschirt er gegen Artaschir, liefert ihm eine Schlacht und schlägt ihn in die Flucht, wobei er ihm Assyrien und andere Gebiete des Reiches abnimmt.

Er schickt wieder Boten zu seinem verwandten parthischen und pahlavischen Geschlechte und an alle Truppen des Landes der Khuschanier, dass sie zu ihm kommen und Rache an Artaschir nehmen sollten, und versichert, er werde den Würdigsten von ihnen zum Könige machen, damit die Herrschaft von ihnen selbst nicht mehr entfernt werde. Da sie jedoch darauf nicht eingehen d. h. die vorgenannten Zweige, der aspahapetische und surenische, kehrt Chosrow in unser Land zurück, nicht so sehr erfreut über den Sieg, als unwillig über den Abfall seiner Verwandten. Zu derselben Zeit kommen zu ihm Einige von seinen Gesandten, welche zu dem edelsten Volke, in das tiefste Land, nach Bahl selbst gegangen waren, und bringen ihm die Nachricht: Dein Verwandter Wehsadschan hat sich mit seiner Linie, dem karenischen Pahlav, dem Artaschir nicht unterworfen, sondern kommt zu dir, auf deinen Ruf herbeieilend.

73.

Erneuerter Angriff Chosrows auf Artaschir ohne Hilfe der Römer.

Obgleich Chosrow sich über die Nachricht von der Ankunft seiner Verwandten sehr freute, so war die Freude doch nicht dauernd, da bald die Botschaft ankam, dass Artaschir selbst mit vereinigten Truppen zu ihrer Verfolgung sich aufgemacht und die ganze Linie Karen Pahlav durch Ermordung alles Männlichen von den Jünglingen an bis zu den Säuglingen vernichtet habe mit Ausnahme eines Knaben, den ein Freund seines Hauses, Namens Burs, zu sich genommen und ins Land der Khuschanier geflüchtet hatte, wo er ihn zu seinen Verwandten brachte. Obgleich Artaschir mit aller Mühe den Knaben in seine Gewalt zu bekommen suchte, so richtete er doch bei den dem Knaben günstig gesinnten Verwandten Nichts aus, so lange er nicht schwören wollte, dass der Knabe bei ihm sicher sei; daher haben die Perser Tausende von Fabeln über ihn erfunden, unter andern auch, dass unvernünftige Thiere dem Knaben gedient hätten. Dieser Knabe ist Perosamat, der Ahne des grossen Geschlechtes der Kamsarier, von welchem ich am gehörigen Orte erzählen werde.

Jetzt will ich erzählen, was sich ereignet hat nach der Ermordung des Geschlechtes Karen Pahlav, wofür Chosrow, der König der Armenier, eine nicht leichte Rache suchte. Obgleich man nämlich, da Philippus gestorben und das römische Reich in Verwirrung gerathen war, insofern die Kaiser Decius, Gallus und Valerianus der Reihe nach die Herrschaft kurze Zeit inne hatten, dem Chosrow keine Hilfe brachte, so besiegte er doch mit seinen Truppen und andern Freunden, die sich ihm ange-schlossen hatten, und mit den nördlichen Völkern den Artaschir und verfolgte ihn bis nach Indien.

74.

Ankunft Anaks; Geburt des heiligen Gregorius.

Artaschir von Chosrow bis nach Indien getrieben und sehr in Noth macht den Satrapen viele Versprechungen, wenn Einer ihn von diesem befreie, sei es durch Giftmittel oder durch heimliche Ermordung durch das Schwert, und versprach verschiedene Geschenke zu geben. Besonders den Parthern, sagt er, ist es wohl sehr leicht, durch falsche Freundschaft ihn zu täuschen, auf den trügerischen Namen der Verwandtschaft hin vertraut er sich ihnen an. Er versprach ihnen ihr angestammtes Haus, welches Pahlav genannt wurde, die königliche Stadt Bahl und

das ganze Gebiet der Khuschanier wiederzugeben; er versprach
ihnen auch Form und Glanz des Königthums, die Hälfte der
Arier und die zweite Stelle unter seiner Oberhoheit: Anak, aus
der Linie Suren Pahlav, dadurch angelockt, nimmt es auf sich
den Chosrow zu tödten. Unter dem Vorwande des Bruches mit
Artaschir flieht er von diesem weg; die persischen Tuppen hinter
ihm her unter dem Vorwande, ihn flüchtig nach Assyrien zu
treiben, kommen an die Grenze von Atrpatakan mitten ins Gebiet von Kortukh. Als Chosrow im Kantone Uti davon hört,
hält er es für die Ankunft der Karenier und schickt dem Anak
ein Heer zu Hilfe. Dieses trifft den Anak und bringt ihn auf
Befehl des Königs in den Kanton Artas, einen Ort von grosser
Ausdehnung, wo die Ueberreste des heiligen und grossen Apostels
Thaddäus entdeckt worden sind.

Hier führe ich die wunderbare Erzählung eines Greisen an,
der sagte: „Von meinen Ahnen her kenne ich die Gewohnheit,
dass der Sohn vom Vater die Ueberlieferung solcher Erzählungen
empfängt, wie der des Olympiodor über Taron und den Sim
genannten Berg. Als Anak in der Ebene Artas wohnt, befindet
sich sein Wohnort gerade neben dem Grabe des heiligen Apostels,
welches im tiefsten Winkel einer Höhle war; dort, sagt man,
hat die Mutter des heiligen und grossen Erleuchters ihn empfangen; desshalb hat auch die ihm zu Theil gewordene Gnade
dieses Apostels, neben dessen Grabe er sein Dasein erhielt, den
Mangel seiner geistigen Bildung ersetzt."

Nach Verlauf von zwei Jahren seit der Ankunft Anaks in
Armenien tödtet dieser im dritten Jahre den Chosrow, welcher
48 Jahre regiert hatte. Dann stirbt er selbst und alle die
Seinigen, indem die göttliche Fürsehung den allein bewahrt,
den ich durch die Zeichen Gottes und die Gnade des Apostels
im Schoosse seiner Mutter gebildet oder erleuchtet nenne, in so
fern Gott ihm die Gnade des Apostolates in die Hände legte.
Das Uebrige der Erzählung lehrt dich Agathangelos.

75.

Firmilian, Bischof von Cäsarea in Kappadocien, und seine Erzählungen.

Firmilian, Bischof von Cäsarea in Kappadocien, war bewunderungswürdig durch seine Lernbegierde, die er, in seiner Jugend zu Origenes gekommen, befriedigte. Er schrieb viele Bücher, darunter eine Geschichte der Verfolgungen der Kirche, welche zuerst in den Tagen des Maximian und Decius und später in den Jahren des Diocletian ausbrachen, und flochte in dieselbe die Thaten der Könige ein. In demselben Buche sagt er, der sechszehnte Bischof von Alexandrien Petrus habe im neunten Jahre der Verfolgungen das Blutzeugniss abgelegt, und zählt Viele auf, die durch Chosrow in unserm Lande, dann auch Andere, die nach diesen durch Andere Blutzeugen geworden sind. Da er aber nicht mit Wahrheit und Ordnung erzählt, die Namen der Martyrer und den Ort ihrer Vollendung nicht angibt, habe ich es nicht für sehr nöthig gehalten, seine Aussagen zu wiederholen, ebenso auch das, was er über Antonius, den Sohn des Severus, sagt, dass er nämlich gegen den Perserkönig Wagharschak in Mesopotamien Krieg geführt habe und zwischen Edessa und Charan gestorben sei, während unser Chosrow neutral geblieben sei.

Was er aber vom Tode des Chosrow an bis zum Regierungsantritte Trdats in der Zeit der Anarchie erzählt, wiederhole ich hier mit kurzen Worten, da ich es für wahr halte. Auch in dem, was er aus der Zeit Trdats und darnach erzählt, hat er nicht durch Leichtsinn und Unüberlegtheit gefehlt und das Werk nicht freiwillig fehlerhaft zusammengeschrieben, sondern Alles nach den Berichten der griechischen Bücher controllirt. Das Uebrige, welches aus den Nachrichten weiser und des Alterthums kundiger Männer wahrheitsgetreu bekannt worden ist, habe ich dir genau erzählt.

76.

Einfall Artaschirs in unser Land, sein Sieg über den Kaiser Tacitus.

Derselbe Mann sagt, dass nach der Ermordung des Chosrow die Satrapen von Armenien sich vereinigten und die griechischen Truppen, welche in Phrygien standen, zu ihrer Unterstützung herbeibrachten, um den Persern Widerstand zu leisten und das Land zu bewachen. Sofort benachrichtigten sie den Kaiser Valerian. Weil aber Truppen die Donau überschritten, viele Kantone gefangen nahmen und die Cycladen beraubten, kam Valerian nicht zur Zeit an, um unser Land zu schützen; er lebte auch nicht mehr lange. Das Reich übernahm von ihm Claudius und nach diesem Aurelian, die schnell auf einander folgten; in wenigen Monaten herrschten dann die Brüder Quintus, Tacitus und Florian. Desshalb verfolgt uns Artaschir ganz ungehindert, schlägt die griechischen Truppen in die Flucht, führt gefangen und ̠nimmt als Beute einen grossen Theil des Landes. Die armenischen Satrapen vor ihm fliehend nahmen mit dem Geschlechte der Arschakunier ihre Zuflucht nach Griechenland. Einer von ihnen ist Artavast, ein Mandakunier, welcher den Sohn Chorows den Trdat nimmt und an den Hof des Kaisers bringt. Dadurch gezwungen marschirt Tacitus dem Artaschir entgegen ins Gebiet des Pontus und schickt seinen Bruder Florian mit einem andern Heere nach Cicilien. Artaschir trifft den Tacitus und schlägt ihn in die Flucht; Tacitus wird von den Seinigen in Dschaniukh im Pontus d. h. in Chaldäa ermordet, ebenso sein Bruder Florian 88 Tage später in Tarsus.

77.

Friede zwischen den Persern und Griechen; Artaschir bebaut das Land in der Zeit der Anarchie.

In Griechenland regiert Probus; nachdem er mit Artaschir Frieden geschlossen, theilt er das Land ab, indem er Gräben als Grenzscheiden zieht. Artaschir unterwirft den Satrapenstand, führt die Entflohenen zurück und lässt die Befestigten aus den

Festungen herabsteigen mit Ausnahme eines Satrapen Namens
Ota aus dem Hause der Amatunier, der mit dem Geschlechte
der Seghkunier durch Heirath verbunden und der Nährvater der
Chosrowiducht, der Tochter Chosrows, war. Er hatte sich in
der Festung Ani verschanzt, wie in einer Thierhöhle zur Ruhe
verborgen.

Artaschir organisirte Armenien auf schöne Weise und stellte
es an die erste Stelle.· Er setzt auch die Arschakunier, die von
ihrem Throne und aus ihrem Wohnsitze Ararat vertrieben worden waren, wieder in ihre Stelle ein mit den früheren Einkünften
und Gehältern. Auch vermehrt er noch den Tempeldienst und
befiehlt das Feuer des Ormist, welches auf dem Altar in Bagavan
war, ohne Erlöschen leuchten zu lassen. Die Statuen, welche
Wagarschak als die Bilder seiner Ahnen mit denen der Sonne
und des Mondes in Armavir aufgestellt hatte, und welche nach
Bagaran und dann wieder nach Artaschat gebracht worden
waren, zerschlägt Artaschir alle und unterwirft das Land durch
ein Edikt seiner Oberhoheit und befestigt überhaupt seine Auctorität. Er erneuerte auch die von Artasches durch Einsetzung
von Steinen in die Erde befestigten Grenzzeichen und nannte
sie durch Uebertragung derselben auf seinen Namen „die arta-
schirischen." Er hatte unser Land wie eins von den seinigen
mit persischen Commissären 26 Jahre lang inne, und nach ihm
sein Sohn, welcher Schapuh, d. h. Königssohn, heisst, noch ein
Jahr bis zur Regierung Trdats.

78.

Ermordung des Geschlechtes der Mandakunier durch Artaschir.

Artaschir hatte gehört, dass einer der armenischen Satrapen
einen Sohn des Chosrow genommen und durch die Flucht gerettet hat. Als er nachforschte, wer denn jener sei, erfuhr er,
dass es Artavast aus dem Geschlechte der Mandakunier sei; er
befahl darauf, das ganze Geschlecht mit Gewalt zu vernichten.
Als nämlich die Armenier sich von Artaschir entfernen, verlassen
auch jene ihn mit den andern satrapischen Geschlechtern, und
als Artaschir die andern unterworfen hat, kehren auch sie zurück

und werden alle durchs Schwert getödtet; nur ein Mädchen mit schönem Angesichte, eine Schwester des Artavast, wurde von einem gewissen Tadschat, welcher zum Geschlechte Aschots ge-- hörte, aus der Nachkommenschaft des Haikanen Guschar, hinweggenommen, durch die Flucht nach Cäsarea gerettet und mit ihm wegen ihrer schönen Gestalt verheirathet.

79.

Grossthaten Trdats in den Jahren der armenischen Anarchie.

Der Schriftsteller erzählt von den Grossthaten Trdats, dass er in seiner ersten Jugend gerne zu Pferde stieg, stark ritt, die Waffen geschickt handhabte, die andern Kriegsspiele erlernte und gemäss eines Tempelbefehles der peloponnesischen Pythia den Clitostratus von Rhodus, der allein durch Packen am Halse siegte, ebenso auch. den Cerasus von Argos im Wettkampfe überwand. Dieser riss nämlich den Huf eines Ochsen ab, Trdat aber ergriff mit einer Hand zwei wilde Stiere bei den Hörnern und riss sie durch eine Umdrehung aus. Als er einen Wagen zum grossen Pferdewettrennen führen wollte, wurde er durch die Geschicklichkeit des Gegners in die Luft geworfen und fiel auf die Erde, hielt aber mit der Faust den Wagen auf, worüber Alle erstaunten. Im Kriege des Probus gegen die Gothen trat eine heftige Hungersnoth ein. Da keine Vorräthe mehr aufzufinden waren, empörten sich die Soldaten und tödteten den Probus und stürmten ebenso auf alle Fürsten los. Jedoch Trdat stellte sich entgegen und liess Keinen in das Zelt des Licinius eintreten, bei welchem er sich selbst befand.

Carus gelangte mit seinen Söhnen Carinus und Numerianus zur Regierung; nach Versammlung der Truppen griff er den Perserkönig an und kehrte als Sieger nach Rom zurück. Als nun Artaschir viele Völker zu seiner Unterstützung erworben und auch die Bewohner der Wüste Tadschkastan um Hilfe gebeten hatte, griff er von Neuem die römischen Truppen von beiden Seiten des Euphrat an, wobei Carus in Rinon getödtet wurde. Ebenso wurden Carinus, welcher gegen Kornak marschirte und bei dem Trdat sich befand, und seine Truppen

getödtet und die Uebrigen in die Flucht geschlagen. Als hierbei
das Pferd Trdats verwundet worden war, kam er auf der Flucht
nicht voran, nahm aber seine Waffen und die Rüstung des
Pferdes und schwamm über den breiten und tiefen Euphrat zu
seinen Truppen, bei denen Licinius sich befand. In denselben
Tagen wurde auch Numerianus in Thrazien getödtet, und es
folgte ihm auf dem Throne Diocletian. Die Ereignisse seiner
Zeit legt dir Agathangelos dar.

80.

*Kurze Schilderung der Geburt und des Lebens Gregors und
seiner Söhne nach einem Briefe des Bischofs Artithes bezüglich einer Frage des Einsiedlers Markus an Hagrodschan.*

Ein Perser, der nicht zu den Kleinen und Unbekannten
gehörte, Namens Burdar, zog aus Persien weg, kam ins Gebiet
der Gamiren und wanderte nach Cäsarea. Nachdem er eine
Frau aus den Gläubigen genommen hatte, Namens Sophia, die
Schwester eines Grossen Namens Euthalius, begab er sich wieder
von dort mit seiner Frau nach Persien. Allein sein Schwager
Euthalius ging ihm nach und hielt ihn durch Ueberredung zurück.
Dort tritt nun die Geburt unsers Erleuchters ein, und findet sich
durch Zufall eine Amme für den Knaben. Nach Eintritt der
Katastrophe nahm Euthalius seine Schwester und ihren Mann
mit dem Knaben und kehrte nach Kappadocien zurück. Alles
dies thut, wie mein Verstand mir sagen will, die Vorsehung
Gottes um des Weges zu unserm Erlöser willen; und wenn nicht,
mit welcher Hoffnung hat man dann den pahlavischen Knaben
der Macht der Römer entrissen und im christlichen Glauben
erzogen?

Als der Knabe ins reife Alter gekommen ist, verheirathet
ein gläubiger Mann Namens David ihn mit seiner Tochter Maria.
Nach der Geburt zweier Söhne in drei Jahren trennen sie sich
freiwillig von einander. Maria zog sich mit dem jüngsten Knaben
in ein Frauenkloster zurück und nahm den Schleier. Als ihr
Knabe ins reife Alter gekommen ist, geht er zu einem Einsiedler
Namens Nikomachus; dieser schickt ihn in die Wüste. Der

ältere Knabe, der bei den Erziehern geblieben war und als Laie lebte, verheirathete sich. Ihr Vater Gregor ging zu Trdat, um die väterlichen Schulden zu bezahlen oder, wie man in Wahrheit sagen muss, um das Amt des Apostolates und des Priesterthums mit dem Martyrium für unser Land auszuüben. Wenn der Vater bewunderungswürdig ist, so sind die Söhne noch mehr zu bewundern; denn er suchte seine Kinder nicht auf, als er zu Trdat zurückkehrte, und sie kamen nicht zu ihm und zwar wohl aus Furcht vor Verfolgungen. Aber auch auf die Priesterwürde und den Ruhm ihres Vaters zeigten sie sich nicht stolz. Wegen seines Ruhmes blieb dieser nicht zu Cäsarea, sondern begab sich eilig nach der Stadt Sebaste und machte sich daran den Stoff seiner Belehrung zu sammeln. Während er viele Tage zu Cäsarea zubrachte, wollten seine Söhne Nichts von dem thun, was er im Herzen trug, indem sie allein für das Unendliche und Unvergängliche wachten. Sie bemühten sich nicht um Ehre, aber die Ehre folgte ihnen nach, wie Agathangelos dich belehrt.

81.

Ursprung und Charakter des Geschlechtes der Mamikonier.

Artaschir, der Sohn Sasans, hinterlässt bei seinem Tode die Herrschaft über die Perser seinem Sohne Schapuh. In dessen Tagen kam nach Armenien der Ahne des Geschlechtes der Mamikonier aus dem Nordosten, aus einem edlen und erhabenen Lande und dem ersten aller nördlichen Völker, ich meine, aus dem der Dschenier, welche diese Tradition haben: Im Todesjahre Artaschirs erschien ein gewisser Arbok mit dem Beinamen Dschenbakur, welches in ihrer Sprache „Ehre des Königreiches" bedeutet; er hatte zwei Milchbrüder, welche Beghdoch und Mamgun hiessen und grosse Satrapen waren. Da Begdoch den Mamgun verleumdet hatte, befahl Arbok, der König der Dschenier, den Mamgun zu tödten. Mamgun merkt das und erscheint nicht auf den Ruf des Königs, sondern begibt sich mit seinem Gefolge flüchtig zu dem Perserkönig Artaschir. Arbok schickt Gesandte, um seine Auslieferung zu fordern; da aber Artaschir

nicht darauf hört, überzieht ihn der König der Dschenier mit
Krieg. Da jedoch stirbt Artaschir und es gelangt Schapuh zur
Regierung.

Obgleich Schapuh den Mamgun nicht in die Hände seines
Herrn ausliefert, so lässt er ihn doch auch nicht im Lande der
Arier, sondern sendet ihn mit seinem ganzen Gefolge zu seinem
Statthalter nach Armenien und schickt zum Könige der Dschenier, indem er sagt: „Halte das nicht für böswillig gegen dich,
dass ich den Mamgun nicht deinen Händen überliefern konnte;
denn es ist ihm dies von meinem Vater beim Sonnenlichte geschworen worden. Um dich aber zu beruhigen, habe ich ihn
aus meinem Staate vertrieben an die Grenze des Landes und
nach Westen, was für ihn gleichbedeutend mit dem Tode ist;
daher wird wohl kein Krieg zwischen mir und dir entstehen.
Und da die Nation der Dschenier die ruheliebendste aller auf
der Erdoberfläche wohnender Nationen sein soll, so ist sie bereit,
Frieden zu schliessen, woraus ersichtlich ist, dass das Volk der
Dschenier in Wahrheit die Ruhe und das Leben liebt.“

Wunderbar ist das Land der Dschenier durch die Menge
aller Früchte und geschmückt mit schönen Pflanzen; es ist reich
an Safran, Pfauen und Seide und hat eine Menge Hirschböcke
und Ungeheuer und sogenannten Esel-Ziegen. Die dortigen
gewöhnlichen Lebensmittel sollen bei uns theuer und nur Wenigen
nach Geschmack sein und aus Fasanen, Schwänen und dergleichen bestehen. Die Zahl der Diamanten und Perlen der
Grossen soll man nicht kennen; die kostbarsten unserer Kleider
und solche, die nur Wenige tragen, sind bei ihnen gewöhnliche
Kleidung. So viel über das Land der Dschenier.

Als Mamgun wider Willen in unser Land kam, fiel gerade
die Ankunft Trdats; er wandte sich nicht an die persischen
Truppen, sondern begab sich mit seinem ganzen Gefolge zu
ihm mit grossen Geschenken. Trdat empfing ihn, nahm ihn
aber nicht in sein Gefolge für den Krieg gegen Persien auf,
sondern gab seinen Angehörigen einen Wohnort und Lebensmittel, indem er sie viele Jahre hindurch von Ort zu Ort verpflanzte.

82.

Grossthaten Trdats während seiner Regierung vor seiner Bekehrung.

Da es keine glaubwürdige Geschichte ohne Chronologie gibt, so habe ich darüber genaue Nachforschung angestellt und gefunden, dass Trdat im dritten Jahre Diocletians zur Regierung gelangt und mit einem grossen Heere hierher gekommen ist. Als er nach Cäsarea kam, ging der grösste Theil der Satrapen zu ihm über. In unser Land gekommen findet er den Ota, welcher seine Schwester Chosrowiducht ernährt und die Schätze in einer Festung mit grosser Ausdauer bewahrt hatte; denn er war ein gerechter, ausdauernder, enthaltsamer und kluger Mann; wenn er auch die Wahrheit über Gott nicht wusste, so kannte er doch die Falschheit der Götzen. So war auch sein Pflegekind Chosrowiducht eine bescheidene Jungfrau wie eine Nonne und hatte nicht immer den Mund offen, wie andere Weiber.

Trdat erhebt den Ota zur Würde eines Chiliarchen in Armenien und ehrt ihn mit Gnadenerweisungen, besonders auch seinen Milchbruder den Mandakunier Artavast, weil dieser für ihn die Ursache der Befreiung und Wiedererlangung der väterlichen Macht war. Daher legt er in seine Hände das Obercommando über die armenischen Truppen und macht ihm zu lieb dessen Schwager Tadschat zum Fürsten über den Kanton Aschots. Dieser ist es, welcher in der Folge seinen Schwiegervater Artavast und durch diesen den König benachrichtigte, dass Gregor der Sohn Anaks sei, und dann von den Söhnen Gregors erzählte, wie er bei seinem Aufenthalte in Cäsarea gehört hatte.

Der tapfere Trdat lieferte schnell und viele Schlachten zuerst in Armenien und dann in Persien und errang den Sieg durch seine Persönlichkeit. Einmal erhob er mehr als der Elianan des Alterthums seine Lanze zur Unterstützung einer gleichen Anzahl Verwundeter. Ein anderesmal tödteten die Helden der Perser, da sie die Stärke des Riesen und die Festigkeit seiner Rüstung erprobten, sein Pferd, indem sie es durch Pfeilschüsse mit vielen Wunden bedeckten; als es zur Erde niederstürzte, warf es den

König ab. Jedoch dieser sprang auf und warf zu Fusse kämpfend
viele Feinde todt hin, nahm das Pferd eines derselben und
schwang sich wacker hinauf. Ein anderesmal wieder freiwillig
zu Fuss warf er mit seinem Schwerte eine Truppe Elephanten
zurück. Mit derartigen Bravurstücken unterhielt er sich in
Persien und Assyrien; von dort begab er sich noch über Tisbon
hinaus.

<h2 style="text-align:center">83.</h2>

*Verehelichung Trdats mit Aschchen und Constantins mit Ma-
ximina; Art und Weise der Bekehrung Constantins.*

Trdat ins Land gekommen schickt den Ritter Sembat, den
Vater Bagarats, um die junge Aschchen, die Tochter Aschchadars,
ihm zur Frau zu holen; dieses Mädchen war um Nichts kleiner,
als der König. Er lässt sie als Arschakunierin einschreiben,
mit Purpur bekleiden und die Krone ihr aufsetzen, damit sie
Gattin des Königs werde. Von ihr wurde geboren ein Sohn
Chosrow, dessen Statur der der Eltern nicht gleich kam.

In denselben Tagen war auch zu Nikomedien die Hochzeit
der Maximina, der Tochter Diocletians, mit welcher der Sohn
des römischen Kaisers Constantius, der Cäsar Constantin, welcher
nicht von der Tochter des Maximianus, sondern von dem Kebs-
weibe Helena geboren war, sich vermählte. Dieser Constantin
war bei seiner Heirath gegen unsern König Trdat gut gesinnt.
Nach dem Tode des Constantius, der wenige Jahre nachher fiel,
schickt Diocletian als dessen Nachfolger den Sohn desselben,
Constantin, der auch sein Sohn geworden war.

Als dieser vor seinem Regierungsantritte, während er noch
Cäsar war, im Kampfe besiegt mit grosser Trauer sich niedergelegt hatte, erschien ihm im Schlafe am Himmel ein Kreuz
von Sternen, umgeben mit der Schrift: „Durch dieses siege.“
Nachdem er es zum Feldzeichen gemacht und voran hatte tragen
lassen, siegte er in den Schlachten. Nachher aber aufgestachelt
von seiner Frau Maximina, der Tochter Diocletians, verfolgte er
die Kirche und wurde, nachdem er Viele zu Blutzeugen gemacht
hatte, wegen seiner Verwegenheit vom Aussatze am ganzen

Körper befallen und entstellt. Da ihn die ariolischen Zauberer
und die marisischen Aerzte nicht heilen konnten, schickte er zu
Trdat, dass dieser ihm Zauberer aus Persien und Indien sende;
aber auch diese nützten ihm Nichts. Einige Priester befahlen
ihm auf den Rath der Götter eine Menge junger Knaben über
einem Becken zu schlachten und sich in dem warmen Blute zu
baden, um gesund zu werden. Als er aber das Weinen der
Kinder mit den Weheklagen der Mütter hörte, empfand er Mitleid und Menschenliebe, indem er mehr an das Wohl derselben
als an seine Heilung dachte. Daher empfing er Entgeltung dafür
von Gott, indem er im Traumgesichte den Befehl der Apostel
erhielt, sich zu heilen mittels der Abwaschung des lebenspen-
denden Bades durch die Hände des römischen Bischofs Silvester,
der seinen Verfolgungen durch die Flucht auf den Berg Soraktion
entgangen war. Von diesem belehrt wurde er gläubig, in Folge
dessen Gott alle Gewaltigen vor seinem Angesichte hinwegnahm,
wie dich Agathangelos in Kürze belehrt.

84.

Ermordung der Selkunier durch den Dschenier Mamgun.

Während Schapuh, der König der Perser von den Kriegen
ausruht, und Trdat nach Rom zum heiligen Constantin gegangen
ist, beschäftigt sich Schapuh mit Plänen und sinnt Böses gegen
unser Land, indem er den ganzen Norden bewegt nach Armenien zu marschiren, und bestimmt auch die Zeit seiner Ankunft mit den Ariern von der andern Seite her. Durch sein
Wort verleitet tödtet Seghuk, der Chef des Volkes der Selkunier,
seinen eigenen Schwiegersohn den alten Ota, welcher aus dem
Hause der Amatunier war und die Chosrowiducht die Schwester
des Königs gross gezogen hatte. Als aber der grosse Trdat
aus dem Westen in die Nähe gekommen ist und Alles gehört
und auch erfahren hat, dass Schapuh zur bestimmter Zeit nicht
gekommen sei, marschirt er gegen den Norden. Jedoch der
Chef der Selkunier befestigte sich in der Oghakan genannten
Festung, wobei er als Zuflucht die Bewohner des Berges Sim
hatte, widersetzte sich dem Könige, beunruhigte das Land und

liess in der Nähe des Berges keinen Andern seiner Arbeit nach
gehen. Der König spricht zu allen armenischen Satrapenhäusern:
„Wer den Chef der Selkunier zu mir bringt, dem werde ich mit
ewiger Fürstengewalt die Städte und Dörfer und alle Macht
des Volkes der Selkunier gegeben." Jenes übernahm der Dschenier Mamgun.

Als der König nach dem Gebiete der Aghovanier gegen
Norden marschirte, ging Mamgun mit seinem ganzen Gefolge
ins Gebiet von Taron, wie wenn er vom Könige abgefallen
wäre. Bei seiner Abreise schickt er flüchtige Fussgänger, um
dem Chef des Volkes der Selkunier den Marsch des Königs
nach dem Gebiete der Aghovanier anzuzeigen. „Die Gefahr,
sagt er, ist gross für den König Trdat; desshalb ist er nach
dem Gebiete der Aghovanier gegangen, um gegen alle Bergbewohner Krieg zu führen; daher ist auch die Zeit für uns passend
zu denken und zu thun, was wir wollen. Ich habe nämlich den
Plan gefasst, mich mit dir zu verbinden wegen der Unbilden,
die ich von Seiten des Königs zu ertragen habe." Der Chef
der Selkunier darüber erfreut nimmt ihn auf mit eidlich bekräf-
tigtem Bündnisse, lässt ihn aber nicht in die Festung, bis er
gesehen hat, wie er dem Eide und der Vereinbarung Treue bewahrt. Der genannte Mamgun strengte sich aber an, Freundschaft gegen den Rebellen zu zeigen, und war ihm so treu, wie
ein wirklich aufrichtiger Bundesgenosse, bis er ihn frei in der
Festung ein und ausgehen liess.

Nach langer Sicherheit bestimmt er eines Tages den Chef
des Volkes der Selkunier aus der Festung herauszugehen und
wilde Thiere zu jagen. Während der Jagd schiesst er ihm
einen Pfeil mitten in den Rücken und streckt den Rebellen zu
Boden. Mit seiner Mannschaft an's Thor der Festung gekommen
nimmt er die Citadelle ein und fesselt alle Männer, die sich
darin befanden. Er fasste den Plan das Volk der Selkunier
aus dem Wege zu räumen und ermordete sie alle; nur zwei
von ihnen warfen sich flüchtig ins Land Dseph. Mamgun benachrichtigt schnell den König. Trdat darüber erfreut schreibt
ihm das Diplom, dass er über Alles Herr sei, und setzt ihn als

Satrapen an die Stelle des Abgefallenen, wobei er seine Satrapie nach seinem Namen die mamkunische nennt, befiehlt ihm aber, die übrig gebliebenen Selkunier nicht zu verletzen.

85.

Grossthaten Trdats im Kriege gegen die Aghovanier, in welchem er den König der Basilier mitten durchhieb.

Der König Trdat steigt mit allen Armeniern in die Ebene der Gargarier herab und begegnet der Fronte der Nördlichen zum Kampfe. Als beide Theile zusammentreffen, haut er die Schaar der Feinde in riesenmässigem Anlaufe nieder. Ich kann die Schnelligkeit seiner Hände nicht ausdrücken, auch nicht sagen, wie unzählige von ihnen zur Erde geworfen im Kreise sich drehten, so wie z. B. die Fische über die Erdoberfläche springen, wenn das mit Fischen gefüllte Netz von einem glücklichen Fischer auf die Erde ausgeleert wird. Als das der König der Basilier sieht, nähert er sich dem Könige, zieht aus der Pferderüstung einen von Sehnen angefertigten und mit gegerbter Schafshaut überzogenen Strick hervor, wirft denselben mit Kraft über ihn und trifft das dicke Fleisch an der linken Schulter und der rechten Achselhöhle; denn Trdat hatte gerade den Arm erhoben, um Einen mit dem Schwerte zu treffen, war aber mit einem Kettenpanzer bewaffnet, durch welchen keine Pfeile eindringen konnten. Da der König der Basilier den Riesen mit der Hand nicht zum Wanken bringen konnte, warf er sich auf den Hals des Pferdes; aber nicht so sehr beeilte er sich, das Pferd anzuspornen, als der Riese mit der Linken nach dem Stricke griff, ihn mit gewaltiger Kraft an sich zog, sein zweischneidiges Schwert auf den Gegner niederfallen liess und den Mann mitten durchhieb und zugleich auch den Kopf des Pferdes mit dem Halse.

Als alle Truppen ihren König und Helden durch diesen schrecklichen Arm mitten entzwei gehauen sahen, wandten sie sich zur Flucht. Trdat sie verfolgend treibt sie bis ins Land der Hunnen. Obgleich seine Truppen nicht wenige Schläge bekommen haben, und viele Grossen gefallen sind, worunter

10

auch der Oberbefehlshaber über alle Armenier der Mandakunier Artavasd, nimmt Trdat doch von dort nach Sitte der Väter bloss Geissel und kehrt zurück. Bei dieser Gelegenheit versammelt er den ganzen Norden, hebt sein grosses Heer aus, vereinigt dasselbe und marschirt nach Persien gegen Schapuh, den Sohn Artaschirs, wobei er vier aus den Seinigen zu Generälen macht, den Mihran, den Obersten der Iberier, dem er vertraut wegen seines Glaubens an Christum, den Ritter Bagarat, den Manadschihr, den Chef des Volkes der Reschtunier, und den Wahan, den Chef der Amatunier. Jetzt liegt mir ob, von der Bekehrung Mihrans und des Landes der Iberier zu sprechen.

86.

Die selige Nune, wie sie die Ursache der Erlösung der Iberier geworden ist.

Ein Weib Namens Nune, eine der zerstreuten heiligen Gefährtinnen der Ripsime, kam auf der Flucht ins Land der Iberier nach Medschitha ihrer Hauptstadt. Durch ihre grosse Busstübung hatte sie die Gnade der Krankenheilung erlangt, wodurch sie viele Kranken heilte, besonders die Frau des Mihran, des Ersten der Iberier. Als daher Mihran sie fragte: „Durch welche Macht thust du diese Wunder?" vernahm er die Verkündigung des Evangeliums Christi; er hörte mit Freuden zu und erzählte das Gehörte mit Lobeserhebung seinen Satrapen. Damals kam an ihn die Nachricht von den Wundern, welche in Armenien an dem Könige und den Satrapen geschehen waren, und die Nachricht über die Gefährtinnen der seligen Nune. Darüber erstaunt erzählte er es der seligen Nune, wobei er aufs Genaueste über Alles im Einzelnen unterrichtet wurde.

In jenen Tagen geschah es, dass Mihran auf die Jagd ging; er verirrte sich in schwer zugänglichen Bergen bei dunkelem Himmel, der aber nicht Folge eines Gesichtes war gemäss den Worten: „Er ruft die Finsterniss an," und wiederum: „Er verwandelt den Tag in die Nacht." So wurde Mihran von der Dunkelheit überfallen, welche ihm die Ursache des ewigen Lichtes wurde; denn erschrocken erinnerte er sich dessen, was

er über Trdat gehört hatte, dass nämlich, als er auf die Jagd
gehen wollte, Schläge von Gott ihn trafen; er glaubte, dass
etwas Derartiges auch ihm zustossen werde. Von grosser Furcht
ergriffen betete er um Erleuchtung des Himmels und ruhige
Rückkehr; er versprach den Gott der Nune zu verehren. Als
er jenes erlangt hatte, vollbrachte er das Gesagte.

Die selige Nune erbat sich zuverlässige Männer und schickte
sie zu dem heiligen Gregor, um zu fragen, was er ihr in Zukunft
zu thun befehle; denn die Iberier hatten mit Freuden die Verkündigung des Evangeliums angenommen. Sie erhält den Befehl
die Götzen zu zerstören, wie er es selbst gethan hatte, und das
ehrenvolle Zeichen des Kreuzes zu errichten, bis zu dem Tage,
da der Herr einen Hirten zu ihrer Leitung geben werde. Sofort
zerstörte Nune das Bild des Donnergottes Artavasd, welches
ausserhalb der Stadt stand jenseits eines gewaltigen Stromes,
welcher zwischen ihm und der Stadt floss. Man hatte die Gewohnheit ihn jedesmal bei Tagesanbruch auf den Häusern anzubeten, da er von hier aus den Betenden sichtbar war; wenn
aber Jemand opfern wollte, so ging er über den Fluss und
opferte vor dem Tempel. Jedoch es erhoben sich gegen sie
die Satrapen der Stadt mit den Worten: „Was beten wir an
Stelle der Götter an?" sie hörten: „Das Zeichen des Kreuzes
Christi." Dieses hatte man verfertigt und auf der Ostseite der
Stadt auf einem passenden Hügel errichtet, der von derselben
durch einen kleinen Flussarm getrennt war; es beteten Alle des
Morgens auf dieselbe Weise auf ihren Häusern das Kreuz an.
Als sie aber auf den Hügel gingen und ein gehauenes Holzstück
sahen, welches kein Meisterwerk war, verachteten es die Meisten,
da ja von solchen ihr ganzer Wald voll sei, verliessen es und
gingen hinweg. Als aber der gütige Gott ihr Aergerniss be-
merkte, schickte er vom Himmel eine Wolkensäule, und der
Berg wurde mit Wohlgeruch angefüllt, und es war zu hören
sehr süss die Stimme vieler Psalmisten, und es erschien ein
Licht in der Form des hölzernen Kreuzes nach Gestalt und
Mass und zwar über diesem mit zwölf Sternen stehend. Es

wandten sich Alle nach ihm und verehrten es; und von nun an wurden Werke der Heilung durch dasselbe vollbracht.

Die selige Nune ging hinweg, um auch die andern Kantone der Iberier mit ihrer reinen Sprache zu belehren; sie ging ohne Prunk, ohne Ueberfluss, fremd der Welt und Allem in ihr, oder um es mehr wahrheitsgemäss auszudrücken, dem Kreuze angehörend und das Leben zur Uebung des Todes machend, bezeugte sie durch ihr Wort das Wort Gottes und wurde durch ihre Liebe wie Andere durch ihr Blut gekrönt. Diese, die ich Apostelin zu nennen wage, verkündigte das Evangelium von den Klardschiern an dem Thore der Alanen und Kaspier an bis zu den Grenzen der Massageten, wie dich Agathangelos belehrt. Ich will aber von hier zur Erzählung über Trdats Einfall in Persien zurückkehren.

87.

Besiegung und unfreiwillige Unterwerfung des Schapuh unter die Macht des grossen Konstantin; Trdat besetzt Ekbatana, Ankunft seiner Verwandten; in diese Zeit fällt die Auffindung des Erlösungsholzes.

Obgleich Trdat den Sieg errungen hatte, fürchtete er doch, da das Heer Verlust erlitten und viele Satrapen gefallen waren, für sich allein gegen Schapuh zu Feld zu ziehen, bis das Gros des römischen Heeres angekommen war, welches einen Einfall in Assyrien gemacht hatte. Sie schlugen dann den Schapuh in die Flucht und nahmen als Beute sein ganzes Land; denn Trdat machte mit all den Seinigen insgesammt und den Truppen, die sich bei den Seinigen befanden, nach den nördlichen Gegenden des persischen Reiches einen ein Jahr dauernden Einfall.

Zu derselben Zeit kommt zu ihm sein Stammesgenosse und Verwandter Kamsar, der älteste Sohn Perosamats. Dieser Perosamat ist jener Knabe, welcher bei der Ermordung des Geschlechtes des Karen Pahlav durch Artaschir von Burs durch die Flucht gerettet worden war. Als er ins Jünglingsalter gekommen ist, wird er von Artaschir in die Ehrenstelle seines Vaters und ins Commando über das Heer eingesetzt, damit er gegen jene wilde ·Völker kämpfe, wobei dieser betrügerischer Weise gedachte ihn in die Hände der Barbaren zu liefern. Da er jedoch ein tapferer Mann war, leitete er die Kämpfe auf bewunderungswürdige Weise. Nachdem er den Wserk, genannt Chakhan, besiegt hat, gibt ihm der Besiegte seine Tochter zur Frau; er hatte auch noch andere Weiber, Verwandte des Artaschir, und viele Söhne und behauptete mit mächtiger Hand jene Gegenden. Obgleich er bei Artaschir in Achtung stand, sah ihn dieser doch nicht gerne. Beim Tode Artaschirs unterwirft er sich dessen Sohne Schapuh nicht, sondern besiegt ihn in mehreren Kämpfen und stirbt von Freunden Schapuhs vergiftet.

Um dieselbe Zeit lebte auch ein anderer Wserk Chakhan, welcher in Feindschaft gegen Kamsar, den Sohn jenes Perosamat, entbrannt war. Kamsar hält es für schwer, zwischen zwei mächtigen Königen in Feindschaft zu wohnen, besonders da seine Brüder sich nicht mit ihm verbanden, und begibt sich mit allen seinen Hausgenossen und seinem Gefolge zu userm Könige Trdat, während seine Brüder zu Schapuh gehn. Dieser Kamsar, der mit unerschrockener Tapferkeit an der Seite seines Vaters in den Kämpfen sich blossstellte, wird bei einem Angriffe von einem Säbelhiebe am Kopfe getroffen; ein Theil des Knochens der Hirnschale wurde weggerissen; durch Heilmittel wieder hergestellt, wobei aber die Rundung des Schädels unvollständig blieb, wurde er dieses Umstandes wegen Kamsar [1]) genannt.

Als Trdat sich des zweiten mit sieben Mauern umgebenen Ekbatana versichert und Verwalter von seiner Seite dort gelassen hat, kehrt er nach Armenien zurück, wobei er den Kamsar mit all den Seinigen mit sich nimmt. Schapuh bat nämlich den Sieger Konstantin um Freundschaft und ewigen Frieden. Nachdem der heilige Konstantin hierauf eingegangen war, sandte er darnach seine Mutter Helena nach Jerusalem zur Auffindung des ehrenvollen Kreuzes; sie fand in der That das Erlösungsholz mit fünf Nägeln.

---

[1]) Kamsar ist persisches Wort und bedeutet „verstümmelter Kopf."

88.

Gefangennehmung des Licinius; Verlegung der Residenz aus Rom; Erbauung von Konstantinopel.

Als Gott alle Gewaltigen vor dem Angesichte Konstantins vernichtet hatte, erhob dieser den Licinius zu hoher Würde, gab ihm zur Frau seine Schwester, die nicht mit ihm eine und dieselbe Mutter hatte, schmückte ihn mit dem Purpur und der Cäsarenkrone, erhob ihn zur zweiten Würde und machte ihn zum Könige über den ganzen Osten. Aber das göttliche Wort bei den Hebräern, dass für unmöglich gilt die Umkehrung der Schlechtigkeit, trifft bei diesem hier zu. Es ist unmöglich das gefleckte Fell des Leoparden und die dunkele Hautfarbe des Aethiopiers, so auch eines gottlosen Menschen Sitten umzuändern. Zuerst nämlich wird er den Gläubigen gegenüber als ungläubig und zweitens gegenüber seinem Wohlthäter als Rebelle erfunden. Er erregte Verfolgungen gegen die Kirche und sann heimlich auf Betrug gegen Konstantin; er that verschiedenes Böse Allen, die unter seiner Gewalt standen, dieser Wollüstling, dieses Scheusal mit graugefärbten Haaren. Er hielt auch seine Frau in grosser Unruhe wegen seiner Liebe zur seligen Glaphyra, wegen welcher er auch den heiligen Basilius, den Bischof von Amasia im Pontus, tödtete.

Da der Betrug entdeckt worden war, und er wohl wusste, dass Konstantin nicht dazu schweigen werde, sammelte er Truppen, um ihn mit Krieg zu überziehen. Weil unser König Trdat in seiner Freundschaft erkaltet war, betrachtete er auch ihn als wahren Feind, denn er wusste, dass dem Gerechten jeder Ungerechte verhasst ist. Als der siegreiche Konstantin angekommen war, übergab Gott den Licinius in seine Hände; er schont ihn als Greis und seinen Schwager, liess ihn aber in eisernen Ketten nach Gallien abführen und in die Bergwerke schicken, damit er zu Gott, gegen den er sich versündigt hatte, bete, ob er vielleicht barmherzig gegen ihn werde. Um zu zeigen, dass er mit seinen Söhnen nur Ein Reich, das römische, habe, brachte Konstantin den zwanzigsten Jahrestag seines Regierungsantrittes in der Stadt Nikomediens zu. Er regierte vom vierten Jahre der Verfolgung an bis zum dreizehnten Jahre der Ruhe, welche noch heute das Land feiert.

Jedoch Konstantin hielt es nicht für nöthig, nach Rom zurückzukehren, sondern ging nach Byzanz und schlug dort seine Residenz auf, dazu befohlen in einem Traumgesichte. Er errichtet sehr prachtvolle Gebäude und vergrössert die Stadt aufs Fünffache; denn es gab dort keine derartigen Unternehmungen eines grossen Königs, sondern nur kleinerer Dinge, wohin gehört, dass der Welteroberer Alexander von Mazedonien, als er sich zum Marsche gegen Darius rüstete, zu seinem Andenken die Strategia erbaut hatte, so genannt, weil er auf diesem Platze die Zurüstung zum Kriege machte. Nach ihm hatte Severus, der römische Kaiser, diesen Platz erneuert und Bäder an einem Orte erbaut, an dem eine Säule stand, welche als Inschrift den mystischen Namen „Sonne," nach der thrazischen Sprache „Zeuxippon," trug, mit welchem Namen auch die Bäder benannt wurden. Er hatte auch ein Theater für Thierkämpfer und Schauspieler und einen unvollendeten Hippodromus erbaut. Aber Konstantin schmückte die Stadt aufs prächtigste und nannte sie Neu-Rom; die Welt nannte sie aber Konstantinopel, Stadt Konstantins. Man sagt auch, dass er heimlich von Rom das Paladium genannte Bild wegnehmen und auf einer Säule aufstellen liess, die von ihm selbst errichtet worden war. Aber diess ist mir unglaublich, wie auch immerhin Andere darüber denken wollen.

89.

Der Irrlehrer Arius, das Concilium, welches seinetwegen zu Nicäa war; die Wunder, die sich an Gregor zeigten.

Um dieselbe Zeit trat Arius von Alexandrien auf, welcher die ganz schlechte und gottlose Lehre vorbrachte, dass der Sohn dem Vater nicht gleich, nicht aus der Natur und dem Wesen des Vaters und nicht vom Vater gezeugt sei vor der Zeit, sondern dass er ihm fremd, gemacht, geschaffen und in der Zeit ins Dasein gerufen sei. Dieser gottlose Arius fand nach Verdienst seinen Tod bei Befriedigung seiner natürlichen Bedürfnisse. Seinetwegen kam vom Kaiser Konstantin der Befehl eine Versammlung vieler Bischöfe zu Nicäa in Bythinien zu veranstalten. Es versammelten sich unter andern Vitus und Vincentius, Priester aus Rom, im Auftrage des heiligen Silvester, die Bischöfe Alexander von Alexandrien, Eustachius von Antiochien, Makarius von Jerusalem, Alexander von Konstantinopel.

In dieser Zeit kommt vom Kaiser Konstantin ein Brief an unsern König Trdat, dass er mit dem heiligen Gregor zum Concilium komme. Trdat war nicht dafür; denn er hatte gehört, dass Schapuh sich mit dem Könige der Indier und mit dem Chakhan des Ostens vereinigt habe und dass die Oberbefehlshaber der Truppen Nerseh, welcher 9 Jahre regiert, und Ormisd seien, welcher 3 Jahre mit Tapferkeit regiert hatte. Da Trdat argwöhnte, Schapuh möchte nach heidnischer Sitte den Vertrag brechen, so liess er desshalb das Land nicht ohne seine Gegenwart. Aber auch Gregor entschloss sich nicht zu kommen, um nicht auf dem Concilium zu viele Ehrenbezeugung zu erhalten wegen des Namens „Bekenner;" denn so nannte man ihn wegen seines Verlangens und grossen Eifers. Aber sie Beide schicken als ihren Representanten den Restakes mit einem Schreiben, welches Beider wahres Glaubensbekenntniss enthielt. Auf dem Wege trifft dieser den grossen Leontius und zwar zur Zeit, wo er den Gregorius, den Vater Gregors des Theologen, taufte. Als dieser aus dem Wasser stieg, leuchtete ein Licht rings um ihn, welches Niemand von der Menge sah, als nur Leontius, welcher taufte, und unser Restakes, Enthalius von Edessa, Jakob von Medsbin und Johannes, Bischof der Perser, welche sich auf demselben Wege zum Concilium begaben.

90.

Rückkehr des Restakes von Nicäa, Bekehrung seiner Verwandten; Neubauten zu Garni.

Restakes geht mit dem grossen Leontius und gelangt nach Nicäa, wo 318 Väter versammelt waren zur Verdammung der Arianer, welche sie excommunicirten und aus der Kirchengemeinschaft ausschlossen. Ebenso verbannte sie auch der Kaiser in die Bergwerke. Da kehrt Restakes mit dem orthodoxen Glaubensbekenntnisse und 20 Kapiteln Canones zurück und trifft seinen Vater und König in der Stadt Wagharschapat. Gregor darüber erfreut fügt einige Kapitel zu den Canones des Conciliums hinzu zum Zwecke der weiteren Leitung seiner Diöcese.

Um dieselbe Zeit wird ihr Verwandter Kamsar mit den Seinigen von dem grossen Gregor getauft. Der König hebt ihn aus der Taufe und gibt ihm als Erbe die grosse Burg des Artasches, welche jetzt Draschanakert heisst, und den Kanton Schirak als seinem Stammesgenossen und treuen Verwandten. Dieser bringt es auf nicht mehr als 7 Tage nach der Taufe und stirbt. Aber der König Trdat tröstet das Haupt der Söhne Kamsars, den Artaschir, indem er diesen an die Stelle des Vaters erhebt, das Geschlecht nach dem Namen des Vaters be· nennt und es unter die Zahl der Satrapien einreiht. Er fügt noch andere Geschenke hinzu, die Stadt Erovand und ihren Kanton bis zu dem Ende des grossen Thales, nur damit Artaschir aus seinem Geiste das Andenken an das väterliche Land, welches Pahlav genannt wird, entferne, um so ruhig seinen Glauben zu bewahren. Artaschir, welcher den Kanton sehr liebte, nannte ihn nach seinem Namen Artaschunikh; denn er hiess vorher Eraschadsor. Hiermit habe ich auch die Gründe der Ankunft der zwei Geschlechter der Parther und Pahlav angegeben. •

Um dieselbe Zeit vollendet Trdat die Erbauung der Festung Garni, die er mit gehauenen mit Eisen und Blei an einander gefügten Marmorblöcken erbaute. In derselben erbaute er einen Sommerpalast mit Thürmen, wunderbaren Bildern und erhabenen Sculpturen zu Ehren seiner Schwester Chosrowiducht und schrieb ihr Andenken darauf in griechischer Sprache.

Jedoch der heilige Gregor kehrte nach denselben Bergen zurück und zeigte sich nachher Niemanden mehr bis zu seihem Tode.

91.

Der Tod des Gregor und Restakes; woher es kommt, dass der
Berg die Höhlen der Mani genannt wird.

Im 17. Jahre der Regierung Trdats sass, wie ich gefunden
habe, auf dem Stuhle des heiligen Apostels Thaddäus unser
Patriarch Gregor, auch unser Vater nach dem Evangelium.
Nachdem er ganz Armenien durch das Licht der Gotteserkenntniss
erleuchtet, die Finsterniss des Götzendienstes verscheucht und
alle Gegenden mit Bischöfen und Lehrern besetzt hatte, hinterliess er, da er das Gebirge und die Einsamkeit und das ruhige
in sich gekehrte Geistesleben liebte, damit er sich ungetheilt
mit Gott unterhalten könnte, als seinen Stellvertreter seinen
Sohn Restakes und lebte im Kantone der Daranaghier in den
Berghöhlen der Mani.

Ich will nun angeben, woher dieser Berg die Höhlen der
Mani genannt wird. Eine Frau Namens Mani gehörte zu den
heiligen Gefährtinnen der Ripsime, wie auch Nune, die Lehrerin
der Iberier. Jene beeilte sich nicht diesen zu folgen und zu
uns zu kommen, da sie wusste, dass alle Orte Gott angehören,
und wohnte auf jenem Gebirge in Steinhöhlen; desshalb heisst
der Berg Höhlen der Mani. In diesen Höhlen wohnte später
auch der heilige Gregor.

Obgleich er dort wohnte, zeigte er sich doch von Zeit zu
Zeit, wanderte im Lande umher und befestigte die von ihm
Belehrten im Glauben. Seit der Zeit aber, da sein Sohn Restakes von dem Concilium zu Nicäa zurückgekehrt war, erschien
in Zukunft der heilige Gregor nirgends mehr öffentlich. Daher
zählt man vom Anfange seiner Priesterwürde d. h. vom 17. bis
zum 46. Regierungsjahre Trdats 30 Jahre, in denen er sich
nirgends mehr öffentlich zeigte.

Auf ihn folgte sein Sohn Restakes 7 Jahre lang vom 47. Regierungsjahre Trdats bis zu dessen 53., in welches das Martyrium des Restakes fiel. Er war in der That ein geistiges
Schwert, wie man sagt; darum erschien er als Feind allen Un-
rechten und Unreinen. Darum auch erwartete Archelaus,

welcher der Verwaltung des sogenannten vierten Armeniens vor-
stand und von ihm getadelt worden war, einen gelegenen Tag,
traf ihn auf dem Wege in dem Kantone Dsoph und tödtete ihn
mit dem Schwerte und ging dann flüchtig nach dem cilicischen
Taurus. Die Schüler des Seligen erhoben dessen Körper und
brachten ihn nach dem Kantone Ekeghi, um ihn in seiner Burg
Thil beizusetzen. Nach ihm nahm seinen Sitz ein sein älterer
Bruder Werthanes vom 54. Jahre Trdats an.

Nachdem der heilige Gregor in der Höhle der Mani viele
Jahre verborgen gelebt hat, wird er durch den Tod in die Reihe
der Engel versetzt. Hirten, die ihn todt fanden, begruben seinen
Leichnam an demselben Orte ohne zu wissen, wer er sei. Es
war passend, dass solche, die Zeugen der Geburt unsers Erlösers waren, auch Diener des Begräbnisses seines Schülers
wurden. Viele Jahre war sein Leichnam verborgen vielleicht
durch die göttliche Vorsehung, wie Moses im Alterthume, damit
er nicht von den neubekehrten barbarischen Völkern zum Gegenstande der Anbetung gemacht würde. Als jedoch der Glaube
jener Gegenden befestigt worden war, wurde er nach vieler Zeit
einem Mönche Namens Garnik offenbart, herbeigebracht und im
Dorfe Thordan beigesetzt.

Gregor, wie allen bekannt ist, aus dem Lande der Parther,
aus dem Kantone Pahlav, aus dem regierenden Hause speziell
dem arschakunischen, aus der surenischen Linie, von einem
Vater Namens Anak, erschien in den östlichen Gegenden unseres
Landes als aufgehende Morgenröthe, als erkennbarer Strahl der
geistigen Sonne, als Erhebung aus der tiefen Schlechtigkeit des
Götzendienstes, als der wahrhaft Gute und Vertreiber der bösen
Geister, als Ursache der Glückseligkeit und geistigen Erbauung,
als göttliche Palme gepflanzt in das Haus des Herrn und blühend
im Vorhofe unseres Gottes. Durch derartige und so grosse
Völker gross gemacht hat er uns im Greisenalter und in seinem
geistigen Reichthume versammelt zum Ruhme und Lobe Gottes.

92.

Tod des Königs Trdat. Elegische Reflexionen über denselben.

Wenn man von dem heiligen, grossen, zweiten Helden, dem erleuchteten Leiter unserer Erleuchtung, von dem einzig von Allen seit Christus wahren Könige spricht, muss man sich in hohen Worten ergehen, da man ja zu sprechen hat von dem Mitarbeiter, von dem, der mit unserm Vorläufer und dem Leiter unserer Erleuchtung Gleiches gearbeitet hat, in so fern es dem heiligen Geiste gefallen hat, unsern Erleuchter allein durch die Würde eines Bekenners und, ich füge hinzu, eines Apostels zu erheben, während der König abgesehen von diesem an Wort und That ihm gleich ist. Aber ich spreche hier von dem Vorzuge des Königs. Das Denken an Gott und das ascetische Leben war beiden gemeinsam, jedoch das Unterwerfen Anderer durch überredende und zwingende Worte war besonders eine dem Könige verliehene Gnade; denn er unterliess Nichts, was dem Glauben gemäss war. Desshalb auch nenne ich ihn den ersten Weg und zweiten Vater unserer Erleuchtung. Weil es aber Zeit ist für die Erzählung und nicht für Lobreden, so werde ich, besonders da das Buch nach den Erzählungen der einzelnen Schriftsteller und nicht besonders von mir zusammengestellt ist, zu dem übergehen, was den Trdat betrifft.

Nach seiner Bekehrung zum Christenthume leuchtend durch alle Tugenden vermehrte er immer mehr und mehr um Christi Willen That und Wort, indem er mit Ernst redete und die grossen Satrapen wie die ganze Masse des Volkes überredete, wahre Christen zu sein, so nämlich, dass ihre Thaten Aller Glauben bezeugen. Ich will von der Hartneckigkeit und dem Stolze unserer Nation von Anfang an jetzt auch sprechen. Zurückweisend das Gute und Feind der Wahrheit, mit angebornem Stolze und Eigensinne behaftet widersetzten sie sich dem Willen des Königs in Bezug auf die christlichen Sitten, indem sie dem Willen der Weiber und Concubinen folgten. Da der König das it ertragen konnte, warf er die irdische Krone hin und ging nach einer himmlischen, indem er sich schnell an den Ort eines heiligen Einsiedlers Christi begab und als Bergbewohner in eine Höhle sich zurückzog.

Ich schäme mich hier die Wahrheit zu sagen und besonders zu sprechen von der Ungerechtigkeit und Gottlosigkeit unserer Nation und von ihren grosser Klagen und Thränen würdigen Thaten. Sie schicken nach ihm und versprechen sich seinem Willen zu fügen, wenn er die Regierung behalte. Da er aber darauf nicht eingeht, geben sie ihm einen Trank, wie ehemals im Alterthume die Athenienser dem Sokrates den Schirlingsbecher, oder wie ich sage, die erzürnten Juden den mit Galle gemischten Trank unserm Gotte. Indem sie dies thaten, löschten sie für sich selbst aus den hellleuchtenden Strahl der Gottesverehrung.

Desshalb spreche ich unter Klagen über die Meinigen, wie Paulus über seine und des Kreuzes Christi Feinde; aber ich spreche nicht meine Worte, sondern die des heiligen Geistes. Schlechtes und verbrecherisches Volk, Volk, das nicht recht gerichtet hat sein Herz, das nicht treu war Gott seinem Leben! Männer Arams, bis wie weit seid ihr schwerherzig, warum liebt ihr die Eitelkeit und Gottlosigkeit? Habt ihr nicht erkannt, dass Gott seine Heiligen wunderbar gemacht hat? Gott wird nicht hören auf eure Gebete zu ihm. In Zorn habt ihr gesündigt und in euern Betten habt ihr keine Reue gehabt; denn ihr habt Opfer der Ungerechtigkeit geopfert und die auf Gott Hoffenden verachtet; daher wird euch treffen die Schlinge dessen, den ihr nicht erkannt habt; den Raub, den ihr geraubt habt, wird er euch entreissen, und in dieselbe Schlinge werdet ihr fallen. Aber seine Seele wird sich freuen im Herrn und freuen über ihre Erlösung und aus sich ganz sprechen: Herr, wer ist dir gleich?

Da nun das sich so verhält, so werden wir uns über unsere eigene Gefahr trösten; denn wenn man das am grünen Holze gethan hat, sagt Christus, was wird dann am dürren geschehen? Wenn das gegen die Heiligen Gottes geschieht, gegen solche, die um Gottes willen sich selbst von Throne aus Demuth entfernt haben, welches ist dann unser Wort an Gott wegen der Gefahren, die von euch denen bereitet sind, deren Eigenthum Gefahren und Armuth sind? Welche Fürsorge ist von euerer Seite her für uns, welche Bitten an die Lehrer, welches Wort des Trostes und der Ermunterung, wer von euch ist bei unserer Reise unser Träger und bei unserem Kommen unser Ruheplatz, wer hat ein Haus oder eine Herberge uns bereitet? Ich will das Andere lassen; denn die bösen und unwissenden Zungen mit eiteler Prahlerei und ungezähmter Schwatzhaftigkeit habt ihr nicht gebändigt, sondern, indem ihr zum Gegenstande ihrer Thorheit euere die Belehrung hassende Geistesrichtung hingegeben habt, sie noch mehr entflammt als den babylonischen Feuerofen.

Darin ist ein Jeder für sich Priester und Diener der Götzen, sagt die heilige Schrift, wie es auch jetzt noch viele Schwätzer über göttliche Dinge gibt, die aber nicht die Macht der Geister erfassen, Schwätzer nicht nach dem Wohlgefallen des heiligen Geistes, sondern eines fremden Geistes. Desshalb sind ihre Reden auch Gegenstand des Staunens und Schreckens für die, welche Verstand haben; denn es schwatzt ein solcher bloss, der über Gott und göttliche Dinge spricht, während die Gedanken des Schwätzers auf etwas Fremdes gerichtet sind; er verwendet nämlich keine Sorge auf das, was er spricht, spricht auch nicht langsam und ruhig, wie er gelehrt worden ist. Nicht damit Jemand draussen ihre Rede hört, sondern des menschlichen Ruhmes wegen und unter Gepolter lassen sie ihre Rede ins Ohr der Menschen ertönen. Die Ströme ihres Wortschwalles kommen wie aus einer Quelle, sagt Einer der Alten, und ärgern alle Trunkenbolde auf der Strasse. Welcher Mensch, der Verstand hat, möchte diese nicht beklagen? Wenn Jemand sich nicht über sie ärgert, sage ich, dann ermuntert er sie der Art zu sein. Ich enthalte mich das zu sagen, was Christus gesagt hat, dass Rache gefordert wird vom Blute des gerechten Abel an bis zum Blute des Zacharias, welches zwischen dem Tempel und Altare liegt.

Jetzt aber beendige ich meine Worte, da ich müde bin, in die Ohren der Todten zu sprechen. Die Geschichte über Trdat ist wahr. Indem sie ihn das tödtliche Gift trinken liessen, haben sie sich des Strahles seines Gnadenlichtes beraubt. Trdat regierte 56 Jahre.

Das zweite Buch des Verlaufs der Geschichte Gross-Armeniens ist zu Ende.

Drittes Buch.

Schluss der Geschichte unseres Vaterlandes.

———

1.

Es gibt keine Archäologie unseres Landes, auch konnte ich der Kürze der Zeit wegen die ganze griechische nicht durchgehen; zudem sind mir die Werke Diodors nicht zur Hand, auf welchen das Auge unverwandt richtend ich das Ganze durchgehen könnte, dass nichts Wichtiges und Nützliches und der Aufzeichnung in unsere Annalen Würdiges von mir übergangen würde. Soviel aber mein Fleiss und die Denkwürdigkeiten ermöglichten, habe ich wahrheitsgetreu von dem grossen Alexander an bis zum Tode des heiligen Trdat, Ereignisse aus sehr frühen und alten Zeiten, erzählt. Wolle mich desshalb nicht auslachen und verachten; denn das, was zu meiner Zeit oder ein Wenig früher geschehen ist, werde ich dir irrthumslos erzählen in dem dritten Buche, welches die Ereignisse vom heiligen Trdat an bis zur Entfernung des Geschlechtes der Arschakunier vom Throne und der Nachkommen des heiligen Gregor von der Priesterwürde behandelt, wobei es die Erzählungen in gewöhnlichen Worten gibt, damit nicht Jemand durch die Beredsamkeit desselben zum Verlangen nach ihm erobert erscheine, sondern man nach der Wahrheit meiner Worte sich sehnend immer und immer wieder und unersättlich die Geschichte unseres Vaterlandes lese.

2.

Das Geschick, welches nach dem Tode Trdats den grossen
Werthanes und drei Satrapien traf.

Zur Zeit des Todes Trdats kam der grosse Werthanes zur
Kapelle des heiligen Johannes, welche von seinem Vater in
Taron errichtet worden war. Dort bereiteten ihm die Bergbewohner Hinterlist auf Betrieb der Satrapen und wollten ihn
tödten; sie wurden aber durch einen unerreichbaren Arm ge-
hemmt, wie zur Zeit des Elisäus im Alterthume oder Christi
unseres Gottes die Juden niedergeschlagen wurden, und er ging
mit heiler Haut hindurch nach der Burg Thil im Kantone Ekeghi,
wo das Grab seines Bruders Restakes war. Er weinte über
das Land der Armenier, wo, während diese der Anarchie preisgegeben waren, die Satrapien, Volk gegen Volk, aufstanden um
einander zu vernichten. In Folge dessen wurden auch die drei
Häuser, das besnunische, manavasische und ordunische, von
einander aufgerieben.

3.

Ermordung des heiligen Gregor durch die Barbaren.

Mit grosser Festigkeit verschaffte der selige Trdat dem
Glauben und den guten Sitten Genugthuung besonders bei denjenigen, welche in seinem Gebiete in entfernten Gegenden
wohnten. Daher kamen die Statthalter der nordöstlichen Gegenden, die Obrigkeiten einer entfernten Stadt Namens Phaitakaran und sprachen zum Könige: „Wenn du auf dem richtigen
Wege jene Gegenden zum Glauben führen willst, so schicke
ihnen Bischöfe aus der Nachkommenschaft des heiligen Gregor;
denn sie verlangen darnach mit grosser Sehnsucht, und wir
wissen, dass sie wegen des gefeierten Namens Gregors und wegen
seines Blutes dieselben verehren und Alles nach Befehl thun
werden." Der selige Trdat darauf vertrauend gibt ihnen als
Bischof den jungen Gregor, den ältesten Sohn des Werthanes.
Obgleich er bei Betrachtung der Unzulänglichkeit des Alters des
Knaben schwankte, so schickt er ihn doch, weil er seine Geistes-

grösse sah und bei sich bedachte, dass Salomon im Alter von 12 Jahren über Israel König war, mit vielem Vertrauen in Begleitung eines gewissen Sanatruk aus seinem, dem arschakunischen, Geschlechte.

Als er angekommen war, wurde er ein gutes Beispiel, da er durch die väterlichen Tugenden glänzte, aber durch die Jungfräulichkeit hoch über seinen Vätern stand und bei Strafen einem Könige gleich war. Als aber die Nachricht von dem Ableben Trdats angekommen war, tödteten die Barbaren, da Sanatruk und einige andere lügenhafte Menschen von den Aghovaniern ihm Nachstellungen bereiteten, den Seligen, indem sie ihn mit ihren Pferden niedertraten in der Ebene Watin nahe am sogenannten caspischen Meere. Seine Diakonen erhoben ihn, brachten ihn nach dem kleinen Siunikh und begruben ihn in der Burg Amaras. Sanatruk setzte sich die Krone auf, nahm die Stadt Phaitakaran und gedachte mit den Truppen fremder Völker über ganz Armenien zu herrschen.

4.

Ausscheiden des Prinzen Bakur aus der Alliance mit den Armeniern, Plan der Satrapen den Chosrow zum Könige zu machen.

Wie ich in den göttlichen Erzählungen angegeben finde, dass das hebräische Volk nach der Richterperiode zur Zeit der Anarchie und Unruhe keinen König hatte und jeder Mann nach seinem Wohlgefallen ging, so sah es auch in unserm Lande aus. Als nämlich beim Tode des seligen Trdat der grosse Fürst Bakur, welcher Prinz der Aghdsenier genannt wurde, den Sanatruk in Phaitakaran herrschen sah, ging er selbst mit demselben Plane um. Obgleich er, da er kein Arschakunier war, nicht König sein konnte, wollte er doch unabhängig sein; er schied aus der Verbindung mit den Armeniern aus und reichte dem Perserkönig Ormisd die Hand. Als in Folge davon die armenischen Satrapen zur Besinnung und zu Verstand gekommen waren, versammelten sie sich bei Werthanes und schickten zwei der angesehensten Fürsten den Mar, den Fürsten von Dsoph, und Dag, den Fürsten der Haschtenier, in die Hauptstadt zum Kaiser Konstantius, dem Sohne Konstantins, mit Geschenken und einem Briefe, welcher folgendermassen lautete.

5.

Kopie des Briefes der Armenier.

„Von Werthanes, dem obersten Bischofe und allen Bischöfen unter ihm und allen Satrapen Gross-Armeniens ihrem Herrn dem Kaiser Konstantius Gruss.

Erinnere dich des beschworenen Vertrages deines Vaters Konstantin mit unserm Könige Trdat und überlass dein Land nicht den gottlosen Persern, sondern unterstütze uns mit Truppen, um den Chosrow, den Sohn Trdats, zum Könige zu machen; denn Gott hat dich nicht allein zum Herrscher über Europa, sondern auch über alle mittleren Länder gemacht, und der Schrecken deiner Macht ist bis zu den Enden der Erde gedrungen; und wir erbitten dir eine immer grössere Herrschaft. Lebe wohl!"

Als Konstantius das gelesen hatte, schickte er den Präfekten seines Palastes Antiochus mit einem grossen Heere und den Purpur mit der Krone und einen Brief folgenden Inhaltes.

Brief des Konstantius.

„Von dem Augustus, dem Kaiser Konstantius, dem grossen Werthanes und allen seinen Landsleuten Gruss.

Ich habe euch ein Heer zur Unterstützung und den Befehl geschickt, den Chosrow, den Sohn euers Königs Trdat, zum Könige über euch zu machen, damit ihr nach Befestigung der guten Ordnung mir mit Aufrichtigkeit dienet. Lebt wohl!"

6.

Ankunft und Thaten des Antiochus.

Als Antiochus angekommen war, machte er den Chosrow zum Könige und setzte die vier Generäle in den Oberbefehl über das Heer ein, welche Trdat zu seinen Lebzeiten nach dem Tode seines Pflegevaters des Mandakuniers Artavast, welcher alleiniger Oberbefehlshaber und Heerführer aller Armenier war, bestellt hatte. Der erste, der Ritter Bagarat, war General über die westliche Armee, der zweite, Mihran, der Oberste der Iberier und Prinz der Gugarier, über das nördliche, der dritte, Wahan, der Schef der Amatunier, über das östliche, der vierte, Manadschihr, der Chef der Reschtunier, über das südliche Heer. Er theilte und übergab ihnen ihre Truppen. Er schickte den Manadschihr mit dem südlichen Heere und die cilicischen Truppen unter seinem Befehle nach Assyrien und Mesopotamien; den Wahan, den Chef der Amatunier, mit dem östlichen Heere und die Truppen der Galater mit ihm schickte er nach Atrpatakan, um Wache zu halten gegen den Perserkönig.

Antiochus liess den König Chosrow zurück, weil er von kleinem Körperbaue und schwachen Knochen war und nicht das Aussehen einer kriegerischen Gestalt hatte, nahm den Mihran und Bagarat mit ihren Truppen mit sich und marschirte gegen Sanatruk. Dieser füllte mit den persischen Truppen die Stadt Phaitakaran an und schlug sich eilig mit den Satrapen der Aghovanier zum Könige Schapuh. Als Antiochus sieht, dass sie sich nicht zu ruhigem Gehorsam unterwerfen, befiehlt er mit Gewalt die Macht der Rebellen zu vernichten, sammelt den Tribut und begibt sich zum Kaiser.

7.

Verbrechen Manadschihrs an dem grossen Jakob und der Tod des letzteren.

Nachdem Manadschihr mit dem südlichen Heere Armeniens und den cilicischen Truppen nach Assyrien gekommen ist, liefert er dem Prinzen Bakur eine Schlacht, schlägt ihn und treibt seine Truppen und die persischen Hilfstruppen in die Flucht, nimmt den Sohn Bakurs, den Hescha, gefangen und schickt ihn mit eisernen Banden dem Chosrow, verdammt ohne Barmherzigkeit zum Tode durchs Schwert alle Kantone seines Gebietes, nicht allein die Krieger, sondern auch die gewöhnlichen Bauern, und nimmt Viele aus dem Gebiete von Medsbin gefangen, unter diesen auch acht Diakonen des grossen Bischofs Jakob. Jakob

eilt dem Manadschihr nach und sucht ihn zu bewegen, die Gefangenen aus dem gewöhnlichen Volke freizulassen, da sie
Nichts verbrochen hätten. Manadschihr geht darauf nicht ein
und nimmt den König zum Vorwande dafür.

Als Jakob sich zum Könige begibt, wird Manadschihr noch
wüthender und befiehlt auf Betreiben der Kantonsbewohner die
acht Diakonen desselben, die sich unter den Gefangenen befanden, ins Meer zu werfen. Als der grosse Jakob das hört, kehrt
er an seinen Ort zurück voll Unwillen, wie Moses vom Angesichte Pharaos hinweg sich begab. Er ging auf einen Berg,
von welchem aus der ganze Kanton sichtbar war, und verfluchte
den Manadschihr und seinen Kanton. Das Strafgericht Gottes
brach bald herein. Wie Herodes wird Manadschihr von allerlei
Schmerzen ergriffen, und die Fruchtbarkeit des wasserreichen
Kantons verwandelte sich in Salzboden, der Himmel über ihnen
wurde nach dem Worte der Schrift ein eherner, und das Meer
in sich aufgeregt hat die Grenzen der Felder inne. Als das der
grosse Werthanes und der König Chosrow hören, befehlen sie
erzürnt die Gefangenen frei zu geben und jenen Mann mit Reue
zu bitten, den Zorn Gottes abzuwenden. Darauf ging Jakob
aus dieser Welt hinüber, und der Nachfolger und Sohn Manadschihrs fand durch schöne Reue, reichliche Thränen und Seufzen
auf seine Vermittlung hin Heilung für sich und den Kanton.

8.

*Regierung des kleinen Chosrow, Verlegung der Residenz und
Anlegung eines Waldes.*

Im zweiten Jahre des Perserkönigs Ormisd und im achten
der Regierung des Kaisers Konstantius wurde Chosrow durch
Unterstützung des letzteren König. Er zeigte keine männliche
Tapferkeit, wie sein Vater, und machte auch in Bezug auf die
ihm entrissenen Provinzen keine Gegenanstrengung seit dem
einen Handstreiche, den man durch griechische Truppen ausgeführt hatte, sondern liess den Perserkönig nach seinem Willen
schalten und schloss Frieden mit ihm, ganz zufrieden, über das
übrig gebliebene Gebiet zu herrschen ohne dabei im geringsten

mit erhabenen Gedanken sich beschäftigen zu müssen. Obgleich er von Statur klein war, so war er doch nicht so klein, wie der Mazedonier Alexander, der eine Körpergrösse von nur drei Ellen hatte, aber doch das Feuer seines Geistes nicht zurück hielt. Jedoch jener, unbekümmert um Tapferkeit und gutes Andenken beschäftigte sich mit dem Vergnügen der Jagd auf Vögel und andere Thiere; desshalb pflanzt er auch am Flusse Asat einen Wald, der nach seinem Namen bis auf den heutigen Tag genannt wird.

Er verlegt auch die Residenz auf einen Hügel jenes Waldes, nachdem er einen schattigen Palast erbaut hat, welcher in der persischen Sprache „Dovin" d. h. „Hügel" genannt wird. In jener Zeit nämlich folgte Ares der Sonne, und warme Lüfte wehten brausend mit Gestank; daher konnten es die Bewohner von Artaschat hier nicht mehr aushalten und willigten gerne in die Verlegung der Residenz ein.

9.

Einfall der nördlichen Völker in unser Land in seinen Tagen, wobei die Heldenthaten des Amatuniers Wahan.

In seinen Tagen vereinigten sich die Bewohner des nördlichen Kaukasus und machten, da sie seine Weichlichkeit und Trägheit kannten und besonders durch die Bitten Sanatruks auf einen geheimen Befehl des Perserkönigs Schapuh hin verleitet waren, einen Einfall mitten in unser Gebiet mit einem grossen Heere von ungefähr 20,000 Mann. Diesen begegnete im Kampfe das östliche und westliche Heer der Armenier unter Befehl des ᵔᵗᵗers Bagarat und Wahans, des Chefs der Amatunier; denn ᵉr südliches Heer befand sich beim Könige Chosrow im Lande ph, und den Mihran hatten die Feinde getödtet und das lliche Heer geschlagen und in die Flucht geworfen und beᵗᵗen an den Thoren Wagharschapats angekommen eben ᵇᵉ Stadt. Unvermuthet fielen unser östliches und westliches ᵣ über sie her, trieben sie von dort in das steinige Oschakan liessen ihnen nicht Zeit, sich nach ihrer Gewohnheit zum ᵗᵗiessen der Pfeile zu zerstreuen, indem die Cavallerie sie. schnell und heftig bis in steinigte und felsenreiche Gegenden verfolgte.

Wider Willen sammelten sich die Feinde wieder zum Angriffe, und der Anführer der Lanzenträger, ein schrecklicher Riese, bewaffnet und ringsum von einem starken Filz umgeben, stürmte in der Mitte der Truppen zum Angriffe heran. Als die tapfern Armeniern ihn bemerkten und auf ihn einstürmten, konnten sie ihm Nichts anhaben; denn der starke Filz drehte sich, wenn er von einer Lanze getroffen war. Zur selben Zeit schaut Wahan auf die katholische Kirche hin und spricht: „Hilf mir, o Gott, der du den Schleuderstein Davids gegen die Stirne des erbosten Goliath gelenkt hast; lenke auch meine Lanze gegen das Auge jenes Gewaltigen." Er wurde nicht in seiner Bitte getäuscht, sondern warf seinen schrecklichen Gegner vom Rücken des Pferdes. Dieses Ereigniss trieb die Feinde in die Flucht und befestigte die armenischen Truppen im Siege. Von dort ins Land Dsoph zurückgekehrt legt Bagarat beim Könige ein getreues neidloses Zeugniss über die Heldenthaten und tapfern Streiche Wahans ab. Desshalb schenkt der König den Ort der Schlacht, Oschakan, demjenigen, der freiwillig ein kühner Held geworden war, und setzt an Stelle Mihrans den Gardschuil Machas, den Chef der Chorchorunier, über das Heer.

10.

Tod Chosrow, Krieg der Armenier mit den Persern.

Nachdem Chosrow darauf in Erfahrung gebracht hat, dass die Hand des Perserkönigs Schapuh mit seinen Feinden war, bricht er den Frieden mit ihm und verweigert ihm den Tributantheil, indem er ihn dem Kaiser gibt, und marschirt mit den griechischen Truppen gegen den Perserkönig. Aber er lebt nicht mehr lange und stirbt nach einer Regierung von 9 Jahren. Man nahm und begrub ihn in Ani bei seinen Vätern. Der grosse Werthanes versammelt alle Satrapen Armeniens mit den Truppen und Generälen und übergibt dem Kamsarier Arschavir, als dem Vornehmsten und Angesehensten nach dem Könige, die Verwaltung Armeniens. Er selbst begibt sich mit

Tiran, dem Sohne Chosrows, zu dem Kaiser, damit jener an Stelle seines Vaters König der Armenier werde.

Nachdem jedoch der Perserkönig Schapuh den Tod Chosrows und dass sein Sohn Tiran sich zum Kaiser begeben, gehört hat, lässt er durch seinen Bruder Nerseh ein grosses Heer versammeln, da er mit dem Plane umging, diesen zum Könige über Armenien zu machen, und schickt es in unser Land in der Meinung, es sei ohne Leiter. Daher marschirt der tapfere Arschavir, der Kamsarier, mit dem ganzen armenischen Heere entgegen um in der Merugh genannten Ebene eine Schlacht zu liefern. Obgleich viele der grössten Satrapen im Kampfe gefallen sind, siegt dennoch das armenische Heer, treibt die persischen Truppen in die Flucht und bewacht das Land bis zur Rückkehr Tirans.

11.

Regierung Tirans, Tod des grossen Werthanes, Besitznahme seines Stuhles durch den heiligen Jusik.

Im 17. Jahre seiner Regierung macht der Augustus Konstantius, der Sohn Konstantins, den Tiran, den Sohn Chosrows, zum Könige und schickt ihn mit dem grossen Werthanes nach Armenien. Dieser hat nach seiner Ankunft unser Land in ruhigem Besitze, da er mit den Persern Frieden schliesst und keinen Krieg führt. Durch Zahlung von Tribut an die Griechen und auch eines Theiles an die Perser lebte er in Frieden wie sein Vater, wobei auch er keine männliche Tapferkeit bewies; er ahmte auch die väterliche Tugend nicht nach, sondern sagte sich von aller Religion heimlich los, da er des grossen Werthanes wegen der Leidenschaft nicht offen dienen konnte.

Nachdem der grosse Werthanes 15 Jahre in der bischöflichen Würde zurückgelegt hat, scheidet er aus der Welt im dritten Jahre Tirans. Auf seinen Befehl begräbt man seine Leiche in der Stadt Thordan, wie wenn er mit prophetischem Auge gesehen hätte, dass nach langer Zeit auch seines Vaters Ueberreste an demselben Orte beigesetzt werden sollten. Seinen Stuhl nimmt sein Sohn Jusik ein im vierten Jahre Tirans, ein getreuer Nachahmer der väterlichen Tugenden.

12.

Krieg Schapuhs gegen Konstantius.

Schapuh, der Sohn des Ormisd, schloss mit unserm Könige Tiran eine innige Freundschaft, die so weit ging, dass er ihn mit Truppen unterstützte und von dem Einfalle der nördlichen Völker befreite, die vereinigt über den Engpass von Dsor hinausgekommen waren und sich im Gebiete der Aghovanier vier Jahre lange niedergelassen hatten. Nachdem Schapuh viele andere Könige unterworfen und viele barbarische Völker zu seiner Unterstützung gewonnen hatte, machte er einen Einfall in die mittleren Länder und Palästina. Jedoch Konstantius machte den Julian zum Cäsar und ergriff die Waffen gegen ihn; es wurde eine Schlacht geschlagen, aber beide Theile wurden besiegt, da von beiden Seiten eine grosse Anzahl fiel; Keiner wandte dem Andern den Rücken, bis man zur Vereinbarung kam und auf wenige Jahre Frieden schloss. Konstantius fiel nach seiner Rückkehr aus Persien in eine langwierige Krankheit und starb in Mopsvestia, einer Stadt Ciliciens, nach einer Regierung von 23 Jahren. In seinen Tagen erschien das leuchtende Kreuz zur Zeit des seligen Cyrillus.

13.

Warum Tiran sich zu Julian begibt und Geissel gibt.

Zu derselben Zeit gelangte der gottlose Julian in Griechenland zur Regierung. Er verleugnete den wahren Gott, betete die Götzen an und erregte Verfolgung und Verwirrung gegen die Kirche. Auf vielfache Weise bemühte er sich, den christlichen Glauben zu vernichten; jedoch nicht durch Gewalt bestimmte er die Christen, sondern brachte sie durch List zur Anbetung der Dämonen. Als die Gerechtigkeit ihn gegen die Perser bewaffnet hatte, marschirte er durch Cilicien und gelangte nach Mesopotamien; jedoch die persischen Truppen, welche das Land bewachten, hieben die Stricke der Schiffsbrücke über den

Euphrat durch und vertheidigten den Uebergang. Aber unser König Tiran begibt sich zu Julian, greift die persischen Truppen an und schlägt sie in die Flucht; zum Beweise seines Diensteifers führt er den gottlosen Julian mit seiner zahlreichen Cavallerie hinüber und wird dafür sehr von diesem geehrt.

Auf die Bitte Tirans, ihn nicht mit sich nach Persien zu nehmen, da er nicht reiten könne, geht Julian ein, verlangt aber Truppen und Geissel. Tiran schont seines zweiten Sohnes Arschak und gibt ihm seinen dritten Sohn Trdat mit seiner Frau und seinen Söhnen und den Tirith, den Sohn des verstorbenen Artasches, seines ältesten Sohnes. Julian nimmt sie und schickt sie sofort nach Byzanz, entlässt den Tiran in sein Land und gibt ihm sein Bild, das auf eine Tafel gemalt war, worauf auch die Bilder einiger Götzen sich befanden; er befiehlt ihm dasselbe in der Kirche auf der Ostseite aufzustellen, indem er sagt, dass alle der römischen Macht Zinspflichtigen so thun. Tiran geht darauf ein, nimmt und bringt das Bild hierhin ohne zu bedenken, dass durch diese List die Bilder der Dämonen angebetet wurden.

14.

Martyrium der heiligen Jusik und Daniel.

Als Tiran in den Kanton Dsoph gekommen war, wollte er in seiner königlichen Kirche das Bild aufstellen. Allein der heilige Jusik entriss es den Händen des Königs, warf es zu Boden, trat es mit Füssen und zerbrach es, wobei er den Betrug enthüllte. Tiran hörte nicht auf ihn, da er sich vor Julian fürchtete bei dem Gedanken, dass er selbst als Zertreter des königlichen Bildes sterben müsse. Da dieses noch die Flamme der Bosheit vergrösserte, die er gegen den heiligen Jusik wegen des fortwährenden Tadels seiner Vergehen hatte, befahl er ihn so lange mit Peitschen zu schlagen, bis er während des Schlagens den Geist aufgab.

Da nach dem Martyrium dieses Tiran von dem alten Priester Daniel, welcher der Schüler und Vicar des heiligen Gregor war, mit Flüchen beladen worden war, befahl er diesen zu erdrosseln.

Seine Schüler nahmen seinen Leichnam und begruben ihn in seiner Einsiedelei, welche Eschengarten heisst. Den Körper des heiligen Jusik brachte man zu dem seines Vaters ins Dorf Thordan. Er hatte 6 Jahre im bischöflichen Amte verlebt.

15.

Warum Sora mit den armenischen Truppen den Julian ver-
liess und mit seinem Geschlechte getödtet wurde.

Das Gerücht von der Ermordung des heiligen Jusik und das Murren aller Satrapen kam an Sora, den Chef der Reschtunier, der an Stelle Manadschihrs General der armenischen Südarmee war und sich auf Befehl Tirans mit den Truppen im Gefolge Julians befand. Als dieser jenes Gerücht vernommen hat, sagt er zu seinen Truppen: „Wir wollen uns nicht leiten lassen durch den Befehl eines solchen, der Aergerniss in die Anbetung Christi schleudert und dessen Heiligen tödtet, und lasst uns diesen gottlosen König nicht mehr begleiten!" Nachdem er seine Truppen auf seine Seite gebracht hat, kehrt er zurück und befestigt sich in Tmoris, bis er sähe, was die andern Satrapen thun würden. Allein die Boten Julians kommen vor seiner Ankunft an mit einem Briefe an Tiran dieses Inhaltes.

Brief Julians an Tiran.

„Von dem Kaiser Julian, dem Sprossen des Inachus, dem Sohne des Aramasd, dem zur Unsterblichkeit Vorherbestimmten, an Tiran seinen Statthalter Gruss.

Die Truppen, welche du zu mir geschickt hast, hat ihr General genommen und ist weg gegangen. Ich konnte eine Unzahl meiner Legionen ihnen nachsenden und sie festhalten; allein ich habe es aus zwei Gründen unterlassen, erstens, damit die Perser nicht von mir sagen können, ich führe die Truppen mit Gewalt und nicht mit ihrem freien Willen mit mir, und zweitens, um deine Aufrichtigkeit auf die Probe zu stellen. Wenn jener gegen deinen Willen das gethan hat, wirst du ihn sammt seinem Geschlechte tödten ohne auch nur ein Ueberbleibsel ihm zu lassen; wenn nicht, so schwöre ich beim Ras,

welcher mir die Regierung und bei der Athene, welche mir
den Sieg gnädig verliehen hat, dass ich bei meiner Rückkehr
mit unzähliger Heeresmacht dich und dein Land vernichten
werde."

Nachdem Tiran dies gehört hat, sendet er sehr erschrocken
den obersten Wächter seines Harems Namens Hair unter einem
Eide und entbietet den Sora zu sich. Inzwischen hatten dessen
Truppen, da sie gesehen, dass alle Satrapen sich ruhig ver-
hielten, mit der gewohnheitlichen Ungeduld unseres Volkes sich
nach Haus begeben. Sora allein gelassen, begibt sich wider
Willen zum Könige. Der König nimmt ihn fest, bemächtigt
sich auch seiner Festung Aghthamar und vernichtet Alle mit
Gewalt. Nur einen Knaben, den Sohn des Mehendak, des Bruders Soras, flüchteten und retteten seine Ammen. Der König
setzt an Soras Stelle den Saghamuth, den Herrn von Andsit.

16.

Tod der Söhne Jusik. Nachfolge des Pharnerseh auf dem
bischöflichen Stuhle.

Die armenischen Satrapen fordern von Tiran, dass er einen
würdigen Mann ins bischöfliche Amt an Stelle Jusiks einsetze,
weil dessen Söhne, da sie ein nicht lobenswerthes Betragen angenommen hatten, des apostolischen Stuhles unwürdig waren.
Zudem traf sie in jenen Tagen der Tod und zwar ein fürchter-
licher und des Schreckens der Hörer würdiger, da beide Namens
Pap und Athanagines an ein und demselben Orte vom Blitze
erschlagen wurden, ohne dass sie einen erwachsenen zum bischöflichen Amte tauglichen Sprossen hinterliessen, sondern nur den
jungen Sohn des Athanagines Namens Nerses, der in Cäsarea
zu seiner Erziehung gewesen war und um diese Zeit sich nach
Byzanz begeben hatte, um sich mit der Tochter eines mächtigen
Fürsten Namens Aspion zu verheirathen. Der also Niemand
aus dem Geschlechte Gregors vorhanden war, wählte man den
Pharnerseh aus Aschtischatikh im Kantone Taron und machte
ihn zum Oberpriester im zehnten Jahre Tirans. Er sass vier
Jahre auf dem bischöflichen Stuhle.

17.

Wie Tiran von Schapuh bei seiner Ankunft auf dessen Einladung hin geteuscht und geblendet wurde.

Nach allem Diesem erhielt der gottlose Julian nach Verdienst seiner Pläne eine Wunde in die Eingeweide und starb in Persien. Die Truppen kehrten zurück mit Jovian als König, der aber auf dem Wege starb, ohne Byzanz zu erreichen. Der Perserkönig Schapuh verfolgt dieselben und ladet betrügerischer Weise den Tiran zu sich ein, indem er ihm diesen Brief schreibt.

Brief Schapuhs an Tiran.

„Von dem Helden der Feueranbeter und Genossen der Sonne, dem Perserkönige Schapuh, an seinen lieben Bruder theuern Andenkens, an Tiran, den König der Armenier, viele Grüsse: Ich bin in Wahrheit zu der Ueberzeugung gekommen, dass du die Liebe zu mir fest bewahrt hast, da du nicht mit dem Kaiser nach Persien gekommen bist und dazu auch nach den Truppen, welche er von dir empfangen hatte, geschickt und sie zurückgerufen hast. Das Erste, was du gethan hast, ist meines Wissens das, dass du ihn nicht durch dein Gebiet marschiren liessest, was er sicher gethan hätte; in Folge davon verlor die Vorhut meines Heeres den Muth und kam zurück, wobei sie dich zum Vorwande nahm. Darüber erzürnt habe ich ihren Anführer Ochsenblut trinken lassen. Deinem Reiche aber werde ich nichts Böses zufügen, ich schwöre es bei dem grossen Gotte Mihr, nur beeile dich mich zu besuchen, damit wir Etwas zum allgemeinen Wohle aussinnen können."

Als Tiran das gehört hatte, verlor er den Kopf und ging zu ihm; denn die Gerechtigkeit trieb ihn an den Ort seines Todes. Als Schapuh ihn sah, tadelte er ihn mit Worten in Gegenwart seiner Truppen und liess seine Augen blenden, wie dem Sedekias im Alterthume geschah. Vielleicht wurde so Rache genommen für jenen heiligen Mann, durch den unser Land erleuchtet ist nach dem Worte des Evangeliums, das Licht der

Welt zu sein, dessen Tiran Armenien beraubte. Auch er wurde
des Lichtes beraubt nach einer Regierung von 11 Jahren.

18.

*Schapuh setzt den Arschak zum Könige ein und macht Ein-
fälle nach Griechenland.*

Schapuh setzte an Stelle Tirans dessen Sohn Arschak zum
Könige ein, da er fürchtete, die armenischen Truppen möchten
irgendwie ein Hinderniss für die Ausführung seiner Pläne werden;
so hielt er es für gut durch eine Wohlthat sich des Landes zu
versichern. Er unterwarf auch den Satrapenstand, indem er
von Allen Geissel nahm. An Stelle des Amatuniers Wahan,
des Generals der armenischen Ostarmee, setzte er seinen Freund
den Siunier Waghinak und anvertraute ihm Armenien. Er selbst
verfolgte die griechischen Truppen und liess sich nach Byzanz
gekommen mehrere Monate dort nieder. Da er Nichts auszu-
richten vermag, errichtet er am Meeresufer eine Säule und darauf
einen Löwen mit einem Buche unter den Füssen, was bedeutet,
dass wie der Löwe das mächtigste unter den Thieren, so der
Perserkönig der mächtigste unter den Königen ist; das Buch
bedeutet den Sammler der Wissenschaft, welcher die römische
Regierung war.

19.

Wie Arschak den König der Griechen verachtete.

Um diese Zeit erhob sich von Seiten der nördlichen Völker
her eine Aufruhr gegen den Perserkönig Schapuh. Der griechische Kaiser Valentinian sendet Truppen in die mittleren
Länder und vertreibt die persische Armee. Darauf schickt er
an unsern König Arschak einen Brief.

Brief Valentinians an Arschak.

„Von dem Kaiser Valentinian Augustus und seinem Thron-
und Krongenossen, dem Cäsar Valens, an Arschak, den König
der Armenier, Gruss.

Du musst dich erinnern an das Böse, welches euch von

den gottlosen Persern zugefügt worden ist, und an die Gnaden, welche euch von uns von den alten Zeiten an bis auf dich zugeflossen sind, dich von jenen entfernen und an uns anschliessen. Desgleichen musst du dich mit unsern Truppen vereinigen und gegen jene kämpfen und mit günstig lautenden Briefen von meinen Generälen den Tribut von deinem Lande übersenden. Deine Brüder und die mit ihnen Verbannten werden dann befreit werden. Lebe wohl in allem Gehorsame gegen die römische Herrschaft!"

Arschak antwortete nicht auf den Brief, sondern empörte sich und verachtete die Römer. Er schloss sich auch nicht mit ganzem Herzen an Schapuh an, sondern wurde stolz, wobei er seinen Ruhm immer in Weingelage und in den Gesang der Sängerinnen setzte. Tapferer und männlicher scheinend als Achill glich er in Wahrheit dem lahmen und spitzköpfigen Thersites. Er entzog sich der Auctorität seiner Vorgesetzten, bis er den Lohn für seinen Stolz empfing.

20.

Der heilige Nerses und die von ihm geschaffene gute Ordnung.

Im dritten Jahre der Regierung Arschaks wurde Patriarch von Armenien der grosse Nerses, der Sohn des Athanagines, des Sohnes Jusiks, des Sohnes des Werthanes, des Sohnes des heiligen Gregor. Nachdem er aus Byzanz nach Cäsarea zurückgekehrt und nach Armenien gekommen war, erneuerte er alle Reformgesetze seiner Väter und fügte noch neue hinzu; denn die gute Ordnung, die er in Griechenland besonders in der Residenz gesehen hatte, ahmte er dabei nach. Er berief eine Versammlung der Bischöfe mit allen Laien und führte durch canonische Bestimmung eine geordnete Wohlthätigkeitspflege ein, indem er die Wurzel der Herzenshärte ausrottete, welche in unserm Lande natürlich gewohnheitsmässig war. Die Aussätzigen nämlich wurden vertrieben, wie wenn sie vor dem Gesetze als Unreine gegolten hätten, und die mit ansteckender Krankheit behafteten jagte man hinaus, damit ihre Krankheit nicht von ihnen auf Andere überginge; der Aufenthalt dieser waren Wüsten und Einöden, ihr Schutz Felsen und Gebüsch, bei Niemanden fanden sie Trost in ihrem Elende. Unter diesen Umständen wurden auch die Krüppelhaften nicht gepflegt, die unbekannten Reisenden nicht aufgenommen und die Fremden nicht beherbergt.

Nerses befahl nun in allen Kantonen in abgelegenen und gesunden Orten Hospitäler zu errichten, damit diese als Ersatz für die griechischen Hospitäler den körperlich Leidenden zum Troste gereichten. Er theilte ihnen Bürgen und Ländereien zu, die fruchtbar waren an Feldfrüchten, an Milchspeisen von den Heerden und Wolle, damit man die Kranken von ferne bedienen könnte, und sie aus ihren Wohnungen nicht herauszugehen brauchten. Er übertrug diese Angelegenheit dem Chadd, welcher aus den Wiesengegenden von Karin gebürtig und sein Diakon war. Er befahl auch in allen Dörfern Gasthäuser für die Fremden und Pflegehäuser für die Waisen und Greise und zur Ernährung der Armen zu errichten. Er baut auch in der Wüste und an menschenleeren Orten Congregationshäuser, Klöster und Zellen für Einsiedler. Zu Vätern und Aufsehern derselben bestellte er den Schaghita, den Epiphanius, den Ephrem, den Gind aus dem Geschlechte der Selkunier und einige Andere.

Zwei Dinge hebt er bei den Satrapengeschlechtern auf, erstens die Heirath mit Verwandten, die sie einzugehen pflegten, um besondere Freiheiten anzuhäufen, und zweitens die Verbrechen, die sie an den Todten nach heidnischer Gewohnheit begingen. Von nun an konnte man die Bewohner unseres Landes nicht mehr wie die Barbaren ungeordnet, sondern wie gebildete Menschen wohl geordnet sehen.

21.

Ermordung Trdats, des Bruders Arschaks, Reise des heiligen Nerses nach Byzanz und Zurückführung der Geissel.

Streng und ganz schrecklich verfuhr Valentinian gegen die Ungerechten; so liess er viele Fürsten wegen ihrer Räuberei tödten und einen gewissen Rodanus, den Chef der Eunuchen, lebendig verbrennen; denn letzterer hatte trotz dreimaligen Befehles den Raub des Vermögens einer Wittwe nicht wieder gut gemacht. An demselben Tage kamen auch die Gesandten an, die er nach Armenien gesandt hatte, und erzürnten ihn noch mehr durch ihren Bericht über den stolzen Arschak. Da er nun in dieser Stunde schon Zorn im Herzen trug, befahl er den Trdat, den Bruder Arschaks und Vater des jungen Gnel, zu tödten.

Theodosius kommt mit einem grossen Heere und marschirt gegen Armenien; als er die armenische Grenze erreicht hat, entsetzt sich Arschak und schickt den grossen Nerses zu ihm. Verzeihung erflehend gibt er den ganzen rückständigen Tribut und sendet dazu den grossen Nerses mit reichen Geschenken. Als dieser angekommen den König zur Verzeihung bewogen hat, wird er sehr von ihm geehrt; er erfleht auch und empfängt die Geissel und kehrt dann zurück. Er bringt auch eine Jungfrau Namens Olympiade aus dem kaiserlichen Geschlechte als Frau für den Arschak. Der Kaiser zeigt seine Güte an dem jungen Gnel für den von ihm ungerechter Weise vollbrachten Mord seines Vaters Trdat und gibt ihm die Ehrenstelle eines Consuls und viele Schätze. Tirith auf diesen eifersüchtig sann fortwährend auf Böses gegen ihn und wartete nur auf einen dazu günstigen Tag.

22.

Wie der Zusammenstoss Arschaks mit Gnel stattfand. Tod Tirans.

Gnel kam auf die Burg Kowasch, welche am Fusse des Aragads genannten Berge liegt, zu seinem geblendeten Grossvater Tiran; denn dieser war damals noch am Leben. Tiran beweinte bitter seinen Sohn Trdat, den Vater Gnels, da er sich als die Ursache der Ermordung desselben betrachtete. Daher übergibt er dem Gnel alle seine Güter und den Besitz seiner Dörfer und Meierhöfe und lässt ihn in der Burg Kowasch wohnen. Darauf nimmt Gnel sich zur Frau eine gewisse Pharandsem aus dem Geschlechte der Siunier; er feiert seine Hochzeit auf königliche Weise und gibt allen Satrapen reichliche Geschenke. Diese fanden Gefallen an ihm und liebten ihn und übergaben ihm ihre Kinder. Er nahm sie an und bekleidete sie grossartig mit

Schmucksachen und Waffen. In Folge davon liebten sie ihn noch mehr.

Hier fand Tirith einen Grund zur Anklage; er begab sich zum Könige mit seinem Freunde Wardan, dem Waffenträger des Königs, welcher aus dem Hause der Mamikonier war, und sprach: „Weisst du nicht, dass Gnel mit dem Plane umgeht dich zu tödten, um an deiner Stelle König zu werden? Siehe da, o König, den Beweis dafür, Gnel hat sich auf dem Ararat in deinen, der Könige, Besitzungen niedergelassen, und das Herz der Satrapen ist für ihn gewonnen. Die Kaiser haben ihm, da sie dasselbe vorhaben, die Würde eines Konsuls und grosse Schätze gegeben, mit denen er die Satrapen bestochen hat." Wardan schwur dem Könige bei der Sonne und sprach: „Mit meinen eigenen Ohren habe ich den Gnel sagen hören, ich erlasse meinem Oheime nicht die Strafe für den Tod meines Vaters, der durch ihn verschuldet ist."

Arschack glaubt diesem und schickt eben jenen Wardan zu Gnel mit der Frage: „Warum hast du dich auf dem Ararat niedergelassen und das Gesetz der Väter übertreten?" Denn es war Gewohnheit, dass der König allein auf dem Ararat wohnte und einer seiner Söhne, den man als Nachfolger des Königs betrachtete, und dass die andern Arschakunier sich in den Kantonen von Haschtenikh, Aghiovit und Arberan mit Pensionen und Einkünften vom Könige niederliessen. „Du hast nun zu wählen zwischen dem Tode und dem Weggehen vom Ararat und der Entlassung der Söhne der Satrapen." Als Gnel das gehört hatte, befolgte er den Befehl des Königs sich nach Aghiowit und Arberan zu begeben. Allein sein Grossvater Tiran sandte harte Vorwürfe an seinen Sohn Arschak. Daher wurde er heimlich erdrosselt von seinen Kammerdienern auf Befehl des Königs und in derselben Burg Kowasch begraben ohne des väterlichen Grabes gewürdigt zu werden. Vielleicht hat er so Genugthuung für den Mord an Daniel, dem Manne Gottes, gegeben. Mit dem Masse, mit welchem er mass, wurde ihm gemessen gemäss der heiligen Schrift.

23.

Erneuerte Eifersucht Arschaks gegen Gnel und Ermordung desselben.

Darauf begibt sich der König auf den Rücken des Masis um in seinem geliebten Kantone in Kogajowit zu jagen. Die Jagd wurde heftig; die Menge des Wildes in einer einzigen Stunde war so gross, wie noch bei keinem Könige vor ihm; dieser ergötzte und rühmte sich beim. Weine. Jetzt erneuern Tirith und Wardan ihre Verleumdung und sagen, Gnel habe an demselben Tage viel mehr Wild als jener auf seinem Schahapiwan genannten Berge, welcher von seinem mütterlichen Oheime, dem Genunier Gnel, ihm überkommen war. Daher übersendet er ihm dieses Dekret.

Brief Arschaks an Gnel.

„Von Arschak, dem Könige Grossarmeniens, an seinen Sohn Gnel Gruss.

Du wirst die wildreichen Orte auf dem Berge Dsaghkats an den Waldbächen besuchen und Vorbereitungen treffen, damit ich bei meiner Ankunft eine Jagd gemäss der königlichen Würde finde.“

Arschak folgte dem Dekrete schnell nach und hatte dabei die Absicht, den Gnel zu finden, ohne dass er nach dem Befehle gehandelt hatte, und zum Vorwande nehmend, dass er dem Könige die Freude missgönne, ihn in Ketten zu legen. Jedoch als er eine solche Bereitschaft zur Jagd und Menge Wild, wie er noch nie gesehen hatte, wahrnahm, befahl er, von den Gedanken des Neides und Argwohns gepeinigt, jenem Wardan auf dieser Jagd den Gnel zu tödten, und zwar so, dass es den Anschein gewänne, als ob im Irrthume durch einen Fehlschuss, während er aufs Wild schiessen wollte, der Pfeil ihn getroffen hätte. Als jener diesen Befehl erhalten hat, führt er ihn sofort aus, nicht so sehr wegen des Befehles des Königs, als wegen des Willens seines Freundes Tirith. Arschak stieg mit den Satrapen in die Ebene Aghiowit herab und begrub den Leichnam

Gnels in der königlichen Stadt Sarischat; um als unschuldig zu gelten, beweint er ihn sehr.

24.

Wie Arschak die Kühnheit hatte, das Weib Gnels zur Frau zu nehmen, von welchem Pap geboren wurde.

Obgleich Arschak seine Verbrechen heimlich zu begehen gedacht hat, so wird doch das, was vor dem Alles sehenden Auge Gottes nicht verborgen bleibt, auch der Welt bekannt zum Schrecken der Sünder; so geht es auch mit dem Tode Tirans und Gnels. Alle Welt nämlich wusste davon; der grosse Nerses erfuhr es auch und verfluchte den Arschak und den Urheber des Mordes; er ging fort und verbrachte viele Tage in Trauer, wie Samuel wegen des Saul. Arschak jedoch hatte gar keine Reue, sondern die Unverschämtheit, sich mit Gier auf die Schätze und das Erbe des Ermordeten zu stürzen und dazu noch dessen Weib, die Pharandsem, zur Frau zu nehmen, von welcher ein Knabe geboren wurde, der den Namen Pap erhielt.

Diese Pharandsem beging ein unerhörtes, aussergewöhnliches und des Abscheues der Leser würdiges Verbrechen. Durch einen unwürdigen falschen Priester liess sie ein tödtliches Gift in die Hostie mischen und der Olympias, der ersten Frau Arschaks, reichen und beförderte diese so aus der Welt aus Eifersucht auf ihren königlichen Rang. Auf dieselbe Weise lässt sie den Arschak auch den Waghinak ermorden, um an dessen Stelle ihren Vater Antiochus zu setzen.

25.

Ermordung Tiriths.

Als Schapuh vor den nördlichen Völkern Ruhe und so Zeit zur Kriegführung gewonnen hatte, liess er dem Zorne freien Lauf, den er gegen Arschak hatte, weil dieser nicht ihm, sondern dem Kaiser so viele Jahre hindurch Tribut gezahlt hatte. Desshalb schickt Arschak den Tirith und dessen Freund Wardan mit würdigen Geschenken an ihn, um den Frieden zu erbitten. Da aber Schapuh für die vergangenen Kriege sich rächen will, zieht er zum Kriege gegen die Griechen aus, wesshalb er auch unsern König Arschak auffordert mit allen armenischen Truppen zu ihm zu stossen. Jedoch Arschak will nicht selbst hingehen, sondern findet einen Vorwand und sendet ein schwaches Armeecorps zu Schapuh.

Arschak, gegen Tirith aufgebracht, beraubt ihn seiner Ehrenstelle, wie wenn jenes auf seine Anstiftung hin geschehen wäre, aus Ursache des Hasses, den er gegen die Griechen hatte. Noch mehr erzürnte den König sein Waffenträger Wasak, der Eifersucht gegen seinen Bruder einer jungen Concubine wegen hatte. Desshalb fuhr Arschak den Tirith und Wardan mit Schimpf- und Schmäh-Worten an. Da sie aber eine solche Beschimpfung und solche Vorwürfe nicht ertragen konnten, beabsichtigten sie sich auf die Seite Schapuhs zu schlagen. Darüber noch mehr aufgebracht befiehlt Arschak eben jenem Wasak mit einer zahlreichen Mannschaft ihnen nachzueilen, um sie zu tödten, wo er sie träfe. Ohne Zögern vollbrachte das Wasak, obgleich Wardan sein Bruder war. So wurde das unschuldige Blut Gnels von dem gottlosen Tirith gemäss den Verwünschungen des Nerses und von Wardan durch seinen leiblichen Bruder der Tod gefordert.

26.

Niederlage Schapuhs bei Tigranakert.

Schapuh kommt vor unserer Stadt Tigranakert an; es stellen sich ihm die Bürger der Stadt mit einer Truppenabtheilung entgegen; denn Antiochus, der Chef der Siunier, welcher der Schwiegervater Arschaks und Stadtcommandant war, befahl dem Schapuh die Thore zu schliessen. Nicht allein verweigerte er ihm den Einmarsch in die Stadt, sondern schickte auch keine Gesandten an ihn und nahm auch die seinigen nicht an. In einer gewaltigen Schlacht tödtet man viele Perser, und die Armee Schapuhs vollständig geschlagen kehrt nach Medsbin zurück. Nachdem Schapuh sich ausgeruht und von den Strapazen erholt hatte, suchte er Tigranakert zu nehmen. Aber die Truppen der Vorhut und die Kundschafter liessen ihn nicht damit sich beschäftigen unter dem Vorwande, dass die Angelegenheit mit den

Griechen darüber in Unordnung gerathe. Darauf marschirt Schapuh weiter, schreibt aber an die Bewohner von Tigranakert einen Brief folgenden Inhaltes.

Brief Schapuhs an die Stadt Tigranakert.

„Der Held der Feueranbeter Schapuh der König der Könige an die Bewohner von Tigranakert, die ihr nicht mehr genannt werden sollt unter den Ariern und Anariern. Ich wollte bei euch beginnend in alle benachbarten Städte in Ruhe und mit edlem Freimuthe meinen Einzug halten. Wenn nun ihr Bewohner von Tigranakert, die ihr die ersten seid, ich sage nicht durch einen Angriff, sondern im Eingange meiner Reise euch mir entgegenstellt, so werden die Andern von euch lernen dasselbe zu thun. Aber bei meiner Rückkehr werde ich euch in meinem Zorne so zu Grunde richten, dass ihr ein doppelt abschreckendes Beispiel für die hartnäckigen Ungehorsamen werdet."

27.

Wie Arschakavan erbaut und zerstört und Ani erobert wurde.

Arschak verstieg sich auch dazu eine Thorheit zu begehen. Auf der Rückseite des Masis erbaute er ein Dorf als Sammelplatz für Verbrecher und gab den Befehl, dass gegen denjenigen, der sich dahin retten und dort niederlassen würde, die Gesetze der Gerechtigkeit nicht in Anwendung kommen sollten. Sofort wurde das ganze Thal bis zum Uebermasse von Menschen angefüllt; denn unredliche Kassenverwalter, Verschuldete, Sklaven, Verbrecher, Räuber, Mörder, solche, die ihre Weiber verstossen hatten, und Andere der Art warfen sich flüchtig dorthin und lebten daselbst ohne Aufsicht und Verfolgung. Obgleich die Satrapen sich mehrere Mal beklagten, hörte Arschak doch nicht auf sie, bis sie sich mit ihren Klagen an Schapuh wandten. Bei seiner Rückkehr aus Griechenland, sandte Schapuh einen seiner Generäle und eine armenische Truppenabtheilung mit ihm, um, wo möglich, sich des Arschak zu bemächtigen; jedoch dieser flüchtete sich vor ihnen mit Zustimmung der Iberier in die Gegenden des Kaukasus.

Der persische General kommt nach Armenien und erobert mit Hilfe der Satrapen die Festung Ani und nimmt alle königlichen Schätze in ihr und auch die Gebeine der Könige hinweg; ich weiss nicht, ob er dies that, um dem Arschak einen Schimpf anzuthun, oder in Folge eines heidnischen Orakelspruches. Darauf erbaten sich die Satrapen die Gebeine, nahmen und begruben sie in der Burg Aghts, welche am Fusse des Aragads genannten Berges liegt. Da sie die Gebeine der Heiden und der Gläubigen nicht von einander zu unterscheiden wussten, da sie von den Räubern durcheinander gemischt worden waren, hielten sie es nicht für passend, sie in den Gräbern der Heiligen in der Stadt Wagharschapat beizusetzen.

Die armenischen Satrapen vereinigten und stürzten sich auf die königliche Stadt Arschakavan und liessen dieselbe, Männer und Weiber, mit Ausnahme der Säuglinge über die Klinge springen; denn ein Jeder war gegen seine Sklaven und die Verbrecher aufgebracht. Obgleich der grosse Nerses das gleich hörte, konnte er doch vor dem Blutbade nicht mehr ankommen; er fand aber am Schlusse der Katastrophe die Kinder der Ermordeten abgetheilt, um in die Gefangenschaft abgeführt zu werden, wie wenn sie Kinder entfernter Feinde gewesen wären. Der grosse Nerses nahm sich ihrer an und befahl sie in Körben in einen Stall zu bringen und besorgte ihnen Nahrung und Ammen. Später wurden sie desshalb Orthkh (Körbe) genannt.

28.

Eroberung und gänzliche Zerstörung von Tigranakert.

Als Schapuh nach Tigranakert gekommen war, verschlossen die Bewohner zum zweiten Male die Thore, um ihm Widerstand zu leisten, stiegen auf die Mauer und schrieen: „Gehe hinweg von uns, Schapuh, damit wir dir zum zweiten Male nicht ein noch grösseres Uebel, als das erste, im Kampfe zufügen." Dieser antwortete: „O ihr Helden der Armenier, die ihr euch in die Mauern Tigranakerts fest eingeschlossen und die Töne euerer Drohungen hinausgesandt habt, es ist die Sache tapferer Männer, in offenem Felde und an freiem Orte zu kämpfen, und Sache der Weiber, sich fest einzuschliessen aus Furcht vor bevorstehenden Kämpfen." Nachdem er dieses gesagt hatte, wandte er sich zu den gefangenen griechischen Soldaten und sprach: „Wenn ich durch euern Kampf diese Stadt nehme, werde ich euch alle mit euern Angehörigen freilassen." Darauf liess er das persische Heer rings um die Stadt marschiren und mit Pfeilen die auf der Mauer Befindlichen niederstrecken.

Die Griechen schoben mit grosser Kraftanstrengung Maschinen, Esel genannt, gegen die Mauer. Dieses Maschinenwerk ist mit Rädern versehen, wird von je drei Mann vorangestossen und ist ausserhalb mit zweischneidigen Aexten und Pflugeisen und spitzen Hacken zur Unterminirung der Fundamente ausgerüstet. Sie zerstörten jene von Tigran, dem Nachkommen Haiks, erbauten und ausgestatteten Mauern und rissen sie gänzlich nieder; Feuer wurde an den Thoren und allen Seiten angezündet, und Steine, Pfeile, Lanzen geschleudert; die Unsrigen verwundet wandten im Schrecken den Rücken. Alle Truppen stürzten sich hinein, und die Hand der Perser liess nicht nach das mörderische Eisen mit Blut zu tränken, bis es nach Sättigung der Wuth der Mörder bis zu den Fundamenten hinfloss. Aber die Hand der Griechen legte in einem Momente Feuer an alle Holzgebäude. Schapuh führte die dem Blutbade Entronnenen gefangen nach Persien und schickte Gesandte zu seinen Truppen in Armenien und liess das ganze Haus der Siunier in seinen männlichen Mitgliedern vernichten.

29.

Krieg Arschaks gegen seine Satrapen, Abreise Paps als Geissel nach Byzanz.

Von Neuem brach ein Aufruhr gegen Schapuh aus von Seiten jener Völkerschaften und wurde dafür den Griechen Ruhe gegönnt, so dass Ruhe und Aufruhr einander ausglichen; die Einen hatten Ruhe während des Aufruhres der Anderen, und diese hatten Ruhe während des Aufruhres jener; das Ende des Einen war der Anfang des Andern. Valentinian erkrankte inzwischen in einer kleinen Festung Namens Bergitium und schied aus der Welt, worauf sein Bruder Valens die Herrschaft übernahm. Dieser schickte gleich nach seiner siegreichen Rückkehr aus einem sehr glücklichen Kriege mit den Gothen Truppen nach Mesopotamien und Armenien auf den Grund hin, dass aus diesen Ländern dem Schapuh Hilfstruppen gegeben worden waren.

Arschak kommt mit einem iberischen Heere an, versammelt auch noch seine wenigen Anhänger und bekriegt die Satrapen, um an diesen für seine Stadt Arschakavan Rache zu nehmen. Es vereinigen sich auch diese unter Führung des Nerseh, des Sohnes Kamsars, und stellen sich dem Arschak in einer Schlacht entgegen. In der Hitze des Kampfes fielen Viele von beiden Seiten; denn Männer standen Männern gegenüber und Keiner wollte eine Niederlage erleiden. Während dieser Lage der Dinge kommen auch die kaiserlichen Truppen an. Da sieht Arschak, dass Schapuh, Valens und seine Satrapen seine Feinde sind, und sendet von Allen verlassen mehrere Mal als Bittender nach dem grossen Nerses; er versprach alle seine bösen Wege zu verlassen, nach seinem Willen zu leben und in Sack und Asche Busse zu thun, wenn er nur kommen, Frieden schliessen und ihn aus den Händen der griechischen Truppen befreien wollte. Auf dieselbe Weise kamen auch von Seiten der Satrapen nach einander zahlreiche Bitten in Bezug auf denselben Gegenstand. Auch die Bischöfe versammelten sich und beschworen ihn doch nicht unbekümmert um den Verlust seiner Stellung zu sein.

Endlich gab der grosse Nerses nach und begab sich mitten unter sie und brachte den Frieden zu Stande, da der König und die Satrapen auf ihn hörten, mit Ausnahme Meruschans, des Chefs der Ardsrunier, und seines Schwagers Wahan, des Mamikoniers, welche nicht auf ihn hörten, sondern als Rebellen zu Schapuh übergingen. Alle andern Satrapen bekräftigten mit einem Eide, dass, wenn der König von jetzt an sich ordentlich aufführe, sie ihm mit Aufrichtigkeit dienen wollten; das wurde zwischen ihnen vereinbart. Auch zu den griechischen Truppen begab sich der grosse Nerses und bat sie, dem Lande nichts

Böses mehr zuzufügen, sondern den Tribut zu nehmen und als Geissel den Sohn Arschaks, den Pap, mit den Söhnen aller Satrapen und dann zurückzukehren. Auf dieses geht der milde und grosse General Theodosius ein und kehrt zum Kaiser zurück mit den Geisseln, führt auch den grossen Nerses mit sich mit einem Briefe Arschaks, der folgendermassen lautete.

Brief Arschaks an Valens.

„Von Arschak dem Könige Grossarmeniens und allen Satrapen des armenischen Volkes an ihren Herrn den Kaiser Valens Augustus und dessen Sohn Gratianus Gruss.

Setze dir, o Kaiser, nicht in den Kopf, dass wir aus Hass gegen dich revoltirt oder uns für mächtig haltend eine Räuberbande nach Griechenland gesandt haben, sondern wir haben, nachdem wir zur Kenntniss der grossen Verwirrung, welche in euerer Mitte entstanden war, gelangt waren, den Schapuh mit einem schwachen Heere unterstützt, weil wir Furcht vor ihm hatten, da ja Niemand uns seinen Händen entreissen konnte. Aber ich Arschak selbst marschirte nicht mit ihm, da ich die Treue gegen euch bewahrte; desshalb hat er unser Land verwüstet und die Bewohner gefangen genommen, ja sogar die Gebeine unserer Väter aus den Gräbern herausgegraben. Und nun glaubet unsern Gesandten, bewahret fest die frühere Liebe gegen uns, und wir werden euch den aufrichtigsten Gehorsam leisten." Allein Valens las den Brief nicht und liess auch den grossen Nerses nicht vor, sondern liess ihn verbannen und alle Geissel über die Klinge springen.

30.

Verbannung des grossen Nerses, seine Verstossung und Verwahrung auf einer unbewohnten Insel; Art und Weise, wie die Verbannten durch die göttliche Vorsehung ernährt wurden.

In jener Zeit sass auf dem bischöflichen Stuhle von Byzanz der Feind des heiligen Geistes Macedonius. Als der Befehl vom Könige kam, den grossen Nerses als Betrüger und Verächter des Königs zu verbannen, näherten sich ihm einige Anhänger des Arius und sagten: „Wenn du unser Glaubensbekenntniss annimmst, so befreit dich unser Vater Macedonius." Da er sich nicht dazu verstand, wurde er verbannt. Auf der Fahrt übers Meer bei heftigem Winterwinde wurde er gegen eine wüste Insel geschleudert und zerbrach das Schiff; da die Schiffsmannschaft mit dem Nachen nicht fahren konnte, blieben sie daselbst, an Allem Noth leidend und mit Wurzeln aus den Wäldern sich ernährend. Durch die göttliche Vorsehung wurden sie acht Monate hindurch mit Fischen ernährt, welche das Meer lebendig auswarf. Pap aber hatte mit den übrigen Geisseln nachgegeben, wofür Macedonius ihn befreit hatte.

31.

Ermordung der Satrapen durch Arschak, Charakter des Bischofs Chad.

Nach der Entfernung des grossen Nerses brach Arschak jeden Eid, den er den Satrapen geschworen hatte, und suchte Rache für seine Stadt Arschakavan. Er tödtete viele Satrapen und räumte besonders das Geschlecht der Kamsarier aus dem Wege, da er mit wahrer Gier nach ihrer Festung Artager und ihrer freien Stadt Erovandaschat verlangte. Er berief sie nämlich als seine Verwandten zu sich in seinen verlassenen Palast zu Armavir unter dem Vorwande der Ehrenbezeugung und liess insgesammt Männer und Weiber mit den Kindern ermorden. Keiner von ihnen entging mit Ausnahme des Spandarat, des Sohnes Arschavirs; er hatte nämlich als zweite Frau eine Arschakunierin und wohnte in deren Besitzung in den Gegenden von Taron und Haschtenikh in Trauer wegen seines Oheims Nerseh; daher fiel er nicht in das Blutbad. Als er aber die Trauerbotschaft vernommen hatte, ging er mit seinen Söhnen Schavarsch und Gasavon und allen seinen Hausgenossen flüchtig nach Griechenland.

Der grosse Nerses hatte bei seinem Weggange nach Griechenland seinen Diakon Chad zum Bischofe von Bagravand und Ascharunikh geweiht und ihm die ganze Verwaltung des Landes bis zur Zeit seiner Rückkehr anvertraut. Dieser Chad war in Allem dem grossen Nerses gleich und übertraf ihn noch in der Sorge für die Armen; seine Vorrathshäuser hatten auf wunderbare Weise Ueberfluss, wie zur Zeit des Elias und Elisäus. Wenn er den König tadelte, war er schrecklich, streng und furchtlos. Für den Satan war nur in einem einzigen Punkte Etwas an ihm zu finden; er war nämlich kleiderstolz und ein Pferdeliebhaber; dieses tadelten und machten lächerlich um sich zu rächen diejenigen, welche von ihm getadelt worden waren. Desshalb legte er für die Zukunft die prächtigen Kleider ab, trug einen Bussgürtel und ritt auf einem Esel bis auf den Tag seines Todes.

32.

Wie Arschak den seligen Chad ergreifen liess und steinigen
wollte wegen des Tadels seiner Verbrechen.

Als Arschak das Geschlecht der Kamsarier hatte ermorden lassen, befahl er ihre Leichen hinweg zu schleppen und ohne Begräbniss als Frass für die Hunde hinzuwerfen und verbrachte dann, wie wenn er mit einem grossen Siege gekrönt wäre, in Wohlleben seine Tage, wobei er die Güter Jener in Armavir zusammen bringen und aufhäufen liess. Zwei sehr tiefe und gewaltig breite Gräben grub man in der Stadt Nachdschavan und brachte dorthin auf Wagen die Güter der Burg der Kamsarier. Als die Fuhrleute von Thieren zernagte Menschenknochen auf dem Rande eines Grabens zerstreut sahen, erkundigten sie sich und erfuhren, dass es die Gebeine ihrer Herren seien; sie sammelten dieselben in dem Schilfe auf Wagen und beerdigten sie in den Gräben. Als Arschak das erfährt, lässt er die Fuhrleute über einem Graben an einem Galgen aufhängen.

Chad, der das erste Mal nicht zugegen war, kam jetzt gerade an und begann den König unter Vorwürfen zu tadeln. Arschak befahl ihn zu ergreifen und zu steinigen. Der Chad aber Schwäger seiner Tochter hatte, die zu den grossen Satrapengeschlechtern, zum mächtigen und tapfern Hause der Apahunier gehörten, zogen diese das Schwert, verwundeten diejenigen

tödtlich, die ihn ergriffen, befreiten den Chad aus ihren Händen
und begaben sich in ihre Kantone. Arschak wagte nicht sich
zu widersetzen, damit nicht ein Aufruhr aller Satrapen sich
erhebe.

33.

*Regierung des Theodosius des Grossen; das Concilium, welches
berufen wurde wegen der Bekämpfer des heiligen Geistes.*

Valens verbrannte nach dem Verdienste seiner Handlungen,
indem er ein Beispiel der ewigen Hölle auf dieser Welt gab,
zu Adrianopel und starb; die Krone nahm Theodosius. Dieser
zerstörte von Grund aus die Götzentempel, die schon von dem
heiligen Konstantin geschlossen worden waren, nämlich die der
Sonne, der Artemis und der Aphrodite in Byzanz. Ebenso riss
er den Tempel zu Damaskus nieder und machte daraus eine
Kirche, gleicher Weise auch den Tempel der Stadt Ilus, den
grossen und durch die drei Steine berühmten Tempel des Libanon.

Theodosius rief alle heiligen Väter zurück, die wegen des
wahren Glaubens in die Bergwerke verbannt worden waren,
unter diesen auch den grossen Nerses, den er zu sich nach
Byzanz bringen liess und unter grosser Ehrenbezeugung zurück-
hielt bis zur Feststellung des wahren Glaubens gegen die Gotteslästerungen des gottlosen Macedonius. Dieser bekannte nämlich
den heiligen Geist nicht als Gott, auch nicht als der Anbetung
und des Ruhmes mit dem Vater und dem Sohne würdig, sondern als der göttlichen Wesenheit fremd, geschaffen, sklavisch
und dienstbar, als eine Wirksamkeit und nicht als persönliches
Wesen. Die heiligen Väter versammelten sich in der kaiserlichen Stadt Byzanz, Damasus von Rom, Nektarius von Konstantinopel, Timotheus von Alexandrien, Melitus von Antiochien,
Cyrillus von Jerusalem, Gregorius von Nyssa, Gelasius von
Cäsarea, Gregorius von Nazianz, Amphilochus von Ikonium und
andere Bischöfe, im Ganzen 150 Väter, welche den Macedonius
und alle Bekämpfer des heiligen Geistes verdammten und aus
der Kirchengemeinschaft ausschlossen.

34.

Arschak begibt sich wider Willen zu Schapuh und kehrt nicht wieder zurück.

Da Schapuh wieder keinen Krieg zu führen hat, sendet er gegen den Arschak dessen Verwandten den Alanaosan, einen Pahlavabkömmling, mit einem gewaltigen Heere. Arschak floh vor demselben und ward von vielen Satrapen verlassen. Die Satrapen reichten dem Alanaosan die Hand und gingen freiwillig zu Schapuh über, da sie ungehalten waren über ihren König Arschak, und kehrten von jenem mit Ehren überhäuft in unser Land zurück. Arschak daher sehr in Nöthen sendet eine Botschaft an den Chef des persischen Heeres mit den Worten: „Du mein Blutsverwandter, warum verfolgst du mich mit solchem Eifer? Ich weiss ja wohl, dass deine Ankunft eine unfreiwillige ist, da du die Befehle Schapuhs, gegen deinen Volksangehörigen zu marschiren, nicht umgehen konntest. Nun lass doch mich einen Augenblick gewähren, bis ich mich erholt habe und nach Griechenland gehen kann. Du sollst mein Land in Besitz haben und viele Wohlthaten von mir als deinem aufrichtigen Verwandten empfangen."

Alanaosan antwortet und spricht: „Wenn du meine Stammesgenossen, die Kamsarier, nicht geschont hast, die noch mehr als ich deine Verwandten waren durch Theilnahme an deiner Religion und durch Wohnen in deinem Lande, warum soll ich Schonung von dir hoffen, da ich dir fremd bin an Religion und Vaterland, und wie soll ich in der Hoffnung auf deine Wohlthaten, von denen es noch unsicher ist, ob ich sie erlange, die schon von meinem Könige erlangten verlieren."

Darauf begibt sich Arschak in der höchsten Noth wider Willen zu Schapuh und wird von diesem in Verwahrsam gehalten. Durch Gewalt wird er gezwungen zu schreiben, dass seine Frau Pharandsem an den Hof komme. Schapuh befiehlt allen Grossen mit Pharandsem zu kommen.

35.

Das Unheil, welches Armenien von Seiten Schapuhs traf, und der Tod Arschaks.

Als diejenigen Satrapen Armeniens, welche vor Arschak dem Schapuh die Hand gereicht, in Erfahrung gebracht hatten, dass dieser auch ihre Weiber herausforderte, wie die derjenigen, welche treu zu Arschak standen, und auch gesehen hatten, dass Alanaosan weg ging, und das Heer, welches wegen jener Angelegenheit gekommen, klein war, vereinigten sie sich und vertrieben dasselbe, nahmen ihre Weiber und Söhne und flohen nach Griechenland. Auch die Königin Pharandsem begab sich nicht auf den Ruf ihres Mannes zu diesem, sondern warf sich mit ihren Schätzen in die Festung Artager; sie hoffte, indem sie ihrem Sohne Pap hiervon Nachricht gab, den Händen Schapuhs zu entgehen. Schapuh darüber erzürnt fesselt die Füsse Arschaks mit eisernen Ketten und lässt ihn nach Chuschastan in die Anusch genannte Festung abführen. Er lässt viele Truppen durch den Ardsrunier Meruschan und den Mamikonier Wahan, abgefallene Christen, sammeln und schickt sie nach Armenien. Diese kamen und belagerten die Festung Artager. Obgleich sie gegen dieselbe wegen der unzugänglichen Befestigung Nichts ausrichten konnten, so war doch der Zorn Gottes über Arschak. Die Besatzung nämlich verstand sich nicht dazu auf Nachricht von Pap zu warten, sondern übergab sich freiwillig und ohne Zwang. Man nahm sie mit den Schätzen und der Königin Pharandsem gefangen und führte sie an Pfählen nach Assyrien.

Um dieselbe Zeit kam der Befehl von Schapuh, die Befestigung aller Städte von Grund aus zu zerstören und die Juden in die Gefangenschaft wegzuschleppen, jene Juden nämlich, welche nach den jüdischen Gesetzen zu Wan im Kantone Tosp lebten und welche der Reschtunier Barsaphran in den Tagen Tigrans weggeführt hatte. Schapuh siedelte sie in Aspahan an. Man nahm auch die Juden in Artaschat und Wagharschapat gefangen, die derselbe König Tigran weggeführt hatte und welche

sich in den Tagen des heiligen Gregor und Trdat zum Christenthume bekehrt hatten, unter diesen auch den Sovitha, den Priester
von Artaschat. Zur selben Zeit begaben sich Meruschan und
Wahan zu Schapuh und verleumdeten den Sovitha, den Priester
von Artaschat, dass er nur zu dem Zwecke mit den Gefangenen
gekommen sei, um sie zu ermahnen, die Gesetze des Christenthums streng zu halten. Schapuh liess deshalb den Sovitha
foltern, damit er den christlichen Glauben abschwöre; als er das
nicht that, starb er des Martertodes. Als Arschak alles dieses
schreckliche Elend hörte, vergriff er sich wie Saul an seinem
eigenen Leben. Er hatte 30 Jahre regiert.

36.

*Schlechte Streiche Meruschans gegen uns, Pap wird König von
Armenien.*

Nach dem Tode Arschaks versammelte Schapuh ein grosses
Heer durch Meruschan und sandte es nach Armenien, indem er
jenem das Land anvertraute. Er gab ihm auch seine Schwester
Ormesducht zur Frau und das Eigenthumsrecht über viele Dörfer
und Besitzungen in Persien und versprach ihm auch den Thron
Armeniens unter der Bedingung, dass er die Satrapen unterwerfe
und das Land zum Glauben an die Götzen bekehre. Dazu verstand er sich und ging hin, nahm viele der Weiber der Satrapen
gefangen und liess sie in der Hoffnung auf die Rückkehr ihrer
Männer in verschiedenen Festungen bewachen. Er bemühte sich
das ganze Christenthum auszurotten. Er nahm die Bischöfe und
Priester unter dem Vorwande der Tributerhebung gefangen und
liess sie nach Persien führen. Alle Bücher, die er vorfand, liess
er verbrennen und gab den Befehl die griechische Schrift nicht
mehr zu erlernen, sondern die persische, und verbot griechisch
zu sprechen oder aus dem Griechischen zu übersetzen, unter
dem Vorwande, dass die Armenier überhaupt keine Bekanntschaft und Freundschaftsverbindung mit den Griechen haben
dürften, thatsächlich aber, um die Erlernung des Christenthums
zu verhindern; denn es gab noch keine armenischen Schriftzeichen
und war das Griechische bei dem kirchlichen Dienste im Gebrauche.

Als der grosse Nerses alles Unglück, welches über Armenien gekommen war, und den Tod Arschaks hörte, ging er den Kaiser Theodosius an mit der Bitte um Hilfe. Dieser macht den Pap, den Sohn Arschaks, zum Könige und versammelt um ihn ein grosses Heer durch den tapfern General Terentius. Der grosse Nerses nimmt alle Satrapen, welche Anhänger der persischen Herrschaft, und welche es nicht waren, und führt in Vereinigung mit ihnen den Pap nach Armenien. Bei ihrer Ankunft finden sie den gottlosen Meruschan im vollständigen Besitze Armeniens; sie vertreiben ihn und nehmen das Land für sich selbst im Besitz. Meruschan aber befiehlt den Commandanten an den Mauern der Festungen die Weiber der Satrapen aufzuhängen, bis sie stürben, und ebenso die Leichname an den Galgen hangen zu lassen, damit sie in Verwesung übergingen, um eine Speise der Vögel zu werden.

37.

Grosse Schlacht in der Ebene Dsirav. Ermordung des gottlosen Meruschan.

Nachdem Meruschan ins Land Chorasan an Schapuh die Kunde von jeder Unterstützung, die Theodosius dem Pap leistete, hat gelangen lassen, kommt von Schapuh an alle persischen Truppen der Befehl mit Meruschan nach Armenien in den Krieg zu ziehen. Ebenso benachrichtigen auch Pap und Terentius den Kaiser Theodosius, dass Schapuh allen Truppen mit Ausnahme der Palastwache gegen uns zu marschiren befohlen hat. Darauf befahl der Kaiser Theodosius dem grossen Grafen Adde dem Pap zu Hilfe zu eilen, alle griechischen Truppen mit sich zu nehmen, Niemanden zurück zu lassen, den er mitnehmen könnte, sogar die Fussgarde der Städte mitzunehmen, welche die seidenen Drachen trug.

Der Kampf entwickelte sich in der Dsirav genannten Ebene und es näherten sich einander die Fronten. Die Söhne der tapfern armenischen Satrapen stellten sich freiwillig an die Spitze und stürzten sich zwischen die Fronten unter der Führung ihres Generals des Ritters Sembat, des Sohnes Bagarats aus

dem Geschlechte der Bagratunier. Es kamen auch ihre Alters-
genossen aus den persischen Truppen hervor und marschirten
zwischen die Fronten; der Kampf entwickelte sich auf der ganzen
Linie. Als die persischen Jünglinge die Flucht ergriffen, die
unsrigen sofort zu ihrer Verfolgung sich aufmachten, warfen
diese, wie ein Sturmwind, der in einem Walde die Bäume ent-
blättert, auf schnellen Rossen mit den Lanzen die Leichen kalt
auf die Erde, ohne dass jene zu ihrer Fronte zurückkehren
konnten. Als jedoch die Perser die unsrigen umzingeln wollten,
zogen sich diese hinter die schildbewaffneten Griechen wie in
eine befestigte Stadt zurück, um keinen Schaden zu erleiden;
denn der Fürst Gorgonius hatte es mit seiner Infanterie so ein-
gerichtet, dass er mit Schilden wie mit einer Mauer die Fronte
Paps umgab.

Die griechischen Truppen waren mit Waffen von Gold und
Silber und ihre Pferde ebenso mit Schmucksachen ausgerüstet.
Sie waren anzuschauen wie eine Mauer. Die Mehrzahl derselben
trug Rüstungen von Sehnen und Leder dem Anscheine nach
von der Festigkeit von Steinen; über ihnen flatterte falsches
Haar als Kennzeichen, wie die Blätter dicht belaubter Bäume.
Die Drehungen der Drachen aber, die bei ihrer schrecklichen
Mundöffnung vom Wehen des Windes aufgeblasen waren, kann
ich mit Nichts vergleichen; ich sage nur, dass, wie ein diaman-
tener Berg ins Meer abfällt, die ganze griechische Fronte sich
auf die persischen Truppen stürzte. Diese waren nämlich auch
anzuschauen, wie ein gewaltiger nach der Seite hin weit ausgedehnter Fluss; für wahr, das Aussehen der Panzer hatte die
Farbe des Wassers.

Als der grosse Nerses das Alles sah, begab er sich auf
dem Gipfel des Berges Nepat und erhob seine Hände gegen
und hielt sie ohne sie sinken zu lassen in bittender
ich dem Moses, dem ersten Propheten, bis der
k besiegt war.

Jenne gegenüber unsern Truppen aufging, leuch-
den ehernen Schildern ausgehenden Strahlen, wie
einer grossen Regenwolke kämen, auf den Bergen,

und aus den Truppen sprangen die gepanzerten Helden unserer Satrapen wie Lichtstrahlen hervor; bei ihrem Anblicke allein fürchtete sich schon das persische Heer und beinahe auch das unserige, weil sie nicht gegen den Aufgang der Sonne hinschauen konnten. Jedoch als sie sich schlugen, war der Schatten einer Regenwolke über ihnen, und blies ein heftiger Wind von unserer Seite nach der persischen hin. Im Kampfgewühle stösst der Kamsarier Spandarat auf eine grosse Truppe, in welcher sich der tapfere Schergir, der König der Lekier, befand, welcher mit Entschiedenheit die Spitze der mittleren Heeresabtheilung zu seinem Kampfplatze genommen hatte. Spandarat machte einen Angriff, durchschnitt die Truppe, streckte den Helden wie vom Blitze getroffen zu Boden und schlug die Truppe in die Flucht. So durch höhere Hilfe gestärkt bedeckten die gewöhnlichen Truppen der Griechen und Armenier die ganze Ebene mit Leichen der Feinde und verfolgten den ganzen flüchtig gewordenen Rest; unter diesem vertrieben sie auch vom Schlachtfelde den Urnair, den König der Aghovanier, der von Muschegh, dem Sohne des Mamigoniers Wasak, verwundet worden war.

Jedoch da des gottlosen Meruschan Pferd verwundet war, konnte er nicht mit den Flüchtlingen forteilen; der armenische General Sembat setzt ihm nach, trifft ihn und tödtet seine ganze Begleitung; den Gottlosen nimmt er am Rande eines Schilfwaldes im Kantone Kogajowid gefangen. Da er glaubt, dass der grosse Nerses ihn wohl freilassen könnte, führt er ihn nicht ins Lager, sondern findet an einem der zur Hinrichtung des Bösewichtes geeigneten Orte Nomaden, welche ein Feuer angezündet hatten, und einen eisernen Bratspiess zum Braten des Fleisches; diesen machte er heiss, bog ihn kreisförmig wie eine Krone, machte ihn glühend und sprach: „Ich kröne dich Meruschan; denn du strebtest darnach König von Armenien zu werden, und mir als Ritter liegt es nach dem Gewohnheitsrechte meines väterlichen Hauses ob dich zu krönen." Und während die Krone glühend war wie Feuer, setzte er sie aufs Haupt Meruschans; so kam der Bösewicht um. Von da an wurde das Land der Macht Paps unterworfen und beruhigt.

38.

Wie Pap den heiligen Nerses ein tödtliches Gift trinken liess
und ihn aus dem Leben befőrderte.

Nach dem Aufhören der Kriege und der Beruhigung des
Landes liess der grosse Nerses den König und die Satrapen
schwören auf allen Wegen der Gerechtigkeit zu wandeln, damit
auch ihre Werke den christlichen Glauben bezeugten, und zwar
speciell den König, seinem Vater nicht zu gleichen, nicht ungerecht zu sein und nicht zu rauben, sondern sich ordentlich auf-
zuführen durch väterliche Sorge für die Satrapen, und diese
auch nicht mehr in Verachtung gegen jenen zu revoltiren, sondern in Aufrichtigkeit ihm zu dienen. Zur selben Zeit gab der
König Pap dem Kamsarier Spandarat Alles zurück, was sein
Vater Arschak ihm geraubt hatte, nämlich die Kantone Schirak
und Ascharunikh, nicht als Entgeltung für den ungerechten Geiz
seines Vaters Arschak, sondern als Geschenke für die Mühen
des tapfern Spandarat, der den König der Lekier getödtet hat.
Auch die geraubten Güter der andern Satrapen gab er zurück,
zeigte sich in seinen Neigungen sehr armuthliebend und lebte
in freigebiger Weise.

Weil er aber in schändlicher Leidenschaft der Unzucht er-
geben war und von dem grossen Nerses heftig getadelt wurde,
passte er diesem auf Böses wider ihn sinnend. Er konnte aber
wegen des Kaisers Theodosius ihm nichts Böses offen zufügen;
daher lies er den heiligen Nerses heimlich ein tödtliches Gift
trinken und beförderte ihn aus dem Leben; dieser hatte den
bischöflichen Stuhl 34 Jahre inne. Der selige Nerses schied
aus der Welt im Kantone Ekeghikh im Dorfe Chach; der König
Pap nahm seinen Leichnam und begrub ihn in der Burg Thil,
wobei er das Geschehene geheim hielt.

39.

Besitzergreifung Sahaks von dem bischöflichen Stuhle. Ermordung Paps durch Theodosius.

Als darauf der König Pap ganz Armenien in Trauer über den seligen Nerses sah, suchte er in Eile und fand einen Mann aus dem Geschlechte und der Familie des Albianus, welcher Schahak hiess und nicht fern von Lob war; diesen setzte er an Stelle des Nerses ohne Rücksicht auf den grossen Erzbischof von Cäsarea; er sass vier Jahre auf dem bischöflichen Stuhle.

Als aber Pap gehört hatte, dass der grosse Theodosius von Byzanz nach Rom hin aufgebrochen und mit seiner Armee in Thessalonien eingerückt, dass wegen der Einquartirung zwischen ihm und den Bürgern Streit und darauf Kampf entstanden war, dass der Kaiser gesiegt und 15000 Bürger getödtet hatte, glaubte er bei dieser Nachricht an eine Ausdehnung jenes Streites, revoltirte, vertrieb, den Kaiser zu seinem eigenen Verderben aufreizend, den Terentius mit dem Heere und begann sich zum Kriege zu rüsten. Auf Befehl des grossen Theodosius kehrte der tapfere Terentius auf der Ferse um. Mit seinem gewohnten Glücke fiel er unvermuthet über das Lager her, tödtete die Einen mit dem Schwerte und trieb die Andern in die Flucht, wobei in heftiger Weise angreifend Gnel, der Chef der Andsevier und General der Ostarmee Paps, tapfern Widerstand leistete. Der siegreiche Terentius spaltete ihm mit seinem Schwerte den Kopf und nahm den König Pap gefangen. Pap verlegte sich auf Bitten, dass er nicht sterbe, sondern dem Kaiser vorgeführt werde; der tapfere Terentius hatte Mitleid und bewilligte ihm seine Bitte. Mit eisernen Ketten beladen kommt Pap zu dem grossen Theodosius und wird für seine Treulosigkeit mit dem Tode durchs Schwert bezahlt. Er hatte acht Jahre regiert.

40.

Regierung Warasdats; seine Gefangennehmung.

Der wohlverdiente auch grosse Kaiser Theodosius machte im 20. Jahre seiner Regierung an Stelle Paps einen gewissen

Warasdat aus demselben Hause der Arschakunier zum Könige über Armenien. Dieser Warasdat war jung an Jahren, beherzt, kräftig, stark, reich an allen Thaten der Tapferkeit und sehr geschickt im Bogenschiessen. Zur Zeit der Flucht Schapuhs hatte er sich zuerst an den Hof des Kaisers begeben, hatte dann zu Pisa die Faustkämpfer besiegt und nach Heliopolis in Griechenland zurückgekehrt am hellen Mittage einen Löwen getödtet, mit dessen Felle bekleidet er auch in den Kampfspielen zu Olympia unter den Kämpfern mit Ehren erschien. Seine männliche Tapferkeit gegen das Volk der Longobarden wage ich der des heiligen Trdat gleich zu stellen; denn fünf Soldaten, die an der Spitze der Feinde standen und auf ihn losstürmten, tödtete er nach einander mit dem Schwerte und verwundete, an eine Festung gekommen, mit seinen Pfeilen 17 Mann auf der Mauer und stürzte sie nach einander in die Tiefe, wie ein heftiger Wind frühreife Feigen.

Zur Regierung in unserm Lande im 55. Jahre Schapuhs gelangt bestand er seinen ersten Kampf mit asyrischen Räubern in den Engpässen von Daranaghi, trieb sie in die Flucht und verfolgte sie. Als sie über die Euphratbrücke gegangen waren, brachen sie dieselbe hinter sich ab; aber er kommt an und springt über den Euphrat in einem Sprunge von 22 Ellen, der noch grösser war als der des Lakoniers Chion. Dort war zu sehen ein neuer über den Scamander schwimmender Achilles. Dadurch erschreckt warfen die Räuber die Waffen weg und ergaben sich.

Weil er in seiner Jugend männliches Wesen eingesogen hatte, zeigte er sich dem gemäss auch in seiner Regierung und unterwarf sich nicht der bevormundenden Auctorität der griechischen Truppen. Daher schickt er Gesandte an Schapuh, dass er ihm eine seiner Töchter zur Frau gebe, wofür er das Land Armenien ihm wieder verschaffen wolle. Die griechischen Generäle, die dieses in Erfahrung gebracht, benachrichtigen darüber den Kaiser. Der Kaiser Theodosius befahl nun, ihn zu ergreifen, wenn er nicht freiwillig auf den Ruf des Kaisers sich stellen Dadurch genöthigt geht er freiwillig in der Hoffnung den Kaiser falsch berichten zu können. Jedoch der Kaiser würdigte ihn keines Empfanges, sondern liess ihn in eisernen Ketten nach Tule, einer Insel des Oceans, abführen; er hat 4 Jahre regiert.

Im zweiten Jahre der Regierung Warasdats ist Saven aus derselben Familie des Albianus auf 4 Jahre Bischof der Armenier geworden.

41.

Regierung Arschaks und Wagharschaks.

Darauf machte Theodosius der Grosse an Stelle Warasdats zu Königen über Armenien die beiden Söhne Paps, Arschak und Wagharschak, in dem Gedanken, dass sich nicht Beide zu einem Abfalle vereinigen würden. Er behält die Mutter der Prinzen bei sich zurück und sendet diese ab mit Beamten seiner eigenen Wahl, zuverlässigen Männern, und einem Heere. Sie kamen an, nahmen das Land in Besitz und beherrschten es in männlicher Weise in den Kriegen mit den Persern. Sie nahmen sich Frauen, Arschak die Tochter Babiks, des Chefs der Siunier, und Wagharschak die Tochter des Ritters Sahak. Wagharschak starb schon in demselben Jahre.

Im zweiten Jahre Arschaks gelangte auf 5 Jahre zur Würde eines Bischofs über Armenien Aspurakes, ein Verwandter Sahaks und Savens.

Der grosse Theodosius erkrankte auf einem Kriegszuge zu Mailand und starb. Er hinterliess das Reich seinen Söhnen, dem Arcadius das byzantinische und dem Honorius das römische; sie wurden des Lobes und der Erbschaft der väterlichen Tugenden unwürdig erfunden.

42.

Theilung Armeniens in zwei Theile unter zwei arschakunischen Königen in Abhängigkeit von zwei Völkern, den Persern und Griechen.

Als Schapuh in Erfahrung gebracht hat, dass Arcadius nicht ganz gerecht ist, knüpft er mit ihm Friedensunterhandlungen an; denn er war von dessen Vater, dem grossen Theodosius, besiegt und geschlagen worden. Arcadius geht darauf ein Frieden zu schliessen besonders seiner Generäle wegen; denn obgleich Gott in den Lebensjahren des seligen Theodosius den Sieg geschenkt hatte, so waren die Generäle doch müde und fanden keinen Geschmack mehr an den Strapazen fortwährender Kriege. Daher kam man freiwillig überein und verstand sich dazu Mesopotamien und Armenien durch eine Grenzscheide in zwei Staaten zu theilen. Daher verliess Arschak das angestammte Reich seiner Väter, die Provinz Ararat, und das ganze Stück des persischen Antheils und ging hinweg um die westlichen Gegenden unseres Landes zu regieren, welche zu dem griechischen Antheile gehörten, nicht allein seiner Mutter wegen, welche aus der Kaiserstadt war, sondern auch, weil er es für besser hielt, über ein kleines Gebiet zu herrschen und einem christlichen Könige zu dienen, als ein grosses zu haben und unter dem Joche von Heiden zu stehen. Es folgten ihm mit ihren Weibern und Kindern auch die Satrapengeschlechter des Antheils Schapuhs, wobei sie ihre Güter, Dörfer und Besitzungen Preis gaben.

Schapuh hierüber aufgebracht schreibt an Arschak: „Warum hast du einen Krieg zwischen mir und dem Kaiser hervorgerufen dadurch, dass du die Satrapengeschlechter meines Antheils fortführtest?" Er erhält von Arschak die Antwort: „Weil sie es nicht ertragen konnten unter einem persischen Heere zu leben, folgten sie mir nach; wenn du mir die Leitung deines Antheils anvertraust, wie der Kaiser mir die des seinigen, so bin ich bereit, dir wie dem Kaiser zu dienen; wenn dir das nicht gefällt, und die Satrapengeschlechter freiwillig zurückkehren, so halte ich sie nicht zurück." Als Schapuh das gehört hatte, machte er zum armenischen Könige über seinen Antheil einen gewissen Chosrow aus demselben Geschlechte der Arschakunier und schrieb an die Satrapen seines Antheils, welche dem Arschak gefolgt waren, einen Brief folgenden Inhaltes:

Brief Schapuhs an die Satrapen.

„Ich, der Held der Helden, Schapuh, der König der Könige, wünsche euch, den armenischen Satrapen, deren Besitzungen in meinem Gebietstheile liegen, bestes Wohlergehen. Obgleich ihr in unedeler Weise euere Besitzungen verlassen habt, und ich euer gar nicht bedarf, so habe ich doch in meinen Sorgen als Herrscher Mitleid mit euch und euerm Lande empfunden; weil ich bedachte, dass Heerden nicht ohne Hirten und die Hirten nicht ohne guten Vorgesetzten sein können, habe ich euch einen gewissen Chosrow einen Mann euéres Glaubens und aus dem Geschlechte euerer eingebornen Herrscherfamilie zum Könige gemacht. Kehret nun ein Jeder auf seine Güter zurück und nehmet sie in Besitz, wie bisher. Ich schwöre beim Feuer, beim Wasser und beim Ruhme meiner unsterblichen Ahnen, dass ich ohne List und Betrug dieses thue und unabänderlich halte. Die Häuser derjenigen aber, die meinen Befehlen nicht gehorchen, werde ich mit ihren Dörfern und Besitzungen zu dem Staatsschatze schlagen lassen. Lebt wohl."

43.

Rückkehr der armenischen Satrapen in ihre Besitzungen zum Dienste der beiden Könige.

Als jene armenischen Satrapen, welche Besitzungen in den Kantonen des persischen Gebietsantheiles hatten, vernommen, dass Schapuh einen gläubigen Arschakunier zum Könige bestellt hat, und das eidlich bekräftigte Schriftstück gesehen hatten, verliessen sie den Arschak und kehrten in ihre Wohnungen zurück mit Ausnahme dreier junger Spielgenossen und naher Verwandten des Königs, des Dara, des Sohnes Babiks, des Herrn der Sinnier und Schwagers des Arschak, des Gasavon, des Sohnes Spandarats, des Herrn von Schirak und Ascharunikh, und des Peros aus dem Geschlechte der Gardmanier. Mit diesen vereinigten sich noch Atat aus dem Geschlechte der Genunier, Kenan aus dem der Amatunier, Sura aus dem Geschlechte Mok, Restom der Aravenier und einige andere Unbekannte. Desshalb bemächtigte sich Chosrow auf Befehl Schapuhs ihrer Erbgüter für den Staatsschatz und überliess nicht die Besitzungen des Sohnes dem Vater und die eines Bruders dem andern. Es gab aber auch einige Satrapen, welche ihre Besitzungen

in den griechischen Gebietsantheilen unter Arschak hatten, wie
der Ritter Sahak, der Schwiegervater Wagharschaks, des Bruders Arschaks, und doch zu Chosrow überzugehen suchten. Auf
jenen Sahak blickte Arschak mit neidischem Auge, da er fortwährend von seiner Frau damit aufgestachelt wurde, dass jener
einen königlichen Schmuck aus dem Nachlasse seines Schwiegersohnes besitze. Darauf erhob sich gegen denselben eine falsche
Anklage von Seiten seiner Verwandten im Kantone Sper; desshalb verfolgte ihn der König Arschak. Daher suchte Sahak
von Arschak hinweg zu gehen und sich zu Chosrow zu schlagen.
Als vertraute Theilnehmer an seiner Sache standen ihm zur
Seite der Chorchorunier Suren, der Araveghier Wahan und
Aschchadar aus dem Geschlechte der Dimakhsenier. Bei seinem
Weggange aber trafen sie nicht ein, da sie von den Truppen
Arschaks verhindert wurden. Sie verhüllten ihr Vorhaben unter
dem Schleier der Heuchelei und erwarteten einen gelegenen Tag.

44.

Wie Chosrow den Ritter Sahak ehrte; seine Grossthaten gegen
die Räuber aus dem Volke der Wanandier.

Chosrow war sehr erfreut über die Ankunft des Ritters
Sahak, machte ihn zum General über seine Truppen, gab ihm
seine väterlichen Besitzungen wieder und schenkte ihm andere
Burgen mit Ländereien aus den Erbgütern derjenigen, welche
aus dem Gebietsantheile der Perser bei Arschak geblieben
waren.

In jenen Tagen fielen Einige aus dem Volke der Wanandier
von Chosrow ab. Sie nahmen zu Niemanden ihre Zuflucht,
sondern allein in die Fichtenwälder ihrer Berge und die Fels-
schluchten der Provinz Taikh; in Raubzügen in die Gebiete
beider armenischen Könige beunruhigten sie das Land und
hielten es in beständiger Aufregung. Gegen diese marschirte
der General Chosrows der Ritter Sahak und tödtete die Einen
von ihnen und trieb die Andern flüchtig in die Gegenden des
vierten Armenien. Sie warfen sich nämlich nicht in das Land
der Chaldäer, zu den Griechen ihre Zuflucht nehmend, auch

gingen sie nicht zum Könige Arschak über, sondern fanden schnell ein Asyl bei einigen Räubern, welche in den Gegenden des vierten Armenien an der assyrischen Grenze sassen; denn die Wanandier betrieben das Räuberhandwerk mit grossem Eifer, und schien ihnen ihre Sache ebenso angenehm wie gerecht. Sahak verfolgte sie weithin und trieb sie fort bis zu den Grenzen des Kantons Mananaghi.

45.

Suren, Wahan und Aschchadar kommen mit den Schätzen Arschaks zu Chosrow.

Der Chorchorunier Suren, der Araveghier Wahan und der Dimakhsenier Aschchadar fanden eine günstige Gelegenheit, als man die Schätze Arschaks aus der Festung Ani wegnahm, um sie ins Land Dsoph zu bringen. Sie bemächtigten sich derselben und wollten zu Chosrow übergehen, kamen aber nicht dazu; denn der Mamikonier Samel, der Freund Arschaks, verfolgte sie eilig mit einer zahlreichen Heeresabtheilung und trieb sie flüchtig in eine feste Höhle im Kantone Mananaghi. Es fand sich kein Eingang zu der Höhle, sondern es war bloss an der Seite ein kleiner Ausgang nach dem Abhange hin. Vor der Thüre der Höhle stand ein senkrechter einzelstehender Fels, und darüber war ein Fels-Vorsprung, welcher in den Abgrund des Thales schaute. Was herabfällt, stürzt mit der Schnelligkeit eines sehr starken Wasserfalles in unaufhaltsamem Rollen sich drehend herab, da es keinen Haltepunkt gibt. Daher verzweifelte Samel und war in Verlegenheit gegenüber der Unzugänglichkeit des Ortes. Arschak darüber benachrichtigt liess einen mit eisernen Bändern versehenen Kasten anfertigen, tapfere Männer hineinsetzen und diese so mit Ketten von oben herab in die Tiefe zum Eingange der Höhle herablassen. Jedoch auch das führte zu Nichts; denn dichtes Gebüsch schützte die Höhle nach Aussen hin.

Während sie damit beschäftigt waren, geschah es durch Zufall, dass der Ritter Sahak mit dem ganzen Heere Chosrows ankam, mit welchem er die Räuber verfolgte. Er lässt diese in

Ruhe, marschirt gegen jene, welche an der Höhle kämpften, vertreibt sie und befreit den Suren, Wahan und Aschchadar mit den Schätzen, und sendet sie in aller Eile zu Chosrow. Chosrow nimmt von den Schätzen, zieht auch den Theil Schapuhs ab und gibt jenen auf dessen Befehl prächtige und gut gelegene Dörfer und Besitzungen aus dem Erbgute jener, welche aus dem Gebietsantheile der Perser bei Arschak geblieben waren. Das war der Anfang eines Krieges zwischen Arschak und Chosrow.

46.

Arschak im Kampfe von Chosrow besiegt stirbt an einer Krankheit.

Wenn auch Schapuh und Arcadius dem Chosrow und Arschak die Hände nicht reichten, um sie in ihrer gegenseitigen Bekriegung zu unterstützen, so hielten sie dieselben doch auch nicht ab. Nach Beendigung der Verhandlung durch Gesandte versammelt Arschak seine Truppen und marschirt gegen Chosrow. Auch Chosrow brach aus seinem Lager am Meere von Gegham, welches man Murs nennt, gegen Arschak auf, damit dieser nicht in sein Gebiete einfalle; aber er konnte sich nicht so beeilen, dass er den Arschak nicht schon in sein Gebiet in den Kanton Wanand eingefallen fand. Sie treffen einander in der Erevel genannten Ebene und bekämpfen einander mit grosser Heftigkeit. Die Truppen Arschaks werden geschlagen, es fällt auch sein General, der Siunier Dara, im Kampfe und Arschak wird mit Wenigen flüchtig. Der Ritter Sahak, der General Chosrows, verfolgt und bedrängte ihn heftig. An diesem Tage verrichtet Gasavon, der Sohn Spandarats, kühne Bravurstücke, kehrt mehrere Mal angriffsweise zurück, zerstreut die Verfolger und verschafft dem Arschak Gelegenheit und Zeit sich zu entfernen.

Chosrow kehrte nach Hause zurück und Arschak begab k Ekeghets, fiel dort in eine Krankheit mit aufreibenden m und starb an der Auszehrung. Er hat über ganz a 5 Jahre und über die Hälfte 2½ Jahr regiert. Von stellten die Griechen über ihren Antheil keinen König adern es wurde an die Spitze der Satrapen jener Gegend der tapfere Gasavon gestellt; über ihren Gebietsantheil setzten die Griechen Grafen als Verwalter.

47.

Der selige Mesrop.

Mesrop aus Hatsek im Kantone Taron, erzogen und gebildet bei dem grossen Nerses und nach dessen Hingange Sekretär am königlichen Hofe geworden, sehnte sich nach dem Leben in der Einsamkeit, nachdem er eingesehen, dass das armenische Reich an seinem Ende angekommen war, und die Verwirrung als Prüfung seiner eigenen Geduld kennen gelernt hatte. Wie nach dem Ausspruche Jemandes ein in Unordnung gerathenes Schiff zum Hafen eilt und eine enthaltsame Seele die Wüste aufsucht, so floh er das weltliche Treiben, warf die irdischen Ehren hinter sich und ging den himmlischen nach. Er liess sich im Kantone Goghthen nieder, nachdem er das Einsiedlerleben ergriffen hatte. Eine heidnische Sekte, welche sich in jenem Kantone heimlich niedergelassen hatte und die Zeit Trdats hindurch bis jetzt verborgen geblieben und dann bei dem allmählichen Verfalle des Reiches der Arschakunier wieder hervorgetreten war, unterdrückte er mit Hilfe des Fürsten des Kantons, Namens Schabith, wobei göttliche Wunder geschahen, wie zur Zeit des heiligen Gregorius; die Dämonen nämlich wurden vertrieben und warfen sich in menschlicher Gestalt in die Gegenden der Meder. Nicht Weniger that er dem Lande der Siunier mit Hilfe seines Fürsten Namens Waghinak.

Bei Ausübung seines Lehramtes hatte der selige Mesrop nicht geringe Mühe; denn er war zugleich Lehrer und Dollmetscher, und wenn ein Anderer lehrte, wo er nicht gerade zugegen war, wurde er aus Mangel des Dollmetschers von den Volksscharen nicht verstanden. Desshalb beschloss er sich zu bemühen um Schriftzeichen für die armenische Sprache zu erfinden; sich dieser Mühe unterziehend plagte er sich mit verschiedenen Versuchen ab.

48.

Rückkehr der Satrapen, welche bei Arschak waren, zu Chosrow.

Da die armenischen Satrapen zu der Einsicht gekommen waren, dass die Griechen keinen König über sie bestellten, und es für schwer hielten ohne Führer zu sein, beschlossen sie sich dem Könige Chosrows freiwillig zu unterwerfen. In dieser Angelegenheit schreiben sie an ihn einen Brief folgenden Inhaltes.

Brief der Satrapen an Chosrow.

„Von dem Generale Gasavon und allen armenischen Satrapen des griechischen Gebietsantheiles an ihren Herrn Chosrow, den König des Gebietes Ararat, Gruss.

Du kennst, Herr, unsere Anhänglichkeit an das Andenken unsers Königs Arschak, welche wir bis zu seinem Todestage bewahrt haben; jetzt sind wir entschlossen, dir mit derselben Aufrichtigkeit zu dienen, wenn du zu unseren Gunsten folgende drei Punkte vertragsweise feststellst, 1) nicht mehr unserer Sünden zu gedenken, die darin bestehen, dass wir dich gezwungen und nicht gerne bekriegt haben, 2) dass du uns alle Erbgüter zurückgibst, welche in dem persischen Gebietsantheile liegen und welche du zu dem Staatsschatze geschlagen hast, 3) auf ein Mittel zu sinnen, uns von dem Kaiser zu befreien, damit man nicht unsere Wohnungen zerstört, da wir ja in diesem Gebietsantheile unsere Güter haben. Diesen Vertrag musst du niederschreiben und mit einem Kreuze besiegeln; sobald wir das gesehen haben, werden wir uns zu deinem Dienste beeilen. Lebe wohl unser Herr!"

Brief Chosrows an die Satrapen.

„Von dem Helden unter den Männern, Chosrow, dem Könige der Armenier, Gruss an den General Gasavon und alle seine Satrapen.

Ihr werdet euch sehr freuen, dass ich wohl bin, und ich habe mich gefreut bei der Nachricht von euerm Wohlergehen und anbei euerm Wunsche gemäss folgenden eidlich bekräftigten

Vertrag übersandt, 1. euerer Sünden nicht zu gedenken; ihr habt sie nicht zu den wirklichen Sünden gerechnet, sondern habt für euch dazu verpflichtend gehalten die Anhänglichkeit, die ihr dem arschakunischen Könige bewiesen habt, und die, wie ich hoffe, auch mir gegenüber dieselbe sein wird; 2. euch euere Erbgüter zurückzugeben, die ich noch im Staatsschatze habe, mit Ausnahme derjenigen, die ich hier und dorthin verschenkt habe; die Geschenke der Könige lassen sich ohne Nachtheil nicht mehr zurücknehmen, besonders da sie schon in das Archiv meines Vaters, des Herrn Schapuh, des Königs der Könige, eingetragen sind; ich ersetze aber dafür euern Verlust aus dem Staatsschatze; 3. ich befreie euch von den griechischen Statthaltern sei es durch einen Krieg mit dem Kaiser, sei es auf friedlichem Wege.

. Dich, Gasavon, meinen Blutsverwandten, will ich nicht wegen der alten Verwandtschaft, sondern wegen der neueren, die von deiner Mutter, der Arschakunierin Arschanuisch, herrührt, aus deinen väterlichen Gamsariern herausnehmen, dich in dein mütterliches, in mein eigenes Geschlecht versetzen und mit dem Namen eines Arschakuniers beehren."

- Nach Einsicht dieses Briefes führt Gasavon sofort alle Satrapen zu Chosrow zurück und findet durch Pracht beglückt alle Wünsche und Versprechungen erfüllt. Jedoch der Mamikonier Samel bemächtigte sich des Briefes Chosrows und einer Abschrift des Briefes der Satrapen, trennte sich von diesen und begab sich zum Kaiser Arcadius, Er hatte nämlich seinen eigenen Vater Wardan wegen dessen Apostasie und seine eigene Mutter Tadschaturhi ermordet; da er desshalb sich vor den Persern und den Brüdern seiner Mutter, den Ardsruniern, fürchtete, könnte er sich nicht von den Griechen trennen. Arcadius war ihm gewogen und liess die Abschrift der Briefe in griechischer Sprache in sein Archiv legen, damit sich das Andenken an die armenischen Geschlechter erhalte. Die Abschrift ist bis heute noch vorhanden.

49.

*Chosrow ist Alleinherrscher über Armenien, den bischöflichen
Stuhl hat der grosse Sahak inne.*

Nachdem Chosrow, wonach er sich sehnte, zur Herrschaft
über alle armenischen Satrapen insgesammt gelangt ist, schickt
er zu Arcardius und fordert von ihm die Uebergabe des griechischen Antheils von Armenien an ihn mit dem Versprechen,
dass man von den Orten, die er in Besitz bekomme, ihm wie
ehemals seinen Statthaltern Tribut zahle. Arcadius fürchtet in
Folge der Vereinigung der Satrapen, dass sie einstimmig ihm
jenen Antheil entziehen und den Persern geben, und erfüllt die
Forderung Chosrows.

Darauf setzt Chosrow, nachdem der oberste Bischof Aspurakes gestorben ist, an dessen Stelle den Sahak, den Sohn des
grossen Nerses, des Sohnes Athanagens, des Sohnes Jusiks, des
Sohnes Werthanes, des Sohnes des heiligen Gregor. Dieser
vereinigte alle Tugenden seiner Väter in sich und übertraf dieselben durch seinen Gebetseifer. Er hatte bei sich 60 Schüler
nach der Regel der Klöster der Mutterstädte, Mönche in Buss-
kleidern, mit eisernen Gürteln, barfuss, welche immer mit ihm
umherzogen; mit ihnen beobachtete er in fortwährendem Dienste
die Regel, wie jene, welche in der Wüste lebten, und beschäftigte er sich mit der Welt, wie jene, welche in der Welt sind.
Als Mesrop wegen der Auffindung armenischer Buchstaben zu
ihm kam, fand er ihn in noch grösserem Verlangen darnach,
als er selbst hatte; nach vielen vergeblichen Anstrengungen
nahmen sie ihre Zuflucht zum Gebete, indem sie dieselben von
Gott erflehten. Sie trennten sich von einander; Mesrop begab
sich in seine Einsamkeit; sie begannen eine strenge Lebensweise
und verdoppelten ihre Anstrengungen.

50.

Gefangennehmung Chosrows, Thronbesteigung seines Bruders Wramschapuh.

Schapuh war unwillig über Chosrow, weil dieser sich innig mit Arcadius befreundet und ohne seinen Befehl den grossen Sahak auf den bischöflichen Stuhl erhoben hatte; daher schickte er eine Botschaft mit Drohungen an ihn ab; Chosrow aber kümmerte sich darum nicht, antwortete mit kühner Anmassung und schickte die Gesandten mit Schimpf zurück. Sofort unterhandelte er mit Arcadius dahin, dass dieser den Frieden mit Schapuh breche und ihn mit einem Heere unterstütze, wofür er das ganze Land ihm wieder verschaffen würde. Schapuh sendet sofort auf Grund einer Anzeige unserer Grossen seinen Sohn Artaschir mit einem grossen Heere nach Armenien. Da Arcadius sich weigerte mit Chosrow gemeinsame Sache zu machen und dieser auch kein fremdes Volk zu seinem Beistande fand, sah er die Unmöglichkeit ein, dem Artaschir Widerstand zu leisten oder ihm zu entgehen, und begab sich daher zu ihm.

Artaschir entthronte ihn, wobei er seinen Bruder Wramschapuh an dessen Stelle setzte, und liess weder den grossen Sahak noch einen der von Chosrow eingesetzten Satrapen im Amte, sondern entsetzte Jeden seiner Ehrenstelle; dasselbe Verfahren liess er auch gegen die Griechen einhalten. Er liess ein grosses Heer zurück und begab sich eilig nach Tisbon aus Rücksicht auf das Alter seines Vaters; er nahm den Chosrow mit sich und setzte ihn in die Anusch genannte Festung; dieser hatte 5 Jahre regiert. Er nahm auch den Gasavon mit sich, da er die Tapferkeit des Mannes fürchtete, und liess dessen Haus zum Staatsschatze schlagen, wie auch das seines Bruders Schavarsch und des Amatuniers Pargev. Diese beiden hatten nämlich mit 700 Bewaffneten eine günstige Zeit während des Zuges der Karavane abgewartet und benutzt, um ihren König Chosrow zu befreien, hatten aber Nichts ausgerichtet, da seine Füsse in Ketten gelegt waren. Als ein heftiger Kampf entstanden, waren Schavarsch und Manuel, der Sohn Pargevs, und

Viele mit ihm getödtet worden. Pargev aber war gefesselt zu
Artaschir geführt worden; dieser hatte ihn wie einen Schlauch
aufblasen und beständig den Blicken Chosrows aussetzen lassen.

51.

Reise des grossen Sahak nach Tisbon, seine Rückkehr unter
Ehrenbezeugungen und mit Geschenken.

Hervorragende Heilige sind unsere ersten Patriarchen und
Hirten des Landes, Begründer der Erleuchtung, direkte Nachkommen bis auf den grossen Sahak gewesen, mit dem die
männliche Linie erlosch; dieser hatte eine Tochter Namens Saha-
kanuisch, welche mit dem Mamikonier Hamasasp vermählt war.
Beim Tode des tapfern armenischen Generals des Ritters Sahak
bat er den König Chosrow und nach dessen Gefangennehmung
dessen Bruder Wramschapuh den Hamasasp an jene Stelle zu
setzen. Allein Wramschapuh weigerte sich ohne den König der
Könige dieses zu thun, da er sich wohl erinnerte, dass sein
Bruder Chosrow wegen einer gleichen Geschichte viel auszu-
stehen hatte. Daher nahm Sahak einen Brief von ihm mit und
begab sich auf das Drängen seiner Tochter hin zu Artaschir,
dem Könige der Perser, welcher nach der sechzehnjährigen Regierung seines Vaters den Thron vier Jahre inne hatte.

Sahak wird sehr von Artaschir geehrt zunächst wegen der
Erhabenheit des pahlavischen Geschlechtes und dann, weil Gott
vor den Ungläubigen seine Diener ansehnlich und ehrenvoll
macht. Daher erfüllt er alle seine Bitten, zuerst die in Betreff
seines Schwiegersohnes Hamasasp, sodann die in Betreff der
Reste der Geschlechter der Kamsarier und Amatunier, die sich
gegen ihn vergangen und an unbekannten Orten verborgen
hatten. In Betreff der letzteren hatte er ihn, wie auf den göttlichen Befehl hin, den Söhnen die Verbrechen der Väter nicht
zur Last zu legen, angefleht mitleidig zu sein, besonders da die
Väter, die sich vergangen hatten, dafür schon gestorben wären.
Jenen Resten schenkte darauf Artaschir das Leben und liess
ihnen ihre Häuser, die zum Staatsschatze geschlagen waren,
wieder herausgeben, nur ihren väterlichen Rang gab er ihnen

nicht ~~wieder~~, sondern stellte sie unter viele Satrapen und setzte
sie in die letzte Klasse. Das Geschlecht des Hamasasp, welches
ein mamikonisches Haus war, setzte er über andere, damit es
nach der Ordnung den fünften Rang unter den armenischen
Satrapen einhabe. Er liess Alles in sein Archiv eintragen.

Folgende zwei Punkte beobachtete man gewohnheitsmässig.
Wenn ein neuer König zur Regierung kam, änderte man sofort
das Geld, welches sich im königlichen Schatze vorfand, indem
man das Bild des neuen Königs darauf schlug, und den Archiv-
stempel in einen andern mit dem Namen desselben, indem man,
ohne den alten gänzlich zu zerstören, nur eine kleine Veränderung
vornahm. Wenn ein König viele Jahre an der Regierung blieb
und eine neue Beschreibung des Landes anfertigte, liess man
das, was an der alten geändert worden war, unberücksichtigt,
um auf die neue nur den Namen zu schreiben. Artaschir nun
kam wegen der Kürze seiner Tage nicht dazu, eine neue Beschreibung des Landes anfertigen zu lassen; er liess daher in
diejenige, welche von seinen Vorgängern geändert worden war,
alles Jenes unter seinem Namen eintragen, darunter auch die
Verleihung des besprochenen Ranges und Titels mit der Souverä-
netät über Dörfer und Besitzungen an Hamasasp, nachdem er
zu Gunsten dieses, der den Oberbefehl über die Armenier
wünschte, an unsern König Wramschapuh folgenden Brief geschrieben hatte.

Brief Artaschirs an Wramschapuh.

„Von dem Helden der Helden, Artaschir, dem Könige der
Könige, viele Glückwünsche an sein Bruder Wramschapuh, den
König von Armenien.

Ich habe dein Schreiben in Betreff des Bischofs Sahak erhalten und mich der Verdienste seiner Ahnen erinnert, welche
die Häupter des Geschlechtes Suren Pahlav waren und sich
gerne die Herrschaft meines Ahnen und Namensvetters Artaschir
gefallen liessen und denselben so sehr mehr als ihre Volksangehörigen liebten, dass sie sich damit nicht begnügten, diese
allein in Persien zu bekriegen, sondern auch zu demselben

Zwecke in dein Land kamen, deinen Vorgänger Chosrow tödteten, aber diesen Mord mit ihrem eigenen Tode bezahlten. Der Sohn des Mörders, Gregorius, gab, als Trdat Leben und Thron durch eine Krankheit verloren hatte, ihm dieses wieder durch seine Heilung und leistete in euerm Lande noch mehr Dienste. Desshalb wirst du den Hamasasp, den Adoptivsohn Sahaks, auf meinen Befehl zum General über die Truppen machen und seinem Geschlechte den fünften Rang unter den Satrapen verleihen; auch die Dörfer und Besitzungen, welche seinen Vätern von deinen Vorgängern verliehen worden sind, sollen jene wieder bekommen. Auf gleiche Weise wirst du die Häuser der verbrecherischen Geschlechter, welche ich zum Staatsschatze geschlagen habe, ohne Furcht an die Ueberreste derselben als Erbschaft herausgeben; jedoch sollst du keinen des Ranges seiner Väter würdigen. So habe ich in mein Archiv eintragen lassen. Lebe wohl!"

Als der grosse Sahak angekommen war und alle von Artaschir zugestandenen Schenkungen ausgeführt hatte, starb der Perserkönig Artaschir und es gelangte an seiner Stelle Wram, auch Kermann genannt, auf 10 Jahre zur Regierung. Er hatte dieselbe wohlwollende Gesinnung gegen Armenien, gegen unsern König Wramschapuh und den grossen Sahak; es wird Friede zwischen Wramschapuh und Arcadius. Wramschapuh hatte unser Land in Besitz und diente den beiden Königen indem er Tribut, den von dem persischen Antheile am Wram und den von dem griechischen an Arcadius, zahlte.

52.

Die Buchstabenschrift Daniels.

In jener Zeit erkrankte Arcadius und fanden schreckliche Erdbeben und ein Brand zu Byzanz statt wegen des grossen ḥannes; das griechische Reich war in Aufregung und die ¡ppen kämpften gegen einander und gegen die Perser. Dessb befahl Wram unserm Könige Wramschapuh nach Mesopoien herabzusteigen, um dasselbe zu beruhigen und zu ordnen ﬂ jedem Beamten seinen Wirkungskreis anzuweisen. Er geht hin und bringt Alles in Ordnung, hat aber nicht geringe Mühe wegen eines Sekretärs; denn seit Mesrop sich vom königlichen Hofe entfernt hatte, fand er dort keinen geschickten Schreiber, da man sich der persischen Schrift bediente. Daher kam zum Könige ein Priester Namens Habel und versprach Buchstaben, die von dem Bischofe Daniel, seinem Verwandten, entworfen waren, für die kaikanische Sprache in Anwendung zu bringen. Ohne sich darum zu kümmern geht der König nach Armenien und findet bei dem grossen Sahak und Mesrop alle Bischöfe versammelt und mit der Auffindung einer armenischen Schrift beschäftigt. Sie theilten das dem Könige mit und dieser erzählte ihnen die Worte des Mönches. Nachdem sie diese vernommen hatten, drängten sie den König, sich dieser wichtigen Sache anzunehmen.

Desshalb schickte er aus unserm Lande in einer Gesandtschaft einen ehrenvollen und ihm befreundeten Mann Namens Wahridsch aus dem chadunischen Geschlechte, der sehr für die Sache begeistert war, zu jenem Habel. Er nahm ihn, ging mit diesem wackern von Daniel unterrichteten Manne, ordnete nach der Form des griechischen Alphabethes die von Alters her vorfindlichen Schriftzeichen und gab sie nach seiner Ankunft dem grossen Sahak und Mesrop. Sie erlernten dieselben und erkannten und fanden dadurch, dass die Kinder wenige Jahre sich mit denselben beschäftigten, dass durch jene Buchstaben in jener unsichern Schrift das Syllabiren der armenischen Worte in der Poesie nicht hinreichend sicher war.

53.

Die mesropischen von der göttlichen Gnade gegebenen Schriftzeichen.

Darauf steigt Mesrop selbst mit seinen Schülern herab nach Mesopotamien zu jenem Daniel, findet aber nicht Mehr, als das erste Mal, und begibt sich nach Edessa zu einem gewissen Platon, einem heidnischen Rhetor und Vorsteher des Archivs. Der Rhetor nahm ihn mit Freuden auf, eignete sich die armenische Sprache an, insoweit er sie immer erfassen konnte, mühte sich viel ab ohne Etwas zu erreichen und bekannte schliesslich sein Unvermögen. Er nannte ihm einen andern sehr gelehrten Mann Namens Epiphanius, der früher sein Lehrer gewesen, dann die gelehrten Bücher aus eben dem Archive von Edessa genommen hatte, fortgegangen und Christ geworden war. Wenn du diesen, sagte er, aufsuchst, wirst du die Erfüllung deines Wunsches finden.

In jener Zeit findet Mesrop Hilfe an dem Bischofe Babilus, durchreist Phönicien und gelangt nach Samos. Epiphanius ist inzwischen gestorben, aber es ist einer seiner Schüler Namens Ruphanus übrig, der bewunderungswürdig in der griechischen Schönschreibekunst ist und auf Samos ein Einsiedlerleben führt. Zu diesem kommt Mesrop, bleibt auch dort erfolglos und nimmt seine Zuflucht zum Gebete; er sieht nicht in einem Traumgesichte, auch nicht in einer Erscheinung im wachen Zustande, sondern im Innersten seines Herzens mit den Augen seines Geistes die Faust einer rechten Hand erscheinen und auf einen Felsen die armenischen Zeichen für a, e, i, o, u schreiben, so dass der Stein sie aufgetragen zeigte, wie die Enden einer Linie auf Schnee. Und nicht allein kamen sie zum Vorscheine, sondern auch aller Einzelheiten sammelten sich in seinem Geiste, wie in einem Gefässe. Er stand auf vom Gebete und bildete unsere Schriftzeichen mit Hilfe des Ruphanus, der ihnen die richtige Form für die Hand gab, wobei er die armenischen Elemente nach dem Systeme der griechischen Silben modificirte. Sofort machte er sich ans Uebersetzen, indem er vorsichtig mit den Sprüchwörtern begann und alle 22 anerkannte Bücher und das neue Testament ins Armenische übersetzte, er und seine Schüler Johannes von Ekeghets und Joseph von Paghen; zugleich liess er auch seine jüngeren Schüler die Schreibkunst erlernen.

54.

Die armenische, iberische und aghovanische Schrift.

Nach dem Tode des Arcadius gelangte an seiner Stelle zur Regierung sein Sohn, genannt Theodosius der Kleine. Er zeigt dieselbe wohlwollende Gesinnung gegen unser Land und unsern König Wramschapuh, jedoch seinen Gebietsantheil überliess er ihm nicht, sondern behielt ihn für sich unter Verwaltern; er schloss auch Frieden mit dem Perserkönige Haskert. Zu derselben Zeit kam Mesrop mit den Schriftzeichen unserer Sprache, versammelte auf Befehl Wramschapuhs und des grossen Sahak ausgewählte Knaben mit Verstand und Talent, weicher Stimme und langem Athem, errichtete in allen Kantonen Schulen und unterrichtete alle Gegenden des persischen Gebietsantheils mit Ausnahme derer des griechischen, deren Bewohner dafür, dass sie nach dem Rechte der Ordination dem Stuhle von Cäsarea unterworfen waren, sich der griechischen und nicht der assyrischen Schrift bedienten.

Mesrop begibt sich in das Land der Iberier und fertigt auch diesen durch die von Oben ihm verliehene Gnade Schriftzeichen an in Verbindung mit einem gewissen Dschagha, einem griechischen und armenischen Dollmetscher, da ihr König Bakur und ihr Bischof Moses der Sache geneigt sind. Er wählt Kinder aus, theilt sie in zwei Klassen und lässt als Lehrer von seinen Schülern den Ter aus Chordsen und dem Musche aus Taron zurück.

Mesrop begab sich nach Aghovanien zum Könige Arswaghen und zu dem obersten Bischofe Jeremias; diese liessen sich seine Belehrung gerne gefallen und gaben ihm ausgewählte Kinder. Er beschied den Benjamin, einen geschickten Dollmetscher, zu sich, welchen ohne Verzug der junge Wasak, der Herr der Siunier, auf Vermittelung seines Bischofs Ananias entliess. So unterstützt schuf er Schriftzeichen für die kehllautige, verworrene, barbarische und rauhe Sprache der Gargarier. Als Leiter lässt er seinen Schüler Jonathan zurück, stellt zugleich auch Priester am königlichen Hofe an und kehrt dann nach Armenien zurück. Er findet den grossen Sahak mit dem Uebersetzen aus dem assyrischen beschäftigt, da keine griechischen Schriftstücke vorhanden waren; es waren nämlich zuerst von Meruschan die griechischen Bücher im ganzen Lande verbrannt worden, sodann erlaubten seit der Theilung Armeniens die persischen Statthalter

Niemanden aus ihrem Gebietsantheile die griechische Schrift, sondern nur die assyrische zu erlernen.

55.

Chosrow gelangt wieder in Armenien zur Regierung und nach ihm der Perser Schapuh.

Wramschapuh stirbt nach einer Regierung von 21 Jahren mit Hinterlassung eines zehnjährigen Sohnes Namens Artasches. Um dieselbe Zeit kommt der grosse Sahak an den Hof des Perserkönigs Haskert, um den gefesselten Chosrow zurück zu fordern, der seit dem Tode Artaschirs in freier Haft in der Anusch genannten Festung gehalten wurde. Haskert geruhte die Bitte zu gewähren, gab dem Chosrow den Thron wieder und entliess ihn nach Armenien. Dieser forderte den Hrahat, den Sohn Gasavons, zurück, welcher nach dem Tode seines Vaters aus der eben genannten Festung weggebracht und noch über Sagastan hinausgeschafft worden war; Chosrow bekam ihn nicht mehr zu sehen, denn er regierte zum zweiten Male nur ein Jahr.

Nach Chosrow machte Haskert über die Armenier Niemanden aus ihnen selbst, sondern seinen Sohn Schapuh zum Könige, wobei er den sündhaften Plan hatte, dass so fortwährend die Satrapen durch Gespräche, gegenseitige Geschenke, Feste und Jagdvergnügen sich an ihn anschliessen und auch die Fremden durch Blutsverwandtschaft und Verschwägerung sich ihm nähern sollten, damit die Möglichkeit eintrete, sie zur Verehrung der Heroen zu verleiten, in Folge dessen sie sich gänzlich von den Griechen lossagen würden. Jedoch der Thor wusste nicht, dass der Herr die Pläne der Heiden zu Nichten macht, wenn sie auch zeitweise gelingen. Da Hamasasp gestorben und Sahak in grosser Trauer war, brachte Niemand die armenischen Truppen zur Vereinigung. Daher konnte Schapuh mit Hrahat und allen Verbannten wohl leicht unser Land betreten, vermochte aber nicht die Herzen der Satrapen zu gewinnen, da alle ihn hassten; auch ehrten sie ihn nicht als König auf Jagden oder bei Spielen.

Eines Tages verfolgte er sehr heftig Truppen wilder Esel und gerieth dabei an unebene und steinigte Stellen; er begann anzuhalten. Jedoch Atom der Mokier tadelte ihn und sagte: „Nur vorwärts, Göttersohn der Perser, wenn du ein Mann bist." Er erwiederte: „Gehe du nur vorwärts, denn es ist Sache der Dämonen sich an die Steine zu stossen." Wiederum zu einer andern Zeit geschah es, dass man Eber durch Feuer in Rohrwälder jagte; Schapuh wagte nicht sich in das Dickicht hinein zu stürzen, so lange das Feuer ringsherum war; er warf seine Blicke nach beiden Seiten und ritt hier und dorthin. Da sagte wieder Atom: „Göttersohn der Perser, siehe da deinen Vater und Gott, warum flüchtest du?" Schapuh antwortete: „Lass das Spotten, schwinge dich durch das Feuer hindurch, ich werde dir folgen; denn mein Pferd bäumt sich, wenn es vorgehen soll." Dann verspottete ihn Atom mit den Worten: „Gibt es auch hier Steine, dass ich vorangehen soll? Wenn du die Mokier Dämonen nennst, so nenne ich die Sasanier Weiber." Er spornte sein Pferd an und setzte über das Feuer, wie über ein kleines Blumenthal, um den Schapuh zu befreien. Darauf geht er hinweg wohlwissend, dass Schapuh das nicht vergisst, und begibt sich ins Land Mok.

Ein anderes Mal traf es beim Stockspiele zwei Mal den Ardsrunier Schavasp die Kugel von Schapuh zu nehmen. Dieser schlug ihn mit dem Stocke und sagte: „Lerne dich kennen." Jener antwortete: „Ja wohl, ich kenne mich als einen Königssohn aus dem Geschlechte Sanasars und habe Kraft meines Namens das Recht mit deinen Brüdern das Polster des Königs zu küssen." Nachdem er das in sehr verächtlichem Tone gesagt hatte, eilte er schnell aus der Rennbahn. Ein anderes Mal bei einem Freudenfeste betrank sich der Gardmanier Chosrow am Weine in Gegenwart des Schapuh und lief wie ein unzüchtiger Stutzer einer fingerfertigen Harfenspielerin nach. Schapuh darüber unwillig lässt ihn ergreifen und in ein Zimmer einsperren. Allein dieser legte die Rechte an sein Schwert, wie der Bagratunier Trdat, und ging hindurch in sein Haus, und keiner der königlichen Officiere wagte die Hand an ihn zu legen, da sie von früher her durch Erfahrung den Mann kannten. Dieses zu erzählen hat mich deine Bitte genöthigt.

56.

Ereignisse nach der Abreise Schapuhs aus Armenien, Anarchie nach seinem Tode.

Nachdem Schapuh 4 Jahre unwürdig regiert hat, kommt ihm die Nachricht von der Erkrankung seines Vaters; er reist eilig ab mit dem Befehle an den seine Stelle vertretenden General, sich der Grossen Armeniens zu bemächtigen und dieselben nach Persien abzuführen. Gleich nach der Ankunft Schapuhs in Tisbon starb sein Vater Haskert nach einer Regierung von 11 Jahren. An demselben Tage wurde sofort auch Schapuh von den Höflingen hinterlistiger Weise ermordet. Sofort versammeln sich durch die Bemühung des Oberbefehlshaber gewordenen tapfern und glücklichen Nerses aus Dschidschrak die armenischen Satrapen mit ihren Truppen und liefern dem Herrn der Perser eine Schlacht; sie werfen die Truppen, und der Spandunier Apersam tödtet ihren General. Alle zerstreut, ihre eigenen Herren, nur auf ihre eigene Rettung bedacht, warfen sich in alle Gebirge und Festungen, wobei alle Bewohner von Wanand sich durch unerschrockene Tapferkeit auszeichneten. In Folge von Unruhe und vieler Verwirrung blieb unser Land von da an 3 Jahre im Zustande der Anarchie, wurde verödet und zur Wüste; daher fehlte der königliche Tribut, waren die Wege dem Volke abgeschnitten und war jede gute Ordnung verwirrt und vernichtet.

In denselben Tagen war König der Perser Wram II. geworden; er suchte Rache an unserm Lande, schloss Frieden mit den Griechen und wagte nicht ihren Gebietsantheil zu berühren.

57.

Sendung Mesrops nach Byzanz; Copie von fünf Briefen.

Da der grosse Sahak all das Unglück sah, welches den persischen Gebietsantheil traf, begab er sich in die westlichen Gegenden unseres Landes, in den griechischen Gebietsantheil,

wurde aber nicht nach Verdienst aufgenommen; desshalb schickt
er den Mesrop und seinen Enkel Wardan nach Byzanz zum
Kaiser Theodosius mit einem Briefe, welcher also lautete:

Brief Sahaks an Theodosius.

„An den friedliebenden Kaiser seinen Herrn Augustus Theodosius von Sahak, dem Bischofe Armeniens, Gruss im Herrn.
Ich weiss, dass die Nachricht von unserer drückenden Lage
deiner mitleidigen Majestät zur Gehör gekommen ist; desshalb
bin ich in der Hoffnung auf das Mitleid deiner gnädigen Majestät gekommen und habe zu deinen Füssen meine Zuflucht genommen; in meiner Diöcese habe ich keine Aufnahme gefunden
in Folge eines dahin lautenden Befehls der dortigen Gouverneure.
Sie hassen mich so sehr, dass sie nicht einmal die Buchstaben
angenommen haben, welche jener Mann gebracht hat, den ich
zu deiner gnädigen Majestät geschickt hatte und der auch in
Assyrien mehrere Mal Leiden zu ertragen hatte. Möchte es nun
deiner Majestät gefallen, mich in meiner Diöcese nicht machtlos
zu machen und zu befehlen, mich und meine Belehrungen auf-
zunehmen. Lebe wohl."
Er schreibt auch an den Bischof der Kaiserstadt Folgendes:

Brief Sahaks an Attikus.

„Von Sahak, dem Bischofe Armeniens, an seinen Lehrer
Attikus, den Bischof der hohen Pforte, Segen und Gruss.
In der Hoffnung auf deine Heiligkeit habe ich den Lehrer
unserers Landes und meinen Enkel Wardan gesandt, damit du,
wenn du von ihnen das Elend unserer gedrückten Lage gehört
haben wirst, mich durch Fürbitte beim grossen Könige als
liebender Bruder unterstützest. Lebe wohl!"
Er schreibt auch an den General Anatolius Folgendes:

Brief Sahaks an Anatolius.

„Von Sahak, dem Bischofe Armeniens, Gruss an den tapfern
General Anatolius.
Ich danke Gott dafür, dass er dich mir zur Zuflucht gegeben

hät; desshalb benachrichtige ich dich, dass ich aus Anlass unserer gedrückten Lage unsern Lehrer Mesrop und meinen Enkel Wardan an den kaiserlichen Hofe gesandt habe; ich bitte deine Heldenseele, ihre Reise zu begünstigen. Lebe wohl!"

Als Anatolius dieses gelesen hatte, erinnerte er sich auf ein Mal des Rufes, welcher früher über die Tugend Mesrops erschollen war, und bereitete ihnen eine nicht geringfügige Aufnahme, benachrichtigte sogar den Kaiser brieflich durch Kurrire. Er erhält den Befehl, sie auf würdige Weise eilig zu senden. Desshalb hält er in der Stadt Melitine die Menge der Schüler, welche Mesrop mit sich gebracht hatte, mit ihrem Vorsteher Leontius zurück und lässt sie bei dem Bischofe Acacius. Er nimmt den Mesrop und Wardan, übergibt sie dem Bischofe Gnith von Derdschan und geleitet sie mit Ehren. Gleich bei ihrem Eintritte in Byzanz wurden sie dem grossen Kaiser vorgestellt, erhielten, was sie gehofft und nicht gehofft hatten, und kehrten mit folgendem Briefe zurück.

Brief des Theodosius an Sahak.

„Von dem Kaiser Theodosius, dem Augustus und Cäsar der Römer, Gruss an den Bischof Sahak den Grossen.

Ich habe den Brief lesen lassen und bin nun im Klaren über das von dir Geschriebene; ich habe es sehr getadelt, dass du mit ganzem Herzen einem heidnischen Könige angehangen und dich nicht dazu verstanden hast, durch einen Brief dich mir bekannt zu machen. Ich tadele dich besonders desshalb, dass du mit Verachtung der weisen Männer, welche in meiner Stadt sind, bei einigen Assyriern wissenschaftliche Entdeckungen gesucht hast. Ich war desshalb ganz einverstanden mit der Verachtung deiner Belehrung bei meinen Unterthanen. Nachdem mir jedoch später Mesrop erzählt hatte, dass die Vollendung seiner kunstreichen Erfindung durch die göttliche Gnade bewirkt worden sei, habe ich ausgeschrieben, dass Alle sie erlernen und dich als ihren wahren Lehrer mit derselben Ehre, welche dem Erzbischofe von Cäsarea zukommt, aufnehmen und dass die Kosten aus dem königlichen Schatze bestritten werden sollen.

Ich habe auch den Befehl erlassen, in Armenien eine Stadt als Zufluchtsort für dich und meine Truppen zu erbauen. Dir zu lieb habe ich den Wardan, den Sohn deines Adoptivsohnes, zum General gemacht und den Mesrop unter die ersten Lehrer eingeschrieben. Lebe wohl!"

Der grosse Bischof Attikus schrieb auch Folgendes:

Brief des Attikus an Sahak.

„Von Attikus, dem unabhängigen Bischofe von Konstantinopel, an seinen geliebten Bruder und Collegen Sahak, den Bischof von Armenien, Gruss im Herrn.

Vielen Dank spreche ich Gott aus für deinen guten Ruf unter einem so barbarischen Volke, unterlasse es aber auch nicht, dich offen dafür zu tadeln, dass du dich nicht früher der Freundschaft des Gregor und Nerses, deiner Väter, erinnert hast. Besonders staune ich darüber, dass du die Quelle der Kirche unsern heiligen Vater Johannes ausser Acht gelassen hast, von welchem nicht allein die Mutterstadt der Welt, sondern alle Christen insgesammt und die ganze Welt belehrt worden sind und gelernt haben, wesshalb man ihn auch den Goldmund nannte. An diesem vorübergehend hast du an stürmischen Gewässern deinen brennenden Durst stillen wollen, bis der Allmächtige deine nutzlose Mühe sehend die Gnade des heiligen Geistes auf dich herabgoss, worüber ich mich jetzt freue. Nun wird dir durch einen Befehl des Kaisers Augustus die Erlaubniss gegeben worden sein, unser Land zu belehren und die unzüchtige Sekte entweder zu gewinnen oder aus deiner Diöcese zu vertreiben. Den von dir gesandten Mesrop habe ich zum Geistlichen geweiht."

58.

Die Belehrung unseres Westens, allgemeine Ruhe, die Regierung Artaschirs.

Mesrop und der General Wardan fanden bei ihrer Ankunft den General Anatolius in der Nähe unseres Gebietes angekommen. Dieser führte nach Empfang des königlichen Befehls noch

energischer und mit eifriger Handanlegung die Sache zu Ende.
Es kamen nämlich die Fürsten und Häupter und alle hervorragende Männer des Landes an einem Orte freiwillig wie durch
einen von Gott ausgegangenen Ruf eingeladen zusammen. Mit
dem Unterrichte dieser ohne Zögern beginnend belehrten sie
schnell das westliche Gebiet, wie früher das östliche.

In derselben Zeit kamen von vielen Satrapen Gesandte, um
den grossen Sahak einzuladen, dass er zu ihnen komme und
eine allgemeine Vereinigung zu Stande bringe; denn der Perserkönig Wram, der wohl wusste, dass er ohne die armenischen
Satrapen das Land nicht besitzen könne, liess durch den Ritter
Sembat über eine Verständigung unterhandeln. Desshalb lässt
Sahak zur Belehrung des westlichen Gebietes den Mesrop und
bei ihm seine Enkel Hmajeak und Hamasaspean, die Brüder
des Generals Wardan, zurück, befiehlt die unzüchtigen Verbrecher aufzusuchen und, wenn sie weder durch Milde noch
durch Strenge zur Vernunft kämen, mit Strafen zu verfolgen,
damit eine Beleidigung die andere räche und der ungerechte
Tod der Seelen durch einen gerechten körperlichen Tod mit
Schimpf bedeckt werde, begibt sich selbst in den Kanton Ararat,
versammelt alle Satrapen und sendet den Ritter Sembat und
seinen Enkel den General Wardan an den Hof des Königs von
Persien.

Dieser schliesst Frieden, besiegelt ein Amnestie-Dekret,
macht auf ihren Wunsch zum Könige den Artasches, den Sohn
Wramschapuhs, wobei er dessen Namen in Artaschir umändert,
und übergibt ihm Armenien ohne persischen Statthalter. Artaschir regierte sechs Jahre.

59.

*Erbauung einer Stadt im Kantone Karin, welche Theodosio-
polis genannt wurde.*

Der General Anatolius kommt nach Empfang des könig-
Befehls in unser Land, durchzieht viele Gegenden und
dem fetten, wasserreichen und fruchtbaren Kan-
ten Mittelpunkte des Landes eine Stadt zu

erbauen, da er den Ort für den Mittelpunkt und nicht zu fern
von den Stellen gelegen hält, wo die Quellen eines Theiles des
Euphrat entspringen und in ruhigem Laufe fortfliessend das
Aussehen eines morastartigen Meeres gewinnen, in und an welchem unzählige Fische und verschiedene Gras fressende Vögel
leben, von deren Eier allein die Anwohner sich nähren. Am
Ufer des Sumpfes gibt es viele Schilf- und Rohrwälder, und die
Ebenen tragen dichtes Gras und sind sehr fruchtbar an Saat-
früchten. Die Berge sind voll von Thieren mit gespaltenem
Hufe und Wiederkäuern, vermehren die Viehheerden und machen
sie hochwüchsig, körperstark und sehr wohlbeleibt.

Am Fusse eines schön gelegenen Berges fand er viele klare
und kleine Quellen hervorsprudeln und steckte dort den Platz
für die Stadt ab. Er umgab dieselbe mit einem tiefen Graben,
legte sehr tiefe Fundamente für die Festungswerke und erbaute
darüber sehr hohe schreckliche Thürme, deren ersten er Theodosius nannte zur Ehre des Kaisers Theodosius. Jenseits desselben erbaute er schroffe Thürme wie Schiffsschnäbel und aus-
gehöhlte Durchgänge, welche gegen den Berg hinschauten,
ebenso auch solche gegen die nördlich gelegene Ebene hin;
jedoch gegen Osten und Westen errichtete er runde Thürme.
In der Mitte der Stadt erbaute er auf einer Anhöhe viele Magazine und nannte sie Augustium zu Ehren des Augustus. Er
leitete auch Wasser nach verschiedenen Punkten in verdeckten
Wasserleitungen. Er füllte die Stadt an mit Waffen und einem
Regimente zur Bewachung und nannte sie Theodosiopolis, damit
durch die Erinnerung an die Stadt der Name des Theodosius
unsterblich werde. Ueber warmen Quellen erbaute er Gebäude
aus behauenen Steinen.

60.

*Mesrop wird wieder Verkündiger des Evangeliums, Reise der
Uebersetzer nach Byzanz.*

Mesrop lebte in der Wüste und an schattigen Orten, welche
Schaghgomkh genannt werden, und vollendete die Belehrung
der zuerst übernommenen Volksmassen; denn er lehrte keine

Kunst, sondern gab seinen Schülern auf apostolische Weise gleichsam den Geist. Darauf liess er einige seiner Schüler als Leiter an jenem Orte zurück, nämlich den Leontius und Enoch in Sper und in Derdschan ihren Bischof Gnith und in Ekegbiats den Danan, begab sich selbst nach Ararat und durchzog seinen ersten Aufenthaltsort, den Kanton Goghthen.

Die zurückgebliebene bittere Wurzel der heidnischen Sekte war in der Zeit der Anarchie wieder zum Vorschein gekommen und hatte sich weithin ausgedehnt. Nachdem der Selige sie mit Hilfe des seinem Vater ähnlichen Git, des Sohnes Schabiths, des Fürsten des Kantons, ausgerottet hatte, brachte er auch in Erfahrung, dass die Vorgänger der falschen Lehrer in der Gegend von Baghas seien. Dorthin gekommen bringt er Viele zum wahren Glauben und vertreibt die wenigen Hartnäckigen ins Reich der Hunnen. Er anvertraut die Belehrung jener Gegenden einem Bischofe Namens Musehen und kehrt selbst ins Thal Gardmann zurück; denn er hatte gehört, dass dort Anhänger jener Sekte seien. Als er sie aufgefunden, bringt er sie zur Erkenntniss der Wahrheit zugleich mit der nochmaligen Bekehrung des Fürsten von Gardman Namens Churs. Er wird auch von dem Fürsten der Gugarier Aschuscha eingeladen zu demselben Zwecke in sein Gebiet, den Kanton Taschir, zu kommen. Dorthin gekommen belehrte er die Bewohner, dass sie besser und glaubensfester wurden, als alle seine Schüler. In dieser Zeit war ein gewisser Ardsil König von Iberien.

Mesrop und der grosse Sahak nehmen dann nach ihrer Ankunft dieselben Schüler und senden den Joseph und dessen Gefährten aus demselben Dorfe Koghb Namens Esnik nach Mesopotamien in die Stadt Edessa, damit sie alle Bücher ihrer sogenannten ersten heiligen Väter, die sich dort vorfänden, in unsere Sprache übersetzten und eilig herbeibrächten, um sie darnach zu demselben Zwecke nach Byzanz senden zu können. Nachdem sie aber falsche Briefe einiger Lügner des Inhaltes, dass der grosse Sahak und Mesrop bereit seien, Andere nach Byzanz zu schicken, empfangen hatten, gingen sie begierig nach guter Belehrung ohne Befehl ihrer Lehrer sofort nach Byzanz

und machten sich in der griechischen Schrift gewandt ans Uebersetzen und Schreiben. Ihre Collegen und Mitschüler Leontius
und Koriun begaben sich aus Eifersucht gegen dieselben von
freien Stücken zu ihnen nach Byzanz. Es kommen dorthin
auch noch Johannes und Ardsan, welche der grosse Sahak und
Mesrop früher geschickt hatten; sie waren langsam gereist und
hatten sich müssig in Cäsarea aufgehalten und ergötzt. Allen
bereitete der Bischof Maximianus von Byzanz eine grossartige
Aufnahme.

61.

Das Concilium zu Ephesus gegen den gottlosen Nestorius.

In jener Zeit sass unwürdiger Weise auf dem bischöflichen
Stuhle von Byzanz der gottlose Nestorius und lästerte jüdischen
Belehrungen folgend die allerseligste Jungfrau durch die Be-
hauptung, sie sei Menschen- aber nicht Gottes-Gebärerin. Da der
von ihr Geborene nämlich, behauptete er, einen Anfang habe, so
sei ein Anderer der von Maria durch die Einwirkung der Gnade
geborene und ein Anderer der vom Vater im Anfange gezeugte
Sohn, so dass es zwei Söhne seiner Ansicht nach gab, wodurch die
Trinität zu einer Quaternität wurde. Daher versammelten sich
die heiligen Väter in Folge einer schriftlichen Einladung in der
Seestadt Ephesus, nämlich Cölestinus von Rom, Cyrillus von
Alexandrien, Juvenal von Jerusalem, Johannes von Antiochien,
Memnon von Ephesus, Paulus von Emessa, Theodotion von An-
cyra und viele Andere im Ganzen 200 Väter, verdammten den
Nestorius und bekannten als den Einen Sohn Gottes unsern
Herrn Jesus Christus und die allerseligste Jungfrau Maria als
Gottes-Gebärerin.

Weil der grosse Sahak und Mesrop auf diesem Concilium
nicht zugegen waren, schrieben die Bischöfe Cyrillus von Alexandrien, Proclus von Konstantinopel und Acacius von Meletine an
dieselben und warnten sie; denn sie hatten gehört, dass einige
Schüler der Häretiker mit den Schriften des Theodor von Mopsvestia, des Lehrers des Nestorius, und seines Schülers Theodor
nach Armenien gegangen seien. Darauf gingen unsere Ueber-

setzer, deren Namen ich früher erwähnt habe, den grossen Sahak und Mesrop nach Aschtischat im Kantone Taron suchen und brachten die Briefe und die in sechs Kapitel eingetheilten Beschlüsse des Conciliums von Ephesus und die beglaubigten Abschriften der heiligen Schrift.

Nach Empfang übersetzten der grosse Sahak und Mesrop das schon einmal Uebersetzte wieder und gaben demselben schnell mit Hilfe Jener eine ganz andere Gestalt. Weil diese aber unserer Kunst unkundig waren, wurde das Werk in vielen Theilen fehlerhaft. Desshalb schickten mich der grosse Sahak und Mesrop nach Alexandrien ins Gebiet der schönen (griechischen) Sprache, um die wahre Wissenschaft der Academie zu erlernen.

62.

Die Lehrer des Moses von Chorene, er selbst und seine wissenschaftliche Reise; eine Darlegung des Himmels-Systems.

Die fortwährend ihren Gegenstand verfolgenden und das Firmament mathematisch studirenden Philosophen behaupten, die Sterne entständen aus dem Monde, der Mond habe seine Lichtfülle durch die Sonne und die ganze Sonne die ihrige aus dem leuchtenden Himmel; sie behaupten ferner die Ausströmung des sich ausbreitenden Aethers in zwei Zonen und dass jede Zone durch die Sonne entstehe nach Grad, Verhältniss und Zeit. So bin auch ich gewisser Massen durch die fortwährend fliessende Gnade, die in den geistigen Strahlen meiner geistigen Väter leuchtet, auf meiner Wanderung in den südlichen Gegenden in die Stadt Edessa gekommen; leicht über die Tiefen des Archivs hinwegsegelnd bin ich zu den heiligen Orten gelangt, um anzubeten und eine Zeit lang bei den Belehrungen der Palästinenser stehen zu bleiben.

Mit derselben Eile bin ich in Egypten eingetreten, in das Land von beneidenswerthem Rufe, das frei von unmässiger Kälte und Hitze, von Ueberschwemmung und Trockenheit, in einem schönen Erdtheile gelegen, an allen Früchten überfliessend und durch den Nil mit einer natürlichen Mauer umgeben ist. Der Nil ist nicht allein die Schutzwehr des Landes, sondern hat sich auch gewöhnt, demselben hinreichende Nahrung zuzuführen und durch seine Ueberschwemmung Herr zu sein, Trockenheit und Feuchtigkeit zur Bebauung des Landes zu spenden; das Land bringt das an sich in ihm Unerzeugbare hervor durch die Befruchtung des Flusses, er macht es gleich einer reichen Insel, indem er es rings umgibt und in zwölf verschiedenen Kanälen ganz durchströmt. In diesem Lande ist das schön angelegte grosse Alexandrien erbaut, eine Stadt mit gutem Clima, zwischen dem Meere und einem künstlichen See gelegen. Eine angenehme Luft mischung entsteht aus den Winden, welche vom See nach dem Meere hin und von dem nahen Meere her wehen und als fortwährende Luftströme kommen; die vom Meere her sind fein und die vom See her sind dicht; ihre Mischung erzeugt die stärkste Dauerhaftigkeit der Lebenskraft.

Als der Erste des Landes steht jetzt nicht mehr da der alte fünfköpfige Pluto, welcher die ganze Welt hütete, sondern Markus durch die Verkündigung des Evangeliums; es gibt keine Grabdenkmäler der von dem Drachen entsprossenen Helden mehr, aber Heilige haben ihre Kapellen. Am 25. Tub wird nicht mehr das frivole Fest gefeiert, an dem man Lastthiere krönte, Schlangen Verehrung erwies und Breikuchen vertheilte, aber am 11. desselben Monats Tub wird das Fest der Erscheinung des Herrn gefeiert, an welchem man die muthigen Sieger lobt, den Fremden Aufnahme bereitet und den Armen Almosen gibt. Nicht mehr opfert man dem bösen Dämon Serapis, sondern bringt das Blut Christi als Opfer dar; nicht mehr fordert man Orakelsprüche von Prodeiad, dem Haupte der Unterwelt, sondern erlernt den Geist aller Weisheit von dem neuen Plato, von dem Lehrer, meine ich, dessen Schüler zu sein ich nicht würdig befunden worden bin. Durch angestrengtes Studium der Wissenschaft bin ich selbstständig geworden.

Im Begriffe nach Griechenland zu segeln wurde ich durch heftige Winde nach Italien geworfen; ich begrüsste den Ruheort des heiligen Petrus und Paulus ohne lange in Rom zu verweilen, ging dann hinüber nach Attika in Griechenland und blieb kurze

Zeit in Athen. Am Ende des Winters nahm ich mir aus Sehnsucht nach meinem Vaterlande vor, nach Byzanz zu gehen.

63.

*Schändliche Verbindung der Armenier zu ihrem eigenen Ver-
derben.*

Der armenische König Artaschir begann sich bodenlos in
die Unzucht zu versenken, bis alle Satrapen sich über ihn
ärgerten. Sie kamen zu dem grossen Sahak und appellirten an
ihn, indem sie ihn zu ihrer Unterstützung einluden, den Artaschir
bei dem Perserkönige zu verklagen, damit dieser ihren König
absetze und einen Perser an die Spitze des Landes stelle.
Jener aber sagte: „Ich halte euch nicht für Lügner; ich habe
auch von dieser unglückseligen Schändlichkeit gehört, aber Artaschir hat nach vielfachem Tadel dieselbe abgeschworen. Wir
müssen nun das Laster des Mannes ein Wenig ertragen, bis
wir den Ausgang der Sache mit dem griechischen Kaiser Theodosius erwägen können, und dürfen ihn nicht dem Gelächter
und Hohne der Gottlosen Preis geben."

Jedoch sie gingen nicht darauf ein, sondern bemühten sich,
den Sahak für ihren Plan zu gewinnen. Dieser aber sagt:
„Gott bewahre mich davor, meine zerstreuten Schafe den Wölfen
Preis zu geben und nicht die Verwundeten oder Kranken zu
pflegen, sondern jählings in den Abgrund zu stürzen. Wenn es
vor einem gläubigen Könige geschähe, würde ich mich beeilen
und nicht zögern, in der Hoffnung, den Fallenden aufzuhalten,
vor den Heiden aber seinen Sturz zu beschleunigen, nehme ich
nicht auf mich nach dem Ausspruche: Du sollst denjenigen,
welcher dich bekennt, nicht den wilden Thieren Preis geben.
Er ist gezeichnet in der Taufe, obgleich er lasterhaft ist, er ist
unzüchtig, aber er ist ein Christ, er ist beschmutzt am Leibe,
aber er ist nicht ungläubig im Herzen, er ist leichtsinnig in
seinem Leben, aber er ist kein Feueranbeter, er ist schwach
gegen die Weiber, aber er dient nicht den Elementen. Warum
soll ich mein krankes Schaf mit einem starken wilden Thiere
vertauschen, dessen Stärke ja gerade unsere Plage ist?"

Jedoch die Satrapen, welche dachten, dass sein Zweck sei,
sie durch List hinzuhalten, um den König vorzubereiten, sagen
alle: „Weil du nicht mit uns gewollt hast, dass er nicht mehr
König sei, so wollen wir nun, dass du nicht mehr unser Priester
seiest.“ Sie verbanden sich alle und gingen zu dem Perserkönige Wram mit Surmak aus Ardske, einem ehrgeizigen Priester, um ihren König Artaschir und den grossen Sahak als
Parteigänger der Griechen zu verklagen.

64.

Aufhebung des Königreiches der Armenier durch ihren eigenen
Willen, Entehrung des Patriarchenstuhles.

Als in dieser Zeit der Perserkönig Wram den armenischen
König Artaschir und den grossen Sahak an seinen Hof geladen
hatte, drängte man den letzteren, den Artaschir anzuklagen; er
weigerte sich aber entschieden, etwas Böses oder Gutes auszu-
sagen. Darauf wird dem Obersten der Arier, welcher Suren
Pahlav war, der Befehl, ihn durch freundschaftliche Worte als
Verwandten dazu zu bestimmen. Dieser verlegte sich auf Worte
der Ueberredung, indem er sagte: „Ich bin dein Blutsverwandter
und glaube nur dein Bestes zu wollen; wenn du nur jetzt gemeinsame Sache mit den Satrapen machen willst, dann wirst
du von dem Perserkönige geehrt werden, und er wird deinen
Enkel Wardan über Armenien setzen mit einer der königlichen
gleichen Stellung und Ehre.“ Allein er ging nicht darauf ein
und sagte: „Wie soll ich aus eiteler Ruhmsucht und Machtliebe
einen Anderen verleumden, oder warum habt ihr diese Lust, den
Artaschir zu stürzen? Ich finde jedoch keinen Grund, von ihm
abzufallen. Wenn es geschehen soll wegen seines zügellosen
Lebens, das man anklagt, so ist er, sage ich euch, der Ehre
von euerer Seite würdig nach euern unkeuschen Gesetzen, wenn
er auch nach den unserigen verdammt wird; aber nichts desto-
weniger sollt ihr von mir überhaupt Nichts mehr hören.“
Wram darüber erzürnt, stellte an dem grossen Gerichtshofe
eine Untersuchung an und hörte, ohne dem Artaschir Gehör zu
geben, mit Wohlgefallen die Anklagen besonders die sehr

schmutzigen Worte Surmaks. Diesem hatten die Satrapen, die
Feinde und Gegner Artaschirs, den Patriarchenstuhl versprochen;
desshalb machte er aus Eigenliebe seine Zunge zu einem ver-
nichtenden Schwerte, bis Wram den Befehl gab, den Artaschir
zu entthronen, ihn festzunehmen und alle Güter seiner Familie
zum Staatsschatze zu schlagen, ebenso den grossen Sahak ab-
zusetzen, das Haus des Katholikos zum Staatsschatze zu schlagen
und an dessen Stelle auf den armenischen Patriarchenstuhl jenen
Surmak zu setzen. Reich beschenkt entliess er die Satrapen
mit einem persischen Statthalter Namens Wehmihrschapuh.

Jedoch Surmak hielt sich bloss ein Jahr und wurde von
denselben Satrapen von seinem Stuhle vertrieben. Darauf erhielt
er den bischöflichen Stuhl seines Kantons, des der Besnunier,
für sich und seine Familie von dem Perserkönige, die Satrapen
erbaten sich von Wram einen Andern für den Patriarchenstuhl;
er gab ihnen den Berkhischo, einen Assyrier. Dieser kam mit
unwürdigen Genossen, brachte auch Weiber als Haushälterinnen
mit sich und brachte drei Jahre zu in Unmässigkeit, Verschwen-
dung und Raub der Güter der Verstorbenen. Da die Satrapen
ihn nicht leiden konnten, baten sie wiederum den Wram, ihn
wegzunehmen und ihnen irgend einen Andern ihrer eigenen
Religion zu geben. Die Hälfte von ihnen verlangte den grossen
Sahak.

65.

*Absendung des grossen Sahak aus Persien mit seinem Nach-
folger Samuel.*

Wie ich gesagt habe, schickten die Satrapen Armeniens,
welche in zwei Parteien gespalten waren, von beiden Seiten Gesandte, um sich vom Perserkönige einen Patriarchen zu erbitten,
von der einen Seite den Watsche, den Herrn der Ardsrunier,
und Hmajeak, den Herrn von Aschots, um sich irgend einen,
den der König wolle, und von der andern Seite dem Mamedsch,
den Herrn der Apahunier, und Spandarat, den Herrn der Ar-
scharunier, um sich den grossen Sahak zu erbitten. Auch der
griechische General Anatolius sandte aus Karin den Havuk aus

Kukajardsch, dem Könige zu sagen, dass, wenn es ihm nicht angenehm sei, den grossen Sahak in seinem Gebietsantheile zu haben, er ihn dem griechischen Antheile überlassen möge. Auch alle Bischöfe mit dem seligen Mesrop und der ganzen Kirchengemeinde sandten als Bittsteller den Priester Tiruk, den Sohn des Mosisik aus Sarischat im Kantone Wanand. Desshalb geruhte Wram die Bitte beider Parteien zu erfüllen, indem er auf den Patriarchenstuhl einen andern Assyrier Namens Samuel setzte, welcher an Rang und Stellung der Gegner des grossen Sahak werden sollte, und ihm als Beschäftigung anwies dem Statthalter beizustehen und den Vorsitz zu führen bei der Vertheilung der einzufordernden Steuern, bei den Gerichten und andern Landesinstituten. Er schickt auch den grossen Sahak zurück, lässt ihm aber nur wenige Dörfer seines Hauses, um sich dort festzusetzen, mit der alleinigen Erlaubniss, den gewöhnlichen Religionsunterricht zu ertheilen und diejenigen zu weihen, deren Weihe Samuel zulasse.

Bevor Wram den Sahak entlässt, citirt er ihn zu sich vor einen zahlreichen Gerichtshof und spricht: „Ich lasse dich bei deinem Glauben schwören, in meinem Dienste treu zu sein und an keinen Abfall zu denken, um die Armenier zu der Glaubensgenossenschaft mit den irrgläubigen Griechen zu verleiten und so die Ursache des Unterganges des armenischen Reiches durch mich zu werden und meinen Namen eines Wohlthäters in den eines Uebelthäters zu verwandeln." Darauf erhob sich der grosse Sahak, nahm bescheiden aber graciös die Haltung eines öffentlichen Redners an und begann mit bescheidenen Blicken und noch bescheidenerer Stimme seine Dienstleistungen und ihre Undankbarkeit aus einander zu setzen, indem er zugleich ihre heuchlerische Schmeichelei, die Hinterlist ihrer Gedanken und ihre schlechten Werke tadelte, dazu noch die ausgesprochenen unvernünftigen Gotteslästerungen bekämpfte, die darin bestanden, dass Wram von einer häretischen Glaubensgemeinschaft gesprochen hatte, und ihren eigenen Götzendienst verspottete; er schloss mit einer wunderbaren Vertheidigung des wahren Gottes, in wie weit die heidnischen Ohren es ertragen

konnten, ohne dabei den ganzen Glanz seines Geistes den Ungläubigen zum Spotte wie Perlen unter die Fusstritte der
Schweine hinzuwerfen, aber er blitzte der Art, dass die Zungen
der Magier zu Staub wurden, dass der König selbst von Staunen
ergriffen wurde und die ganze versammelte Menge der persischen
Höflinge in Bewunderung ihm zuhörte, bis endlich Wram befahl
viel Geld ihm zu geben als einem beredten und beherzten Manne,
der vor einem solchen Könige frei zu sprechen wagte.

Ohne das Geld anzunehmen sagt er zu seinem Stammge-
nossen Suren Pahlav: „Sein Geld soll ihm verbleiben; bestimme
du ihn aber, mir diese zwei Forderungen zu gewähren, dass er
den Rang der armenischen Satrapen, wie er von Artaschir geordnet ist und sich bis jetzt erhalten hat, auch für die Zukunft
in dieser Weise bestehen lässt, damit nicht die persischen Statthalter Kenntniss davon erlangen und irgend Etwas zu sehr nach
eigenem Wohlgefallen verändern können, so dann, dass er wieder
zurückgebe das Haus meines und deines Verwandten, des jungen
Gasavon, des Sohnes Hrahats, dass, wenn er ihn aus Hass gegen
den arschakunischen Namen nicht wieder in seine Stelle einsetzt,
er doch wenigstens in einem niedrigen Range unter die andern
Satrapen, an welcher Stelle er wolle, ihn einreihe als Mitglied
jener kamsarischen Familie oder auch als Amatunier, der aus
seiner väterlichen Ehrenstelle und von dem ersten Throne auf
einen niedrigeren verstossen ist, oder dass er etwa die königliche Statthalterei ihm und seinen Nachkommen mit gleichem
Vertrauen übergebe, bis Gott geruhe, ihn durch irgend einen
König wieder in seine Stelle einzusetzen. Bemühe dich nun
ihn zu bezaubern, wie ein überredender Zauberer." Als Wram
diese Bitte gehört hat, befiehlt er sie ganz zu erfüllen; er setzt
auch den Enkel Sahaks, den General Wardan, wieder in die
Herrschaft über das mamikonische Volk ein und entlässt ihn
nach Armenien.

Wenn aber Jemand sagt, ich müsste alle Worte des grossen
Sahak vor der persischen Versammlung niederschreiben, so soll
er wissen, dass dieselben von Niemanden in vollständiger Wahrheit zu meinen Ohren gekommen sind und dass ich mich nicht

dazu verstehen kann, sie in die Geschichte einzuweben: denn ich bin ein alter und kranker Mann und mit Uebersetzungen beschäftigt und habe nur daran gedacht, mich zu beeilen, ohne auf eine feinere Sprache Mühe zu verwenden, damit dein Wunsch sich erfülle und ich mich von deinen nöthigenden Worten und Bitten befreie, da ich dich für einen mir an Mitleid gleichen Sterblichen halte und nicht, wie die Dichter sagen, für einen den Göttern ganz nahe verwandten und aus ihrem Blute entsprossenen Fürsten.

66.

Die Thaten Samuels, des unwürdigen Amtsgenossen des grossen Sahak.

Samuel nahm nach seiner Ankunft den Patriarchenstuhl in Besitz, ahmte das Betragen Berkhischos nach und übertraf ihn noch an Geiz; denn dieser hatte bloss die Güter der verstorbenen Bischöfe an sich gebracht, jener raubte aber auch die der noch lebenden; er liess nämlich den grossen Sahak keine Nachfolger der verstorbenen Bischöfe weihen und vertrieb die lebenden unter dem sehr geringen Vorwande der Verhinderung der Eintreibung des königlichen Tributs, wobei er alle ihre Güter an sich riss. Desshalb wurde er von allen Bischöfen gehasst und verachtet; denn sie hatten tausend Uebel von ihm zu ertragen und Niemand bekam ihn zu sehen mit Ausnahme jenes Surmak, dessen Einkünfte er sehr vermehrte; auf königlichen Befehl übergab er diesem das den Andern Entrissene. Auf ihn eifersüchtig wagten auch andere Bischöfe dasselbe zu thun, wozu sie vom Perserkönige mit Hilfe ihrer jedesmaligen Fürsten sich die Erlaubniss erbaten.

Der grosse Sahak hörte nicht auf, mit geistiger Milch die Kinder der Kirche zu tränken mit Hilfe Mesrops, den er an der katholischen Kirche zu Wagharschapat zurückgelassen und angestellt hatte, während er selbst sich aufhielt im Kantone Bagrevand an dem Orte, an welchem vom Himmel her das Licht erschienen war, als der heilige Gregor den König Trdat und alle Armenier taufte.

Samuel starb nach fünf Jahren in unserm Lande. Zu derselben Zeit versammelten sich alle Satrapen, begaben sich zu dem grossen Sahak und baten ihn unter dem Bekenntnisse ihrer Sünden, den bischöflichen Stuhl wieder einzunehmen; sie versprachen, vom Perserkönige seine Bestätigung zu erwirken, und verpflichteten sich durch ein von allen besiegeltes Aktenstück, seinen Enkeln von Geschlecht zu Geschlecht dieselbe Würde zu verleihen. Allein er ging nicht darauf ein; als die Meisten ihn drängten, sah er sich genöthigt ein Gesicht zu erzählen, welches vor langer Zeit ihm im Schlafe als Enthüllung der Zukunft erschienen war. Als die Satrapen das gehört und erfahren hatten, dass auf göttlichen Befehl die Patriarchenwürde von seinem Geschlechte gewichen sei, brachen sie in Thränen aus und beklagten sich selbst mit dem evangelischen Worte: „Es muss zwar Aergerniss kommen, aber wehe dem, durch welchen Aergerniss kommt,“ und liessen ihn unbehelligt.

67.

Tod des grossen Sahak und des seligen Mesrop.

Nach einer Regierung von 21 Jahren über Persien stirbt Wram II. mit Hinterlassung der Herrschaft an seinen Sohn Haskert. Dieser vergisst den Frieden und macht während seiner Regierung nach und nach Angriffe auf die griechischen Truppen, die in Medsbin waren, während er dem Volke von Atrpatakan befiehlt, in unser Land einzufallen; dieses kam in Unordnung und liess sich in der Nähe der Götterburgen nieder.

Zu derselben Zeit fiel der grosse Sahak in eine tödtliche Krankheit; seine Schüler brachten ihn in das Dorf Blur, als einen privaten und vor den sich nähernden persischen Truppen, ihren Verfolgern, geschützten Ort. Dort traf ihn der Tod nach einem Leben im bischöflichen Amte von 51 Jahren, vom dritten Jahre des letzten Chosrow, des Königs von Armenien, bis zum Anfange des zweiten Jahres Perserkönigs Haskert, gegen Ende des Monats Navasard an seinem Geburtstage. Als Sterblicher geboren hat er ein unsterbliches Andenken hinterlassen, er hat die Absicht Gottes verehrt, sich dem·gefügt, der ihn rief, und

nur sein Leben gewechselt; er hat ein solches Leben geführt,
dass gar keine Unvollkommenheit in Folge seines Alters entstand und in Folge seiner Leiden zum Vorscheine kam. Ueber
ihn muss ich mich in erhabenen Worten würdig der Lobsprüche
dieses Vaters ergehen; damit aber die Länge meiner Rede den
Lesern keine Langweile verursache, will ich dies auf einen andern
Ort und eine andere Zeit ausserhalb dieses Buches verschieben,
bei welcher Gelegenheit ich seinen Ursprung zu ergründen mich
angetrieben fühle.

Seinen verehrungswürdigen Leichnam nahm der Erste seiner
Diakonen Jeremias mit seinen Schülern und der Prinzessin der
Mamikonier, seiner Schwiegertochter, welche Desrik hiess und
die Gemahlin des Generals Wardan war, und begrub ihn in
ihrem Dorfe Aschtischat im Kantone Taron. Seine Schüler zerstreuten sich als fromme Mönche in ihre Kantone und erbauten
Klöster, nachdem sie Brüder um sich gesammelt hatten. Nach
Verlauf von sechs Jahren verschied am 13. Mehekan auch der
selige Mesrop in der Stadt Wagharschapat. Er übertraf alle
Tugendhaften, welche zu jener Zeit lebten; denn Stolz und
Schmeichelei konnten in seinem Leben nirgends Platz finden;
dagegen war er mild, wohlwollend und auf Gutes bedacht und
zeigte sich Allen mit himmlischen Gewohnheiten geschmückt.

Desshalb war er engelgleich in seiner Erscheinung, fruchtbar
an Geist, feurig in seinen Worten, ruhig in seinen Handlungen,
majestätisch von Statur, unaussprechlich in seinen Manieren,
grossartig in seinen Rathschlägen, im Glauben stark, im Hoffen
ausdauernd, in der Liebe aufrichtig, im Lehren unermüdlich.

Weil ich aber alle seine Vollkommenheiten nicht gehörig
darlegen kann, so will ich zurückkommen auf das Begräbniss
seiner Ueberreste. Wie ich von vielen glaubwürdigen Männern
gehört habe, erschien ein strahlenförmiges Licht in der Form
eines schwachfarbigen Kreuzes über dem Hause, in welchem der
Selige seinen Geist aufgegeben hatte; die Erscheinung ging nicht
schnell vorüber und war auch nicht Wenigen, sondern der ganzen
Menge sichtbar, so dass viele Ungläubige sich taufen liessen.
In derselben Zeit erhob sich ein verworrener ungeordneter Streit.

unter drei Parteien in Betreff des Begräbnissortes jenes keuschen und schon vor dem Tode im Sterben getödteten Leichnams. Die Einen wollten ihn gebracht wissen in den Kanton seiner Geburt nach Taron, Einige nach dem von ihm zuerst belehrten Goghthen und die Andern endlich nach Wagharschapat in die Gräber der Heiligen. Aber es siegte der tapfere Amatunier Wahan; denn er war stark im Glauben und mächtig an persönlichem Ansehen, da in derselben Zeit ihm von den Persern die Statthalterschaft über Armenien anvertraut worden war. Dieser nahm und brachte den Leichnam mit würdigem Geleite in sein Dorf Oschakan. Dieselbe Erscheinung des leuchtenden Kreuzes zeigte sich über der Bahre vor der ganzen Versammlung, bis seine Diener Wahan und Thathik ihn ins Grab senkten; darauf verschwand das Zeichen. Den Patriarchenstuhl bestieg unter dem Titel eines Stellvertreters auf Befehl des seligen Mesrop dessen Schüler Joseph, ein Priester aus Waidsor aus dem Dorfe Choghotsim.

68.

Klagen über Wegnahme der Herrschaft über Armenien vom Geschlechte der Arschakunier und der Patriarchenwürde vom Hause des heiligen Gregor.

Ich beklage dich, Armenien, ich beklage dich, erhabenstes aller nördlichen Länder; denn hinweggenommen ist dein König und Priester, dein Rathgeber und Erleuchter, vernichtet ist der Friede, die Unordnung hat Wurzel gefasst, der wahre Glaube ist erschüttert, der Irrglaube durch Unwissenheit befestigt.

Ich beklage dich, armenische Kirche, die du des Lichtes, das ausging vom Schmucke deines Heiligthums, die du deines tapfern Hirten und des Gefährten deines Hirten beraubt bist. Ich sehe deine geistige Heerde nicht mehr weiden an grasreichen Orten und an den Gewässern der Ruhe, nicht mehr versammelt in die Hürde zum Schutze gegen die Wölfe, sondern zerstreut in den Wüsten und an jähen Abgründen.

Glücklich war der erste und zweite Wechsel; denn es war eine Zeit der Entfernung des Gatten vom Gefährten des Gatten, und du, die Gattin, hast sie ertragen in Keuschheit das Hochzeitsbett bewahrend, wie Einer vor uns weise gesagt hat. Nachher versuchte Einer inzwischen in wollüstigem Wagniss dein keusches Ehebett zu beflecken, doch du, die Gattin, hast es nicht beschmutzt. Obgleich Gewalt den Gatten hinweggeführt, obgleich die stolzen Söhne ihren Erzeuger verachtet haben, wie Stiefsöhne mit Recht den fremden Vater, den fremden Stiefvater, verachten, so hast du dich doch nicht damals als von Allen verlassen gezeigt, indem du hofftest auf die Rückkehr des Deinigen mit dem Gefährten des Hirten, und hast deine Kinder geliebt nicht als mit einem Schwager, sondern als aus ein und demselben Blute mit demselben Vater erzeugte. Jedoch bei der dritten Entfernung gibt es keine Hoffnung auf seine Rückkehr mehr, er ist befreit vom Körper mit dem Gefährten und dem Genossen seiner Arbeit. Es ist besser für sie, bei Christus zu wohnen, in Abrahams Schooss zu ruhen und die Chöre der Engel zu schauen. Aber du bist in deiner Wittwenschaft ohne Schutz und wir sind zu beklagen, die wir der väterlichen Leitung beraubt sind; denn nicht wie das Elend jenes Volkes im Alterthume, sondern noch grösser ist das unserige. Moses wird hinweggenommen und Josue folgt nicht nach, uns zu führen ins Land der Verheissung. Roboam wurde vertrieben von seinem Volke, und der Sohn Nabats nahm seine Stelle ein; aber den Mann Gottes hat kein Löwe, sondern die Fülle seiner Zeit verschlungen. Elias ist hinweggenommen, aber Elisäus mit seinem doppelten Geiste ist nicht geblieben, den Jehu zu salben, sondern Asael ist eingeladen worden zur Vernichtung Israels. Sedekias ist in die Gefangenschaft geschleppt worden, aber Zorababel ist nirgends die Herrschaft zu erneuern. Antiochus zwingt uns, das väterliche Gesetz zu verlassen, aber Mathathias widersetzt sich nicht; der Krieg hat uns rings umzüngelt, aber Makkabäus rettet uns nicht. Jetzt ist Kampf im Innern und Schrecken von Aussen her, Schrecken vor den Heiden und Kampf mit den Irrgläubigen, aber kein Rathgeber in unserer Mitte, der uns rathen und uns rüsten könnte zum Kampfe.

O Beraubung! o unglückselige Geschichte! wie werde ich es aushalten die Leiden zu ertragen, wie meinen Geist und meine

Zungen pressen und Dankworte zu meinen Vätern sprechen für meine Geburt und Erziehung? Sie haben mich ja geboren und genährt durch ihre Belehrung und dann mich zu Andern zur Ausbildung geschickt. Und während sie auf meine Rückkehr hofften und ihren Ruhm suchten in meinem allumfassenden Wissen und meiner vollendetsten Geschicklichkeit, bin auch ich gleich eilig von Byzanz herbeigeeilt und habe gehofft auf die Hochzeit, um geübt mit lebendiger Schnelligkeit zu tanzen und die Hochzeitsgesänge zu singen; jedoch statt der Freude seufze ich jetzt unglücklich über dem Grabe Weheklagen ausstossend; dazu war es mir nicht vergönnt das Schliessen ihrer Augen zu sehen, ihr letztes Wort und ihren Segensspruch zu hören. Durch solche Bedrängniss erdrückt bin ich in Gefahr in Folge des Verlustes meines Vaters. Wo ist die milde Ruhe ihrer Augen gegen die Gerechten und die Strenge gegen die Bösen, wo ist das freundliche Lächeln ihrer Lippen beim Zusammentreffen mit ihren guten Schülern, wo das frohe Herz beim Empfange der Diener, wo die Hoffnung, welche weite Wege erleichterte und die Anstrengungen in Ruhe verwandelte? Todt ist derjenige, der uns versammelte, verschwunden ist der Hafen, es hat uns verlassen der Helfer und die Stimme der Ermahnung hat aufgehört zu ertönen.

Wer wird in Zukunft meine Studien leiten, wer sich freuen über den Fortschritt des Schülers, wer die Freude eines Vaters aussprechen, der zum Theil von seinem Sohne übertroffen ist? Wer wird die Verwegenheit derjenigen zum Schweigen bringen, welche Angriffe machen auf die wahre Lehre, die da durch alle Vernunftgründe besiegt und geschlagen oft die Lehrer und Bücher wechseln, wie einer von den Vätern sagte, über jeden Grund sich gleichmässig ärgern und darin ein schlechtes Beispiel geben, dass sie über uns lachen und uns verachten als Unsichere und als Männer, welche nicht das nöthige Wissen haben? Wer wird ihnen den Mund schliessen durch Tadel und uns ermuntern durch Lob und ein Mass ihrer Geschwätzigkeit und unserem Schweigen setzen?

Wenn ich das bedenke, so überlaufen mich Seufzer und Thränen und nöthigen mich traurige und schmerzliche Worte zu

sprechen. Ich weiss nicht, wie ich meine Klage einkleiden oder
wen ich beweinen soll, ob meinen unglücklichen Prinzen und
König, der durch ihren verkehrten Anschlag vertrieben wurde,
und sein noch vor seinem Tode eingetretenes Sterben vor der
Schmach, vom Throne gestürzt zu sein, oder mich selbst, dass
hinweggenommen ist von seinem Haupte die ruhmvoll machende,
schöne und heilbringende Krone, ob meinen Vater und Hohen-
priester, den erhabenen Geist, der da mit sich brachte das vollendete Wort, durch welches er führte und ordnete und mit den
Zügeln in der Hand die Personen leitete und die streitenden
Zungen zügelte, oder mich, der ich leer geblieben von der Liebe
des heiligen Geistes und unglücklich geworden bin, ob meinen
Erzeuger, die Quelle der Belehrung, den Förderer der Gerechtigkeit, die Ueberschwemmung, die die Ungerechtigkeit hinweg-
spülte, oder mich, der ich ausgetrocknet und verwelkt bin vor
Durst nach erfrischender Ermahnung, ob das Unglück, das schon
über das Land gekommen, oder die Erwartung des zukünftigen.

Wer erzählt Jenes mit mir unter Theilnahme an der Trauer
und wer wird mir helfen das Gesagte beklagen oder auf eine
Säule einschreiben? Wache auf, Jeremias, wache auf und beweine
in prophetischen Klageliedern das Unglück, das wir erduldet
haben und noch erdulden werden, weissage das Auftreten unwis-
sender Hirten, wie ehemals Zacharias in Israel gethan hat!

Die Lehrer[1]) sind unwissend und selbstgefällig, aus sich
die Ehrenstelle einnehmend und nicht von Gott berufen, durch
Geld und nicht vom heiligen Geiste auserwählt, geldgierig, eifersüchtig, ohne die Milde, in welcher Gott wohnt, und Wölfe geworden, die ihre eigenen Herden zerreissen.

Die Mönche sind heuchlerisch, stolz, eitel, mehr die Ehren-
stellen als Gott liebend. Die Geistlichen sind stolz, Advocaten,
Schwätzer, Faulenzer, Verächter der Wissenschaft und Belehrung,
Liebhaber von Händeln und Vergnügungen.

Die Schüler sind träg zum Lernen und schnell zum Lehren,
schon Theologen, bevor sie von der Theologie Kenntniss genommen haben.

---

[1]) Muthmassliches Bild der Zukunft.

Die Laien sind wild, trotzig, Prahler, Müssiggänger, Spötter, böswillig und fliehen die Geistlichkeit.

Die Soldaten sind ungerecht, Windbeutel, Verächter der Waffen, träge, vergnügungssüchtig, unmässig, Räuber, Genossen der Diebe.

Die Fürsten sind Rebellen, Genossen der Spitzbuben, Räuber, Geizhälse, schmutzig geizig, geldgierig, Plünderer, Zerstörer des Landes, Wollüstlinge, Sklavenseelen.

Die Richter sind unmenschlich, falsch, betrügerisch, bestechlich, unkundig des Rechtes, unzuverlässig, widersetzlich. Alle insgesammt sind der Liebe und Scham baar und ledig.

Was Anderes ist nun die Strafe hierfür, als das, dass Gott uns verlässt und die Natur der Elemente ändert? Der Frühling ist trocken, der Sommer regnerisch, der Herbst winterlich, der Winter heftig, stürmisch, lang; die Winde sind stürmisch, sengend, Krankheiten bringend; die Wolken sind feuerhaltig, mit Hagel gefüllt; der Regen ist unzeitig und unnütz; die Lüfte sind ansteckend und Staubregen erzeugend; das Wachsen der Gewässer ist nutzlos, ihr Abnehmen übermässig; Unfruchtbarkeit der Erde, Verminderung der lebenden Wesen, dazu herrscht Zittern und Beben und über dies Alles Verwirrung von allen Seiten nach dem Worte: „Es gibt keine Ruhe für die Gottlosen!"

Die Könige sind Tyrannen und Uebelthäter, erheben schwere und drückende Summen, geben unerträgliche Befehle; die Vorgesetzten bessern Nichts und sind ohne Mitleid; die Freunde sind Verräther, die Feinde mächtig; der Glaube wird hingegeben für das nutzlose Leben; die Räuber kommen vereinigt und von allen Seiten; Plünderung der Häuser, Raub der Güter, Ketten für die Fürsten, Gefängniss für die Angesehenen, Vertreibung und Verbannung für die Freien und unendliches Elend für das gewöhnliche Volk, Einnahme der Städte, Zerstörung der Festungen, Vernichtung der Burgen und Verbrennung der Gebäude, endlose Hungersnoth, Krankheiten und Tod in vielen Gestalten, der Gottesdienst ist vergessen und die Hölle im Anzuge! Hiervor möge Christus unser Gott uns und Alle bewahren, die ihn anbeten in der Wahrheit; ihm sei Ruhm von allen Geschöpfen! Amen.

Beendigt ist das dritte Buch, der Schluss der Geschichte Gross-Armeniens.